일제의 한국 식민지화와 문명화

(1904~1919)

서울대학교 규장각한국학연구원 한국학모노그래프 70

일제의 한국 식민지화와 문명화(1904~1919)

펴낸곳 서울대학교출판문화원
펴낸이 성낙인
지은이 권태억

초판 1쇄 발행 2014년 6월 25일
초판 2쇄 발행 2016년 12월 30일

출판등록 제15-3호
주소 (08826) 서울 관악구 관악로 1
대표전화 02-880-5252 **팩스** 02-888-4148
마케팅팀(주문상담) 02-889-4424, 02-880-7995
이메일 snubook@snu.ac.kr
홈페이지 www.snupress.com
영문홈페이지 eng.snupress.com

ISBN 978-89-521-1572-0 94910
세트 978-89-521-1027-5

서울대학교 규장각한국학연구원 한국학모노그래프 70

일제의 한국 식민지화와 문명화

(1904~1919)

권태억 지음

서울대학교출판문화원

Japanese 'Civilizing Mission' in Korea

(1904~1919)

TaeEok Kwon

Seoul National University Press

머리말

일제에 의해 식민지 지배를 당했다는 사실은 우리에게 아직도 가슴속의 응어리로 남아 있다. 그렇지 않아도 잊기 어려운 치욕인데, 상처에 소금을 뿌리듯이 일본은 그동안 잊을 만하면 망언을 뱉어 내곤 했다. 최근 국제적 위치가 하락하는 데서 오는 초조함 때문인지 일본 정치인들의 망언은 한층 더 잦아지고 뻔뻔해져 가고 있다. 이 때문에 아슬아슬하게나마 이어져 오던 양국의 우호관계가 한 귀퉁이부터 무너져 내리고, 동아시아의 국제관계도 위태로워지지 않을까 걱정이다.

이러한 한일 양국 관계는 일제 식민지기에 있었던 변화들을 객관적으로 파악하기 어렵게 만든다. 이 기간 동안 한국사회는 커다란 변화를 겪었다. 지금 우리 사회를 움직이는 제도며 일상생활에 스며 있는 관행 중 많은 것들이 실은 일제 식민지기에 비로소 도입되어 정착된 것이다. 그러나 대부분의 한국 사람들은 이러한 사실을 인식하지 못하고 있다. 인정하고 싶지 않아 일부러 회피해 온 측면도 없지 않을 것이다.

필자는 1996년 여름부터 1년간 도쿄대학에서 방문교수로 지냈는데, 어느 날 있었던 일이 지금도 기억에 생생하다. 유학생들을 위한 일본어

수업시간이어서, 중국 학생들도 같이 듣고 있었다. 그런데 교재에 나오는 한자 어휘들의 뜻을 중국 학생들이 잘 모르는 것이 아닌가! 한자 문화권의 본 고장에서 온 학생들이 한자로 된 어휘의 정확한 뜻을 모르는 것이었다. 그때 우리가 익히 알고 있는, 그래서 우리 것이라고 믿고 있는 한자 어휘들 대부분이 실은 일본이 만든 것이라는 것, 일제 식민지기에 도입된 것이라는 사실을 새삼 느꼈다. 그 후 귀국한 지 수년 후, 일본 유학생이 가져온 신청서를 검토하면서 다시 한 번 충격을 받았다. 그 학생이 제출한 서류 중 하나인 호적의 양식이 우리의 것과 너무나도 닮았기 때문이었다. 사실은 우리의 호적양식이 그들의 것을 닮았다는 것이 보다 정확한 표현일지도 모르겠다. 일제의 침략, 그에 이은 악랄한 식민지 지배. 그럼에도 지금까지 한국사회에 여전히 남아 있는 그 시기에 도입된 제도들. 필자는 이러한 일견 상호 모순적인 현상들을 민족적 편향 없이 객관적으로, 무리 없이 설명해 내는 것이 한국 근대사 전공자인 필자가 해야 할 일이라고 생각했다.

이러한 주제로 연구를 진행하는 과정에서 앞선 문명은 받아들이되 민족적 정체성을 잃지 않는 것이 얼마나 어려운 일이며 동시에 중요한 것인가 하는 것을 깨달았다. 한국사를 되돌아보면 근대 이전에는 중국이라고 하는 정치적·문화적 대국으로부터 앞선 문명을 받아들이되 민족적 정체성을 잃지 않는 것이 중요했다. 1876년 개항 이후에는 근대 문명을 받아들여 하루바삐 부국강병을 이루어 자주독립을 유지해야 한다는 것이 시대적 사명이 되었는데, 일부 지식인들은 서구 문명을 이 땅에서 실현하는 것을 갈망한 나머지 민족적 정체성을 망각하고 말았다. 일제의 '문명화' 약속에 현혹된 그들은 식민지 지배를 묵인, 나아가서는 용인하기까지 하였다. 그러나 이것이 단지 과거만의 문제일까? '세계화'가 화두가 되면서, 영어캠프가 여기저기 생겨나고, 대학에서 교수를 선발할 때도 학자로서의 능력 이전에 '영어를 할 수 있나' 하는 것이 중요한 평가 기준이 되고 있는 현실은 어떠한가? 한국사회가 안고 있는 후진성을 극복하기 위해 앞선 나라의 제도나 사상 등을 도입하면서도 한 민족, 한 국가로서의 정체성을 지켜낼 수 있는 자세는 무엇일까? 지금도 여전히 필자가 안고 있는 고민이다.

이 책은 보잘것없는 것이기는 하지만 필자의 이러한 연구자로서의 고민이 담긴 글이다. 이제까지 썼던 글들을 바탕으로 빠진 부분을 채우고 새로운 부분을 새로 써서 보충하였다. 이 연구는 서울대학교 한국학 장기 기초연구 사업비의 지원을 받아 진행된 것인데, 애초의 계획은 일제의 '문명화'를 앞세운 한국의 식민화, 식민지 지배의 본질을 밝히는 것이었다. 그러나 이에 대한 한국인들의 반응이나 대응을 다루지 않는다면 가장 중요한 부분을 빠뜨리는 것이 될지도 모른다는 생각이 들어 보충하기로 하였다. 그러나 부끄럽게도 이에 대한 필자의 연구가 부족해서 많은 부분 선학 및 동학들의 연구 업적에 의존하지 않을 수 없었다. 이 자리를 빌려 고마움을 표하면서, 재주가 없으면서도 게으른 자신에 대한 채찍으로 삼고자 한다. 또한 연구 과제를 제출한 후 익명의 심사위원들로부터 귀중한 지적을 받아 커다란 결함을 발견하여 조금이나마 보완할 수 있었다. 아울러 이 주제를 선정하여 연구를 진행할 수 있게 허락해 준 서울대학교 규장각한국학연구원 담당자에게 고마운 마음을 표한다.

다음 서울대학교 국사학과 대학원의 일제시기 연구자들에게 감사를 표하고 싶다. 필자는 오래전부터 정규 수업 외에 본과 일제시기 연구자들과 함께 자료를 읽고 토론하는 세미나를 진행해 왔다. 여기에서 주고받은 대화, 토론이 필자의 시각을 정하는 데 큰 도움이 되었다. 또한 대학원 세미나 강의 시간에 우수한 학생 및 연구자들과 대화하고 토론할 수 있는 행운도 누렸다. 이 책이 다루고 있는 주제가 한국 근대사의 한 측면을 밝히는 데 조그마한 기여라도 할 수 있다면 그 공의 대부분은 토론의 자리를 같이 했던 동학들에게 돌려야 할 것이다. 그 외에 초고를 읽고 평을 해 준 정상우 · 이정선 동학, 집필 과정에서 이러저러한 자료조사를 도와준 장원아 학우에게 감사한다. 또한 바쁜 중에 틈을 내어 교정을 봐준 예지숙 · 류정선 · 김은주 · 조은진 · 윤현상 · 이아리 학우에게도 고맙다는 말을 전하고 싶다. 서울대학교출판문화원의 전수형 님은 이 책이 제대로 된 모습을 갖추도록 세심하게 마음을 써 주셨다. 이 자리를 빌려 감사한다.

마지막으로 내 가족들에게 감사의 말을 전하고 싶다. 집사람은 필자가 연구에 전념할 수 있도록 골치 아프고 귀찮은 집안일들을 도맡아 처리해 주었다. 아들과 딸은 필자가 이 세상을 살아가는 보람이자 생활에 활력을 불어넣어 주는 소중한 존재이다. 이 책이 보답이 될 수는 없겠지만 조그만 위안거리라도 되었으면 좋겠다.

2014년 6월

권태억

차 례

I. 제국주의 침략기 문명화 사명론과 일본

1. '문명화 사명'과 국제법

구미 제국주의 열강들이 아시아·아프리카 지역으로 세력을 확대해 나가고, 이 지역을 점령하여 식민지로 만들어 지배할 때 이를 '문명화'로 합리화했던 것은 잘 알려진 사실이다. 자신들의 제국주의적 영토 확장 및 식민지 지배, 그것이 가져온 새로운 시설과 변화들이 피침략 지역의 '야만'인들 및 그 사회를 '문명화'시키기 위해서라는 것이다. '문명화 사명'을 특히 앞세운 것은 영국 다음으로 넓은 식민지를 소유했던 제국주의 국가 프랑스였는데,[1] 그들은 심지어 자신들의 식민지 획득 및 지배를 지칭할 때 '식민화'라는 말을 사용하는 것을 거부하고, 대신 '문명화'라는 말을 사용한다고 한다.[2] 역사상 수많은 전쟁이 '성전(聖戰)'으로 정당화되고 또 많은 경우 '평화'를 위한 것으로 주장되었듯이, 인류는 언

1. Raymond F. Betts, *Assimilation and Association in French Colonial Theory 1890~1914*, Columbia University Press, 1961, p. 28.
2. Mort Rosenblum, *Mission to Civilize — The French Way*, Harcourt Brace Jovanovich, 1986, p. 3.

제나 적당한 명분을 찾아내어 자신들의 행위를 합리화 또는 미화해 왔다. 따라서 근대 서구 제국주의 국가들의 이러한 행태가 새삼스러울 것은 없다.

그러나 이는 서구 국가들에만 해당되는 얘기가 아니다. 한국을[3] 식민지로 만든 일본 역시 이 논리를 동원하여 침략해 왔다. 비록 무력에서는 뒤졌을지 모르지만, 일찍이 일본에 한문 등 대륙의 발달된 문물을 전해 주었고, 동아시아 유교 문명권의 문화면에서는 일본보다 한발 앞서 있었다고 믿고 있는 대부분의 한국 사람들에게 이는 다소 의외로 들릴 수도 있을 것이다. 그러나 개항 이후 일본이 한국을 침범해 들어올 때 항상 '문명'을 들먹였으며, 이를 통해 자신의 침략을 합리화한 것은 부정할 수 없는 사실이다. 일본의 한국 식민지화 성공의 가장 큰 요인은 물론 앞선 무력과 경제력이었겠지만, '문명화'라는 구호가 한 역할을 무시할 수 없다. '문명화'를 앞세운 제국주의 국가의 침략을 우리도 겪은 것이다.

'문명'은 영어 civilization의 번역어인데, 이를 만든 것은 일본이었다. Civilization은 이 책이 다루는 주제의 핵심어이기도 하므로 그 의미하는 바를 좀 더 깊이 알기 위해 간략하게나마 어원을 따져보기로 한다. Civilization이란 어휘는 유럽의 역사 발전 과정에서 등장하고, 시대에 따라 의미도 변화해 갔지만, 어원은 civilis, civilitas에서 찾을 수 있다. 이 어휘들은 모두 도시적 삶과 연결된 예절을 뜻하는 경우가 많았는데, 긴 시간에 걸쳐 의미도 변화를 겪어, '정치적 공동체 속에서의 올바른 삶', 즉 '문명화된 삶'을 의미하게 되었다. 프랑스에서는 14세기 후반 이래 civilite라는 말이 등장하였는데, 처음에는 '행복하고 문명화된 삶'이란 의미였다가, 점차 예절이란 의미를 지니게 되었다 한다.[4]

---

3. 이 책에서는 한반도 지역에 있었던 국가 및 그 주민들의 범칭으로서 한국, 한국인을 사용한다. 그 밖에 특정 시기와 관련해서 지칭할 필요가 있을 때는 조선, 대한제국, 식민지조선 등의 용어를 사용한다.

르네상스 초기에는 civilitas라는 어휘가 자주 사용되었는데, 대개는 예절이나 훌륭한 태도 등을 지칭하였다. 즉, 야만적인 삶의 반대 의미로서 문명적인 삶이라는 뜻을 강하게 내포하였던 것이다. 그러나 이 어휘는 16세기 이래 점점 국가나 시민과의 관련성은 사라지고, 공손함이나 예절 바름이라는 덕목을 가리키는 의미로 축소되었다. 또한 결과보다는 과정을 중시하는 civilize, civiliser 등으로 번역되면서 유럽 내부나 외부의 야만적 타자들을 도덕적 · 정신적으로 교화시킨다는 개념으로 사용되었다.

Civilization은 18세기 프랑스에서 등장한 신조어인데, 이 단어를 오늘날의 의미로 사용한 최초의 인물은 미라보(Victor Riqueti Marquis de Mirabeau, 1715~1789)였다. 그는 궁정예절에서 유래한 형용사 civil을 비하하고, 인민 전체가 정신적 · 물질적인 모든 면에서 진정한 의미의 진보를 이룩한다는 뜻으로 civilization을 사용하였다. 그의 이러한 용어 사용법은 당시 성장하고 있었던 부르주아 계급의 입장을 대변하는 것으로서, 귀족들의 허례허식과는 달리 학문과 예술 · 문학 · 종교와 같은 정신적 영역 및 사회 · 정치 · 행정의 모든 분야에서 일어난 개혁과 발전을 의미하였다는 것이다. 영국과 미국에서도 18세기 후반에 들어와 civilization이란 어휘가 광범하게 쓰이게 되었는데, 특히 미국의 토마스 페인(Thomas Paine, 1737~1809)에 의하여 여기에 정치적 의미가 가미된 것이 주목된다. 프랑스 혁명의 영향 아래 그는 프랑스 혁명에 관한 저술 『인간의 권리』에서 보편적 평화와 문명 그리고 상업이 인간의 행복한 운명이 되어야 한다면, 그것은 정부체제에서의 혁명에 의해서만 성취될 수 있다고 주장하였다.

---

4. 이하 문명에 대한 서술은 노대환, 「서양에서의 '문명' 개념사」, 『한국개념사총서 6 - 문명』(소화, 2010)에 크게 의존하였다. 이 밖에 외르크 피쉬, 안삼환 옮김, 『코젤렉의 개념사 사전 1 - 문명과 문화』(푸른역사, 2010)를 참고하였다. 문명과 관련된 서술 중에 다른 문헌을 이용하였을 경우에는 따로 주를 달아 표시하였다.

18세기에 들어 프랑스를 중심으로 계몽사상이 발달하면서 civilization은 '진보'라는 의미를 내포하게 되었다. 계몽사상가들은 인류의 역사는 무한히 진보하며, civilization 역시 무한히 진보한다고 믿었다. 진보는 자연과 사회를 비롯한 전 분야를 아우르는 것이었는데, 특히 사회제도나 정치의 개혁을 중요한 요소로 포함하였다. 프랑스와 영국에서 유래하는 근대 유럽 문명을 말할 때 과학기술의 발전과 함께 개인의 자유와 평등, 합리적인 제도개혁과 법질서의 확립 등 광범위한 사회개혁을 떠올리는 것은 그 때문이라 할 수 있다.

한편, 이렇게 civilization이란 용어가 널리 퍼지기 시작하던 18세기는 계몽사상의 발달과 함께 '비유럽'에 대한 지식이 폭발적으로 늘어나는 시기였다. 유럽이 17세기 말(1683) 오스만 투르크를 격퇴한 이후 대외적 자신감을 회복하고, 비유럽 지역과의 관계에서 공세적 태도로 전환한 시기였던 것이다. 이때 유럽은 비유럽 세계와의 접촉을 확대해 나가면서 파악한 다양한 현상들을 유럽을 정점으로 하는 계서제적 질서 속으로 재편하였다.[5] 이러한 등급 매기기의 기준이 되었던 이념이 바로 기독교적 세계관 대신 내세워진 '문명'이었다. 말하자면 문명이 '대내적'이라는 적용 범위를 벗어나, 유럽 밖의 세계를 향해서 사용되기 시작한 것이다. 유럽은 야만(barbarism) 내지 자연(nature) 상태와 대비되는 문명을 성취한 세계이며, 그것을 기준으로 자신을 다른 비유럽 사회와 구분하기 시작했던 것이다. 계몽사상가들은 인류는 진보해 왔는데, 그 가운데에서도 가장 많은 진보를 이룩한 것이 유럽이라고 믿었다. 진보와 문명은 이제 일종의 규범이 되어, 유럽은 인류에게 모범이 되는 보편적인 규범으로 등장하게 되었다. 계몽사상가들은 인류발전에서 유럽의 독특한 지위와 역할을 강조하면서, 자신들이 성취한 업적을 통해

5. 권윤경, 「18세기 후반 계몽사상과 식민주의 — 레날의 『두 인도의 역사』를 중심으로」, 『서양사연구』 제29집, 2002, 2쪽 참조.

인류 발전의 선구자로서 인류를 계도할 역할을 맡게 되었다고 생각했다. civilization은 개인적 행위의 차원을 넘어 국가 그리고 더 나아가 인류적 차원에서 실현해야 할 가치로 자리 잡은 셈이다. 문명화에 앞선 서구는 평등하고 참다운 인간성을 완성한 국가로 인정된 반면, 그 이외 지역에는 '야만'이라는 굴레를 씌워 문명화를 요구하기에 이르렀다.[6]

19세기에 들어 civilization의 개념은 점점 더 구체화되는데, 여기에서 큰 역할을 한 것이 역사학자 기조(Guizot, 1787~1874)였다. 그의 문명관은 진보(progress)와 발전(development)을 강조했는데, 그는 진보하지 않는 사회, 정체된 사회는 물질적 자산과 자유와 평등 그리고 사회질서가 존재한다고 해도 개미들의 사회와 다를 것이 없다고 하였다. 그 역시 유럽 중심적 태도를 견지하면서, 타 문명에 비해 유럽 문명이 우월하며, 그중에서도 프랑스가 유럽 문명의 중심이자 원동력이라고 주장했다. 이것은 물론 자유·평등·우애의 기치를 들고 일어난 프랑스 혁명의 성취에 대한 자부심을 드러낸 것이었다. 영국에서는 버클(Buckle, 1821~1862)이 『영국문명사』(1857)를 발간하였다. 버클은 야만, 반개, 문명이라는 인류의 발전 단계를 제시하고, 영국·프랑스 같은 나라가 문명국이라고 하였다. 버클은 외세의 영향 없이 자체적으로 발전한 영국 문명에 대해 자부심을 표현하면서도 유럽 내 다른 국가의 문명에 비해 영국의 문명이 더 우월하다고 할 수는 없다는 신중한 입장이었다. 기조의 영향을 받았던 독일의 법학자 블룬칠리(Johann Kaspar Bluntschli, 1808~1881)는 근대 유럽 문명의 형성에서 유럽 내 각 민족의 역할을 동일하게 존중해야 한다고 하였다.

역사는 진보하는 것이며 유럽이 진보의 최선두에 서 있다면, 뒤처진 국가들이 유럽의 지도를 받아야 하는 것은 당연한 일이 될 터인데, 이는 당시 제국주의 국가들의 해외 팽창 요구와도 잘 들어맞는 논리였다.

---

6. 노대환(2010), 앞의 책, 39~40쪽 참조.

신대륙 발견 이후 16세기 이베리아 국가 및 영국의 식민지 이론가들 이래 유럽의 팽창은 '이교도 전도라는 신의 구원 계획'에 대한 기여와 같은 보편적인 사명의 달성으로 표현되곤 했는데,[7] 이것이 계몽사상의 발달과 함께 문명을 중심 개념으로 해서 새롭게 표명된 것이었다. 그리하여 19세기 중엽을 지나면서 서양인들은 '문명화 사명(mission civilisatrice)'이라는 새로운 도덕률을 만들어 내기에 이르렀다.

문명화 사명으로 번역되는 'mission civilisatrice'라는 말은 프랑스에서 생겨난 것인데, 여기에는 프랑스 문명의 우수성에 대한 자부심과 인간의 완벽화 가능성이라는 두 이념이 깔려 있었다. 제3공화정하 19세기 말, 프랑스인들은 자신들이 지구상의 어떤 국민보다도 물질적으로나 도덕적으로 우월하며, 또 보다 큰 자유를 누리며 살고 있다고 자부하고 있었다. 프랑스 혁명의 성과와 함께 자신들이 '이 세상에서 가장 앞선 사람'이며, 영광스런 대 공화국 프랑스는 혁명적 이념들을 국경 너머로 옮겨야 한다는 확신을 가졌다. 곧 '문명화 사명'이라는 것은 '프랑스 혁명 이념'을 식민지에서 보편화하는 것이었다. 이는 독일과의 전쟁에서 패배한 이후 식민지 확장을 통한 제국의 영광을 내세워 국민들을 함께 묶어 내고자 했던 내셔널리즘의 발흥과 결합되어 나타난 현상이기도 했다.[8] 이 이념은 야만인들이 문명화될 수 있다는 계몽기의 믿음이, 프랑스가 지구상 어디에서든 족쇄가 채워진 타락한 인민들을 문명화해야만 한다는 제국주의적 교리로 변형되는 데 도움을 주었다. 이후 '문명화 사명'은 프랑스 대외 팽창의 이념으로 동원되었다.

여기에서 '문명'이란 것은 서구 국가들이 근대에 이르러 성취한 모든 것, 즉 과학혁명, 산업혁명을 통해 달성한 높은 생산력과 구체제를 붕괴시키고 성립한 '시민사회' 그리고 그것이 상징하는 여러 가치, 즉 당시

---

7. 위르겐 오스터함멜, 박은영 · 이유재 옮김, 『식민주의』, 역사비평사, 2006, 33쪽 참조.
8. 杉本淑彦, 「フランスにおける帝國意識の形成」, 『帝國意識の解剖學』, 世界思想社, 1999, 88~89쪽.

서구가 실현하였다고 자부한 모든 것을 의미하였다. 그 구체적 내용을 들어 보면 문명이란 인간의 육체를 포함한 자연에 대한 지배(mastery), 또 '사회적 행동'이라 불릴 수 있는 것에 대한 지배이다. 다른 말로 바꾸면 문명화된다는 것은 특정 형태의 전제로부터 해방되는 것, 즉 요소들의 사람에 대한, 건강에 대한 질병의, 이성에 대한 본능의, 지식에 대한 무지의, 자유에 대한 독재의 전제로부터 해방된다는 것을 의미한다. 말하자면 문명이란 인간이 그 본질적인 속성인 이성에 기초하여 자연, 관습, 무지, 전제를 통제할 능력을 갖추게 되면서 그로부터 해방된 자유로운 상태를 의미하는 것이었다. 프랑스인들은 제3공화정하의 프랑스가 바로 그러한 문명을 구현한 것이라고 믿었다.[9]

문명화 사명이라는 구호는 18세기 말부터 식민지에서 문명화 프로젝트를 수행하고 있었던 모든 유럽 열강들에 의해 채택되었다. 영국인들은 이미 동인도회사가 주도한 인도 식민지화 작업을 진행하면서 이를 진보와 개선, 후에는 도덕적·물질적 발전이란 이름으로 합리화하였는바, 이들은 모두 점차 '문명화 사명'이라는 용어에 포섭되었다.[10] 우월한 인종이 열등한 인종을 지배하는 것을 자연의 법칙으로 강조하는 사회진화론이 널리 유행하면서, 서양의 문명화된 나라들이 비서양의 뒤떨어진 나라들을 지배하는 것은 자연의 법칙에 따른 자연스러운 일일 뿐만 아니라 도덕적으로도 당연한 일로 간주되었다.[11]

이러한 '문명화' 사업은 천주교(구교) 해외 선교, 신교의 각성운동과

---

9. Alice L. Conklin, *A Mission to Civilize — The Republican Idea of Empire in France and West Africa, 1895~1930*, Stanford University Press, 1997, Introduction 참조. 이와 비슷한 문명개념으로서는 Michael Mann, 'Torchbearers Upon the Path of Progress': An Introductory Essay, in *Colonialism as Civilizing Mission — Cultural Ideology in British India*, 2004, London 참조.

10. Michael Mann(2004), 위의 논문 참조. 이 밖에 '문명화 사명' 전반에 대해서는 박지향, 「제국은 왜 팽창하는가」, 『제국주의 — 신화와 현실』, 서울대학교출판문화원, 2000, 53~84쪽 참조.

11. 조현범, 『문명과 야만 — 타자의 시선으로 본 19세기 조선』, 책세상, 2002, 39쪽 참조.

연결되어 보다 조직화되었다. 이미 15세기부터 전개되었던 기독교의 해외 선교는 계몽사상, 시민혁명의 영향으로 일시 위축되었다가 19세기에 들어서면서 다시 활성화되었다. 앞선 시기 중국에서의 천주교 선교에서 보유론으로 대표되던 현지 문화와의 조화 추구 경향에 대신하여, 18세기 이후 유럽 우월주의가 가미되었다. 그리고 선교 사업을 벌이는 국가 자신들이 제국주의화함에 따라 선교 지역의 문화와 전통을 부정하고 서구 문명에 대한 자부심을 전면에 내세우게 되었다. 그리하여 지극히 유럽화된 신앙관습을 강제적으로 이식하려는 시도가 주류를 이루게 되었다.[12]

영국의 경우 '문명화'에 대한 자세는 18세기 후반의 기독교 각성운동과 함께 보다 일관성을 띠게 되었다. 이 시기에 복음주의 운동으로 등장한 감리교는 17세기 청교도주의의 부흥을 표방하면서 보다 순수한 도덕적 삶을 촉구하였다. 감리교는 상위 계층에 대한 하위 계층의 종속과 복종을 유지시키는 종교운동을 통해 상류층 안에서도 지지자를 늘려가는 한편, 지방 엘리트, 상인, 젠트리, 귀족층의 도덕적 결함도 강하게 공격하였다. 이들은 점차 정치 세력화하여, 노예제 폐지운동을 벌여 성공하고, 다음에는 동인도회사 영역으로의 기독교 전도를 꾀하여 결국 1813년 동인도회사의 계약 갱신을 계기로 기독교를 인도에 선교할 수 있게 되었다. 이들은 기독교의 전파가 인도인들을 문명화시키기 위한 가장 좋은 수단이라고 생각했으며, 인도의 도덕적 기준의 향상을 위한 '문명화 사명'을 적극적으로 지지하였다. 이에 더하여 스코틀랜드 계몽주의와 공리주의가 이들에게 이념적 뒷받침을 하였다. 이에 따르면 문명이란 '법의 지배'와 '좋은 정부'에 의해 규정되고 측정될 수 있는 것인데, 영국은 바로 이 두 가지 원리의 구현이었던 것이다. 그리하여 문명화의 사명은 영국의 인도 지배를 합리화할 수 있었다.[13]

---

12. 조현범(2002), 위의 책, 33쪽 참조.

미국의 경우, 1890년대부터 제1차 세계대전에 이르는 기간은 미국 개신교에 있어 '선교의 황금기'라고 일컬어진다. 19세기 말이 되면 서부가 모두 개척되어 미국인들의 개척정신과 산업자본은 해외로 눈을 돌리게 되었고, 이는 개신교의 해외 선교 욕구와 맞아떨어지는 것이었다. 사상적으로는 유럽에서 도입된 계몽주의와 합리주의가 널리 퍼져 나가고 있었고, 동시에 산업화와 도시화가 급속하게 진행되면서 세속화가 진행되었다. 이러한 추세에 맞서 일종의 종교 부흥운동인 '대 각성운동'이 벌어져 다시 경건한 신앙생활로 돌아올 것을 호소하는 한편, 해외 선교에 관심을 가질 것이 촉구되었다. 1886년 학생자원운동이란 단체가 결성되어 해외 선교를 자원하게 되었는데,[14] 이는 19세기 후반 미국의 대외 팽창주의와 맞아떨어지는 것이었다. 미국 개신교인들은 서구의 근대 문명이 절정에 이르고 있으며, 미국 개신교인들이 바로 그 선봉에 있다고 확신하였다. 그들은 "서구인이 전 세계를 지배함으로써 그 인종적 우위를 입증하고 있다"고 믿었으며, 서구의 우월성이 '서구 문명'과 '기독교(개신교)'를 통해 직접적으로 증명되고 있다고 생각했다. 이런 생각은 부흥운동을 주도했던 암스트롱의 설교문에도 잘 나타났는데, 그는 "이 뛰어난 백성(미국인)이 확장되고 번영하는 일은 하느님 백성의 숙명입니다. 이것이 하느님 섭리이고 신앙이며 진화의 논리입니다. 미국이 앞으로 발전하는 것과 같이 세계도 발전할 것입니다"라고 말했다.[15]

이상에서 살펴본 바와 같이 문명, 문명화, 문명화 사명, 계몽사상, 사회진화론, 기독교 신구교의 해외 선교의 활성화는 이 시기 유럽의 대외 활동의 활성화, 제국주의적 진출과 발맞추어 등장하고, 더욱 세련되어 갔다. 19세기 말은 그 이전과 구분되어 '신제국주의 시대'라 불리기도

---

13. Michael Mann(2004), 앞의 논문 참조.
14. 조현범(2002), 앞의 책, 36쪽에 따르면 아펜젤러, 언더우드 등도 그런 부류에 속했던 인물들이라고 한다.
15. 이상 19세기 말 미국에서의 종교부흥운동에 대해서는 조현범(2002), 위의 책, 34~35쪽 참조.

하는데,[16] 이 시기 서구 국가들 사이에서 제국주의의 광풍이 불고 식민지 쟁탈전이 치열하게 전개되면서 '문명화 사명'이란 이데올로기가 제국주의 각국에 의해 앞다투어 채용되었던 것이다. 당시 '문명화 사명'이란 이데올로기는 막강한 설득력을 지녀서, 가장 진보적이었다고 할 사회주의자들도 그것의 윤리적·도덕적 성격은 어떻든 서양의 식민주의가 후진국들을 문명화시키고 있다는 역사적 사실은 인정하였다. 마르크스나 엥겔스는 프랑스의 알제리 정복이나 미국의 멕시코 영토 강점을 진보의 이름으로 옹호하였으며, 특히 엥겔스는 선진 자본주의 국가가 후진 지역을 흡수 병합하는 것이야말로 서구 문명을 전파시키는 가장 강력한 수단이라고 역설한 바도 있었다. 영국이 인도를 식민지배했던 것도 같은 맥락에서 이해되었다.[17] 이는 19세기 서양인들에게 문명화의 사명은 누구도 거역할 수 없는 지배적인 가치로 자리 잡고 있었음을 말해 준다. 즉 제국 정부나 관료 학자들에게 국한되지 않고, 군대나 기독교 복음을 전파하는 선교사, 비유럽 지역을 탐사하는 탐험가와 인류학자들까지 모두가 공유하는 일종의 시대정신이었던 것이다.[18]

그렇다면 이 '문명화 사명'은 평화롭게 수행되었는가? 문명의 야만성은 스스로를 야만과 구별하는 바로 그곳에서 시작된다고 한다. 문명담론의 역사를 살펴보면 문명은 언제나 중심국과 주변국, 유럽과 주변세계, 문명권과 비문명권을 구분함으로써 타자에 대한 차별을 조장하고 폭력을 정당화해 왔음을 확인할 수 있다.[19] 침략을 받는 집단이나 국가들이 침략자인 제국주의 국가에 저항하는 것은 자연스러운 일이었는데, 이에 대해서는 가차 없는 폭력이 행사되었다. 서구 제국주의 국가들의

---

16. 박지향(2000), 앞의 책, 제2장 「제국주의란 무엇인가」, 13~22쪽 및 조용욱, 「제국주의와 제1차 세계대전」, 배영수 편, 『개정판 서양사강의』, 한울아카데미, 2000 참조.
17. 임지현, 『민족주의는 반역이다』, 소나무, 1999, 107~108쪽 참조.
18. 조현범(2002), 앞의 책, 40쪽 참조.
19. 김민정 외, 『문명 안으로 — 문명 개념의 형성과 한자문화권의 번역과정』, 한길사, 2011, 59쪽 참조.

식민지 쟁탈은 바로 우월한 무력을 가지고 있었기 때문에 가능한 것이었다. 여기에서 전쟁의 발생은 필연적인 것이었는데, 19세기 사회진화론이 확산되면서 식민 전쟁은 점점 더 적수에 대항하여 '문명'을 확산시키기 위한 것으로 간주되어 갔다. 동일한 문화적 체계를 이해하지 못하는 적에 대해서라면, 유럽에서는 도덕적으로나 법률적으로 배척되었던 전쟁 수행 방식도 정당화되었다. 평화를 사랑하는 야만인과 동양인들을 현지의 전제군주와 약탈자들로부터 해방시키기 위해서는 "평화를 위한 야만적 전쟁(Rudyard Kipling)"을 수행할 수밖에 없다는 논리가 성립되었다.[20] 완고한 토착지배자의 저항은 무력으로 잔인하게 진압해야 하며 이것은 궁극적인 사명을 수행하기 위해 불가피하다는 것이었다. 식민지 건설 그 자체가 백인의 신성한 의무이므로 이에 대한 어떠한 저항도 신의 의지에 대한 반항이라고 간주하는 것이었다.[21]

프랑스의 식민지 지배정책의 원리라는 동화정책도 그 바탕에 '문명화 사명'이라는 가정을 깔고 있었다. 이론적으로는 식민지를 해외에 있는 프랑스로 상정하면서, 그 제도 등이 모두 본국과 똑같을 것을 지향하고 있었는데, 그들의 입장은 "상황은 다를지 모르지만, 나폴레옹 법전은 영원히 지속된다! 그리고 만약 맞지 않는다면 잘못은 원주민에게 있지 법전이 아니다. 그들이 따르게 하라, 아니면 프랑스 식민화의 또 다른 요소, 기관총의 소리를 듣게 하라!"는 것이었다.[22]

이상에서 살펴본 것이 주로 서구 열강의 제국주의적 진출, 식민지 지배, 그에 따른 폭력을 합리화하고 부추긴 사상, 이념이었다고 한다면 이를 법률적으로 뒷받침한 것이 국제법이었다. 국제법은 공통의 기독교 신앙을 기반으로 로마 교황의 절대적 영향권 아래 보편적인 세계를 이

---

20. 위르겐 오스터함멜, 박은영 · 이유재 옮김(2006), 앞의 책, 74~75쪽 참조.
21. 구대열, 「일본의 초기 대한식민정책 형성과정」, 『대한제국연구』, 1986, 4쪽, 9쪽 참조.
22. Stephen H. Roberts, *History of French Colonial Policy(1870~1925)*, London, P. S. King & Son, LTD., 1929, p. 67 참조.

루고 있었던 유럽의 개별 국가들이 목소리를 높여 가고 있었던 상황에서 이 주권국가들 사이의 관계를 규율하기 위해 발달해 간 것이었다. 이러한 문제를 해결하기 위해 새롭게 발견된 것이 로마법의 만민법(jus gentium)이었다. 국제법은 유럽의 대국가(civitas maxima), 기독교 세계(totus christina)의 법을 의미하는 것이었고, 이 세계의 무역, 여행 그리고 포교의 자유를 보장하는 법질서로 출발하였다. 그러나 만민법이 변해 가는 국제관계에 맞지 않게 되면서, 옥스퍼드 대학의 리차드 주치(Richard Zouche, 1590~1661)가 1650년 '근대국가라는 행위자 사이의 법 규범'을 지칭하는 말로서, '국가 사이의 법'이란 의미의 'jus inter gentes'라는 용어를 사용하였다고 한다. 이는 주권적인 권력을 보유한 군주들 또는 인민들의 공동체에서 인정된 법을 의미하였다.[23]

이후 유럽사의 전개 과정에서, 독일을 중심으로 한 30년 전쟁이 끝난 후 1644년 독일황제 외 유럽의 66개국을 대표하는 전권대사들이 모여 강화조약을 맺었는데, 이 '강화조약'이라는 국제법에 의해 영토 획정이 이루어지고, 신성로마제국이 사실상 해체되었으며, 제후는 독립국에 가까운 주권을 인정받았다.[24] 이와 같이 주권국가들이 국제법의 원칙에 따라서 외교관계를 맺고, 조약 · 동맹 · 전쟁 등 다양한 수단을 통해서 각각의 이익을 추구하는 '국제사회(international community)'가 17세기 유럽에 형성되었는데, 그것을 일반적으로 서구 국가체계(western system)라 부른다. 여기에는 주권국가 평등의 원칙과 세력균형(balance of power)이라는 두 개의 원리가 작동하였다.[25]

이와 같이 만민법의 전통을 이어받은 19세기 유럽 공법은 실정법주의, 유럽 중심주의, 팽창주의의 본질을 지녔으며, 19세기에 들어오면서

---

23. 김용구, 『한국개념사총서 1 — 만국공법』, 소화, 2008, 48쪽 참조. 또 영어권에서는 벤담(1748~1832)이 International Law란 말을 창안하였다고 한다.
24. 島田征夫, 최홍배 · 노석태 · 이성형 공역, 『국제법』, 21C 법경사, 2004, 26쪽 참조.
25. 마루야마 마사오, 박충석 · 김석근 공역, 『충성과 반역 — 전환기 일본의 정신사적 위상』, 나남출판, 1998, 239~240쪽 참조.

유럽에서는 명시적, 묵시적인 합의인 조약과 관습을 중요시하는 실정법 주의가 자연법을 대신하여 주류를 이루게 되었다. 유럽 국가들은 국제법을 유럽 공법이라고 부르고, 문명국의 법으로 선전하였다. 유럽 이외의 국가들은 반(半)문명국이나 야만국으로 간주해 국제법의 주체가 아닌, 제한된 의미의 주체로 취급하였다. 문명국의 기준은 기독교 사회의 관습에 기반을 둔 유럽 문명의 규범을 반영하였다. 이 기준들에 따르면 지구상의 국가 및 집단들은 유럽과 같은 문명국들, 모로코·페르시아·샴·아프가니스탄·중국과 같은 반문명국들 그리고 야만의 집단들 세 가지로 구분되었다. 야만 집단이 있는 지역은 침탈과 점령의 대상에 지나지 않았고, 반문명국은 불평등조약을 강요받아 정치적, 경제적인 착취의 대상이 되었다.

이러한 과정을 통하여 유럽의 공법은 유럽 국가들의 세계 팽창을 합리화하고 부추기는 법적 도구가 되었는데, 그 대표적 예가 승인의 '창조적 효과설'과 '무주지' 개념이다. 창조적 효과설이란 어떤 정치 집단이 문명국이냐 아니냐를 판단하는 것은 기존 문명국들의 권리라는 것이다.[26] 무주지 개념은 토착민은 야만이며 재산권을 보유할 법적 능력이 없다는 전제에서 출발하여, 그 권원(權原)이 발견이냐, 선점이냐 또는 포교냐 하는 이론의 차이는 있을지언정, 그러한 행위자(즉 최초 발견자, 선점자, 포교자)에게 영토획득의 권리를 인정하는 것이었다. 이와 같이 19세기 유럽 국제법은 "지리적 기초(유럽), 종교—윤리적 영감(기독교법), 경제적인 동기(중상주의적인 법) 그리고 정치적인 목적(제국주의적인 법)을 가진 일련의 규칙들"이다. 다시 말하자면 그 국제법 질서란 실정법주의, 유럽 중심주의, 팽창주의에 입각한 폭력의 규범이었다.[27]

---

26. 이 이론의 창시자가 바로 H. Wheaton인데, 그의 국제법 저술인 *Elements of International Law*가 1864년 중국에서 활동하던 미국 선교사 William A. P. Matin에 의해 『만국공법』이라 번역되어 한·중·일 3국에 큰 영향을 끼쳤다.
27. 김용구(2008), 앞의 책, 41~53쪽 참조.

이상에서 논의한 바를 짧게 정리한다면 다음과 같다. 문명이란 말은 처음 등장할 때는 '시민이 지켜야 할 예의범절'이란 뜻이 강했지만, 18세기 이후 점차 유럽 사회가 근대에 들어와 성취한 것을 총칭하는 의미로 바뀌어 갔다. 그 핵심도 이제까지는 기독교 신앙과 관련된 것이었다면 이제는 과학에 기초한 물질문명이나 시민사회처럼 세속적인 것으로 대체되었다. 이러한 문명 개념은 지구 상의 인종·국가들을 발전 단계에 따라 문명·반개(반문명)·야만으로 나누고, 앞선 자가 뒤처진 자를 '문명화'시키는 것을 당연시하였다. 이로써 서구의 제국주의적 침략, 식민화는 '문명화 사명'으로 합리될 수 있었다. 식민지 진출을 위한 폭력, 전쟁조차 '문명화 사명'론으로 합리화될 수 있었던 것이다. 이를 법적으로 보장하는 것이 바로 중국에서 처음 '만국공법'이라고 번역, 소개된 국제법이었다.

2. 한·중·일 3국의 서구 문명 수용

19세기 이후 서구 제국주의 세력이 동아시아의 한·중·일 3국으로 밀려들어 오면서 오래전부터 하나의 문명권을 형성해 오고 있었던 이 지역의 기존 질서에 근본적인 변화가 생기게 되었다. 이 지역의 국가들은 화이질서하에서 상호 관계를 유지하고 있었는데, 세계사적으로도 월등한 문명을 성취한 중국은 자신을 화(華) 또는 중화라 자칭하고, 문명이 뒤떨어진 주변 이민족을 이(夷) 또는 사이(四夷: 四夷는 東夷·西戎·南蠻·北狄)로 구별하였다. 이러한 문화적 상하 관계는 다시 정치적으로 중국을 종주국으로 하고 모든 이민족 사회나 국가를 그 번속(蕃屬) 또는 속방으로 하는 종속체제(宗屬體制)로 제도화되었다. 이 체제는 조공과 책봉에 의해 유지·관리되었는데, 조공이란 신속(臣屬)을 인정하는 의례이며, 책봉이란 중국의 천자가 그와 같이 자신에게 신속한 국가의 지배자를 해당 번의 지배자인 왕으로 공인하여 권위를 인정해 주는 절차였다. 신

속하는 입장에서 종주국을 섬기는 이러한 관행을 사대관계라고 불렀다.[28]

이러한 화이질서는 이미 수당 시대부터 있었던 것이지만 확고하게 터를 잡은 것은 원을 몰아내고 성립된 명 왕조 때였다. 당시 동아시아 각국은 중국이 요구하는 조공관계를 받아들이지 않는 경우에는 조공무역을 통한 경제적 이익 획득은 물론 선진문물을 도입하는 길도 막히고, 때로는 자국의 안보를 보장받지 못할 수도 있었다. 따라서 중국과의 교류를 바라는 동아시아 각국에서 조공제도는 거의 선택의 여지가 없이 받아들여야 하는 국제질서였다고 할 수 있다.[29] 한편 이러한 화이질서 하에서 서양 국가들은 외이(外夷)로 간주되어 "실질적으로는 중국에 속해 있지 않지만, 잠재적으로 화이적 세계질서에 속하는 곳"인 관념적 조공국으로 간주되었다.[30]

조선은 고대 동아시아 세계질서가 형성된 이후 언제나 그 테두리 안에서 중국과 불가분의 유대를 유지하며 사대관계를 맺어 왔다. 중국은 조선왕조의 지배 이념이던 유교의 종주국이며 또한 과학기술을 비롯한 문화적 선진국이기도 하였으므로, 조선에서는 중국을 중심으로 한 계층적인 동아시아 국제질서를 커다란 저항감 없이 수용할 수 있었다. 더욱이 당시 국제적인 대외교섭의 범위가 극히 한정되어 있던 조선에서 중국은 동아시아 밖의 외부 세계에 대한 지식을 간접적으로 전달해 주는 중요한 정보창구였던 사실도 부정할 수 없다.[31] 그리하여 조선은 중국과 동질적인 문화를 발전시켜 '소중화'라고 자타가 인정하는 정도였다. 일본도 중국문화를 도입하여 자기 나름의 문화를 발전시켜 왔으나 조선과 달리 중국과 일정한 거리를 두고 공식적인 국교를 유지하려고 노력

28. 金基赫, 『근대 한·중·일 관계사』, 연세대학교출판부, 2007, 2쪽 참조.
29. 박원호, 「15세기 동아시아 정세조선초기의 대외관계」, 『조선왕조의 성립과 대외관계 —「한국사」 제22권』, 국사편찬위원회, 1995 참조.
30. 이장우 외 5인, 『중국, 한국과 세계』, 영남대학교출판부, 2003, 57쪽 참조.
31. 박원호(1995), 앞의 논문 참조.

하지 않았다. 일본은 대륙과 격리된 섬나라였기에 보다 큰 폭의 자유를 누릴 수 있었으므로, 구속적인 책봉관계를 맺지 않아도 되었다. 그러나 그것은 상대적인 차이일 뿐, 일본 역시 화이질서에서 벗어나서 존립할 수는 없었다.[32]

조공 책봉 관계의 현실적 배경으로는 종주국의 우월한 문화적 능력과 함께 월등한 군사력이 있었지만, 그렇다고 해서 종주국이 속방의 내정까지 좌지우지할 수 있는 것은 아니었다. 이 관계에 충실했던 조선의 경우에도 정치적으로는 완전한 자주를 고집하여 중국의 간섭을 거절하였다. 또한 후에 일본이 조선과의 국교를 성사시키기 위해 조선에 대하여 청에 문의했을 때 "조선은 속방이나 정교(政敎)와 금령(禁令)은 자주"라고 답했던 바와 같이 이 제도는 비록 상하 관계이기는 하나 상호 불간섭의 원칙이 있었다.[33] 같은 번속국들 사이에서는 교린관계라고 하여 기본적으로 대등한 외교관계가 형성, 유지되었다.

한편, 한일 양국은 중국문화의 우월성을 인정하여 사대관계를 맺고, 그로부터 배우면서 화이라는 차별의식을 내면화하여, 점차 자기 자신을 '소중화'로 내세웠으며 자기보다 못한 주변 나라들을 또 다른 '사이'로 간주하게 되었다. 조선중화주의, 일본중화주의라고 부를 만한 이런 소중화 의식은, 특히 '사이'의 하나였던 만주족의 淸에 의해 중화왕조가 정복된 이후에 더욱 뚜렷해졌다. 자신을 소중화로 여기는 심리상태에서, 교린국 상호 간에는 자연스럽게 경쟁의식이 생겨났다. 이러한 현상은 특히 인접해 있었던 조선과 일본 사이에서 두드러지게 나타났다. 두 나라는 긴 세월 동안 각각의 국내 사정과 국제 정세의 변화에 따라, 또는 상호 상대적인 국력의 성쇠에 따라 상호 우호관계를 유지하거나 갈

---

32. 에도시대 일본에서 유교가 지배적인 사상체계로서 널리 신봉되었다고 말하기 어려움에도 불구하고, 그 대외관념의 기본적 이미지는 화이사상에 근거하고 있었으며, 그것은 중국 중심의 사고에 가장 비판적인 국학자들의 경우에도 동일하다고 한다. 강상규, 「근대 일본의 「萬國公法」 수용에 관한 연구」, 『진단학보』, 1999, 87쪽, 181쪽 참조.
33. 김기혁(2007), 앞의 책, 4쪽 참조.

등관계를 조성하기도 하고, 심지어 일방이 타방을 침략하기도 하는 등 애증이 중첩될 수밖에 없는 상황이었다.

조선은 중국과 육지로 접촉하여 국경을 형성하여, 한발 앞서 대륙문화를 수용, 소화하여 다시 일본에 전한 경험이 있었으므로 일본에 대하여 문화적 선진이라는 자부심과 우월감을 갖고 있었다. 이에 반해 일본은 자신의 강한 무위(武威)를 근거로 자부심을 갖는 경우가 많았다. 이와 같이 두 나라는 지리적으로 가까이 있으면서도 경쟁의식을 지니고 항상 상호 견제하고 의심하면서, 때로는 갈등관계를, 때로는 평화적 교류관계를 유지했던 것이 역사적 사실이라고 하겠다. 이러한 관계에 결정적인 파국을 가져온 것은 일본의 조선 침략이었다(임진왜란). 이로 인해 조선은 파국적 피해를 입었고, 그 결과 일본을 원수의 나라로 인식하게 되었으며 일본인에 대한 불신이 깊어졌다. 중국도 왜는 교활하여 예측하기 어려운 '음략(淫掠)의 적(賊)'이라는 일본관을 갖게 되었다. 반면 일본은 모든 계층의 사람들이 대륙 국가들에 대해 군사적 우월의식을 갖게 되었고, 특히 조선에 대한 전통적인 멸시감이 더욱 강력하게 자리 잡게 되었다.[34]

이러한 양국 간의 상호 간 의심과 경쟁의식은 임진왜란 이후, 도쿠가와 막부의 성립으로 우호관계를 회복하여 사신의 교류를 재개하면서도 지속되었다. 조선은 1607년 이후 막부의 요청에 따라 통신사를 파견하게 되는데, 조선 측은 일본의 현실적 힘을 두려워하면서도 앞선 문화로 '교화'시키는 기회로 인식했다. 조정의 관료들은 조선이 예와 문화의 나라인 반면, 일본은 야만이라는 조선 중심의 화이관에 서서 일본을 바라보았다. 직접 통신사행에 참여했던 인사들도 일본의 번성과 국력의 충실함에는 놀라움을 표시하면서도 문화면에서는 분명한 우월감을 가지고 있었다. 특히 일본인들과 시문 등을 교환할 때 그들의 수준이 낮은

---

34. 미야케 히데토시, 김세민 등 옮김, 『조선통신사와 일본』, 지성의 샘, 1996, 185쪽 참조.

것에 대해 멸시감을 드러내곤 했다.[35]

반면 도쿠가와 막부는 조선에 대한 전통적인 멸시감의 바탕 위에서 통신사의 내조는 일종의 조공의례이며, 따라서 조선은 일본의 조공국이라고 간주하고 있었다. 조선의 통신사들 중 일부는 이러한 현실에 우려를 표명하기도 했다.[36] 일본의 이러한 조선에 대한 멸시감은 메이지유신 이후에 정한론으로 다시 나타나게 되었다.[37]

이는 비유하자면 똑같이 중화 문명의 변방인 두 '주변문화' 사이의 우월의식, 경쟁의식이라고 할 수 있겠다. 조선은 '동방예의지국'이라고 자타가 인정하는 데에서 자부심을 느꼈고, 일본은 자신을 '신국'으로 불러 스스로 신성시하였다.[38]

이와 같이 긴장 속에서나마 균형을 이루고 하나의 질서를 유지하고 있었던 동아시아에 서구 열강이 압도적인 무력을 앞세워 침략해 오면서 기존의 화이질서가 크게 바뀌게 되었다. 중국은 두 차례의 아편전쟁에 패하여 굴욕적인 불평등조약을 맺게 되면서 서구 문명의 실체를 경험하게 되었고, 일본 역시 미국의 페리 제독이 몰고 온 흑선의 무력시위에 눌려 1854년 미국과 불평등조약을 맺게 되었다. 조선은 1876년 서구 국가들을 모방하여 포함을 앞세워 위협하는 일본에 눌려 역시 불평등조약을 맺게 되었다. 나름대로 긴 역사와 높은 수준을 가진 문명을 이루고 살아왔던 이 지역 국가들이 서구 제국주의 열강들의 무력에 눌려, 서양 '오랑캐'들에게 오히려 '반개'로 평가받아 문명국가의 기준인 국제법상의 대등한 국가로 인정받지 못하고 불평등조약 체결을 강요당하게 된

---

35. 위의 책, 제5장 「조선관민의 일본관」 참조.

36. 小峰和夫, 「開國期における海外植民論」, 淺田喬二 編, 『近代日本の軌跡10 「帝國」日本とアジア』(吉川弘文館, 1994) 수록 36쪽; 미야케 히데토시, 김세민 등 역, 앞의 책, 107쪽 참조.

37. 미야케 히데토시, 김세민 등 역(1996), 앞의 책, 제4장 제5장 참조.

38. 이와 관련해서는 Tanaka Akira, 1981, "Japan and Korea — Relations Between Two Peripheral Cultures", *Japan Quarterly*, Vol. 28, No. 1, January – March 1981; 山室信一, 정재정 옮김, 『러일전쟁의 세기』, 소화, 2010, 30~32쪽 참조.

것이다. 더구나 조선은 서구를 모방해 침략해 온 일본과 불평등조약을 맺게 되어 그 처지가 더욱 열악하게 되었다. 이로써 중국을 중심으로 하여 형성되었던 화이질서에 입각한 동아시아의 질서는 결정적으로 파국을 맞게 되었고, 이후 새로운 질서가 성립될 때까지 혼란을 겪지 않을 수 없었다.

한편 서구 국가들이 동아시아 국가들을 침략해 들어와 불평등조약을 강요할 때 들고 나온 것이 이른바 '만국공법'(=국제법)이었다. 자신들의 침략 행위를 합리화하는 것이 바로 그것이었던 것이다. 그들은 자신들이 설정한 '문명'의 기준에 따라 한·중·일 3국을 모두 반개국 취급하고, 그에 따라 '만국공법'을 근거로 불평등조약을 강요하였다. 이제 3국 모두 그 압도적 무력으로 증명된 우월한 서양 문명을 무시할 수 없는 상황이 되었다.

그러나 각각 다른 역사적 배경을 가지고 있었고, 처해 있었던 상황도 달랐던 동아시아 3국의 대응에는 차이가 날 수밖에 없었다. 이제까지 문명의 중심으로 자부하면서, 오랫동안 동아시아에서는 물론 세계무대에 군림했던 중국은 서구 문명을 받아들이는 데 더딜 수밖에 없었다. 또한 불평등조약이 초래하는 대외관계에 대해서 보다는 당시의 국내 정세에 대한 위기감이 더 컸던 청은 서구 열강과 일본이 화이질서, 그 구체적 구현 형태로서의 조공체제를 뒤흔드는 상황에서, 조공체제와 만국공법질서를 절충하는 형태로 유지하고자 하였다. 원래 국가 간의 평등한 관계라는 것을 알지 못했던 청은 불평등조약에서 유래하는 서양에 대한 '특혜'를 오랑캐에 대한 시혜 정도로 인식하였다. 반면 중화문명권에서 변방에 있으면서 나가사키의 데지마(出島)를 통해 세계정세의 추이를 면밀하게 관찰하고 있었던 일본은 보다 수월하고 또한 적극적으로 서구 문명을 받아들일 수 있었다. 또한 서구 열강이 만국공법을 앞세우고 진출해 올 때 그 실상을 파악하고 민첩하게 대응한 것은 일본이었다. 일본은 화이질서에 비교적 덜 얽매여 있었으므로, 만국공법을 "유교와 불교를 대체하는 보편적인 원리, 즉 보편성을 체현한 새로운 문명 원리로 이해"하여 용이하게 수용할 수 있었다. 다시 말하자면, 일본은 국제관계를 규율하는 규범의 차원을 넘어 국내를 비롯해 만국에 통용되는 보편적인 원리로서 이해하고, 유럽 문명권에 친화적인 요소인 전통적인 도리와 비슷한 것으로 인식하였던 것이다.[39] 한편 조선은 그 지리적 위치상, 또한 국내 정세상 개국의 시기가 청일에 비해 늦어져 양국을 통해 새로운 정세를 이해할 수밖에 없었다.

일본은 양이의 상징이었던 천황이 메이지유신을 개막하면서, "외국 교제의 의(儀)는 우내(宇內)의 공법으로써 취급"한다는 뜻을 각국 공사에게 통지했다. 그럼에도 불구하고 서구 열강이 일본을 대등한 상대자로 대접하기를 거절하자 이에 분개하면서도 전면적 서구화, 즉 문명개화의 길로 나아가게 되었다.[40] 또한 메이지 정부는 '만국대치', '국권확장'을 내걸고, 실적을 올려 국민에 보임으로써 정부(천황)의 권위를 확립고자 했다.[41]

---

39. 그러나 표면적으로는 만국공법의 자연법적 성격과 그 보편성이 강조되었지만 실리를 다투는 현장에서는 실정법으로서의 공법 (혹은 국제법)으로 활용하였다. 그리하여 보편적인 도리라는 의미가 함축되어 있는 '만국공법'이란 역어를 '국제법'으로 대체한 것이 일본이라는 것은 의미심장하다. 강상규(1999), 앞의 논문, 188쪽 참조.

40. 攘夷의 중심에 있던 천황이 메이지 원년 정월에, 양이를 버리고 개국을 선언함에 당하여 "외국 교제의 儀는 宇內의 공법으로써 취급"한다는 뜻을 각국 공사에게 통지하였다. 이렇게 일본이 만국공법을 지키겠다고 열을 올리자 이번에는 유럽 열강 측에서 이것을 '만국'의 '법'이 아니라고 주장하기 시작했다. 이러한 서구 학자들의 주장에 대해 분개했지만 반박할 수 있는 근거도 없어, 유신의 원훈인 대정치가들도 저들에게 同化되지 않을 수 없다고 하여 歐化主義를 강하게 주장하는 상황에서 학자들도 저들의 학설을 따를 수밖에 없었던 것이 메이지 중기의 상황이었다 한다. 이러한 상황의 배경에 있는 사상은 일본이 구미 제국과 정치·경제적으로 대등하게 겨루기 위해서는 우선 '(유럽의) 국제법' 클럽의 정회원이 되지 않으면 안 된다고 하는 것, 즉 클럽 회원이 되지 않으면 국제법도 적용되지 않는다는 것이었다. 그런데 유럽 측이 주장하는 바는 이 국제법 클럽 가입은 기존의 (유럽 제국이라는) 회원에 의해 승인되어야 비로소 허가된다고 하는 것이었다 한다. 山內進, 「明治國家における「文明」と國際法」, 『一橋論叢』 115권 1호(1996년 1월호), 1996, 20쪽 참조.

41. ひろた まさき, 「對外政策と脫亞意識」, 『講座 日本歷史』 7, 東京大學出版會, 1985, 303쪽 참조.

이를 위해 1871년 11월, "우리 정치와 풍속을 개량하여 … 문명국들과 평등한 지위를 갖"는 것을 목적으로, 문물시찰과 조약개정 교섭의 타진을 위해 이와쿠라(岩倉) 사절단을 구미로 파견했다.[42] 이 사절단은 우대신 이와쿠라 도모미(岩倉俱視)가 특명전권대사, 기도 다카요시(木戶孝允), 오오쿠보 도시미치(大久保利通), 이토 히로부미(伊藤博文) 등, 메이지 정부의 연소한 핵심 인물들이 포함되어 있었고, 정식 구성원은 46명에 수종자 18명, 유학생 43명을 합해 모두 107명이라는 대규모였다. 사절단이 부여받은 애초의 사명은 불평등조약 개정이었으나, 상대국들이 호응할 기미를 보이지 않자 문물을 견문 조사하는 것으로 목적을 바꾸었다. 이후 1년 10개월 동안 구미 12개국을 돌면서,[43] 서구 문명을 직접 눈으로 보고 그 우월함을 직접 확인하는 한편, 그에 대비되는 아시아의 뒤처진 현실을 깨닫고, 이후 서구 문명의 습득 및 그 기준에 맞추기 위한 제도의 개정에 착수하였다. 문명국으로서의 최저 표준을 갖추어 문명국으로 인정받기 전에는 조약 개정 교섭을 개시하기는커녕, 서구 열강들에 의해 일본 자신이 무주의 땅으로 간주되어 식민지화되거나 보호국이 될 수밖에 없다는 현실을 깨닫게 되었던 것이다. 이후 일본은 구미의 최선의 법에 기초한, 말하자면 태서주의(泰西主義, Western Principles)에 의한 법전의 편찬과 사법제도의 정비를 서두르게 되었다.[44]

그리하여 입헌체제 정비와 조약개정이 메이지 정부의 2대 목표가 되었다. 전자를 위해 핵심적인 역할을 한 사람이 이토 히로부미라면, 후자를 위해 노력한 대표적 인물이 이노우에 가오루(井上馨)였다. 이토 히로부미가 앞장서 일본의 헌정질서를 세울 때 서구, 특히 독일에 크게 의존하였는데, 이는 그를 비롯한 메이지 정부의 고관들이 많이 의존한 본

---

42. 山室信一, 「明治國家の制度と理念」, 『岩波講座 日本通史』 제17권, 近代 2, 1994, 119쪽 참조.
43. 田中彰, 『明治維新と西洋文明 — 岩倉使節團は何を見たか』, 岩波新書 862, 2003, 6~7쪽 참조.
44. 山室信一(1994), 앞의 논문, 119쪽 참조.

슈타인(Lorenz von Stein, 1815~1890)이 헤겔의 제자라는 점에서도 잘 알 수 있다.[45] 이노우에(井上馨)는 "우리 제국을 바꾸어 구주적 제국으로 만들고, 우리나라 사람들을 바꾸어 구주적 인민으로 만들자. 구주적 신제국을 동양에 만들어 내자"라고 말한 대표적 구화주의자였다.[46] 그는 조약개정이 안 되는 것은 "제 법규가 제정되지 않았던 것에도 연유하지만, 우리나라가 미개·야만시 되고 있었던 것에도 기인한다"고 판단하여, 이른바 '녹명관(鹿鳴館) 시대'를 여는 데 앞장서기도 하였다. 그리하여 메이지 정부는 문명국으로서의 최소 조건을 채우기 위해 정치·경제적 제도 정비, '부국강병책'을 이루기 위한 산업정책, 기타 문명국가의 문물을 도입 실행하였다. 헌법의 실시를 비롯한 법률체계의 정비, 지조개정(1873), 폐번치현(1871), 징병률(1872) 등과 태양력 사용, 전신·전화 설치, 철도 가설, 1주 7일제와 일요 휴일제 채택, 신문·잡지 발행 등과 같은 것이 그것이었다.

강력한 문명개화 정책이 점차 성과를 드러내게 되면서 '문명화'를 성취해 가고 있다는 자신감을 바탕으로 일본은 이제까지의 중국을 중심으로 한 동아시아의 화이질서를 폐기하고, 만국공법의 신질서에 의한 새로운 질서를 구축하여, 그 패자로서의 역할을 담당하고자 하였다. 이때 일본이 희생양으로 지목한 것이 바로 조선이었다. 일본 역시 서구 열강에 의해 불평등조약을 강요받은 '반개' 국가였던 바, 이를 벗어나기 위해 조선을 자신에게 복속시켜 문명국의 반열에 끼고자 했던 것이다.[47]

---

45. 方光錫, 「명치 관료의 유럽 '지식순례'」, 『일본역사연구』 23집, 2006 참조.
46. 山室信一(1994), 앞의 논문 119쪽 참조.
47. 1868년 12월 木戶孝允이 征韓을 제기한 것도, 구미 열강에게 할 수 없는 것을 아시아 근린에게 함으로써 실적을 보이려 한 것이었다. 여기에 이미 '文明開化'의 아시아에서의 초기 의식, 즉 脫亞入歐의 방향이 있었다; ひろた まさき(1985), 앞의 논문 참조. 자신을 문명 선진국인 지도자로 자부하는 반면 아시아를 멸시하는 감정은 정파를 뛰어넘어 일본사회에 일반적인 것이었다. 아시아에 대한 일반적인 멸시에 더하여, 조선에 대한 그것은 양국 간의 전통적인 관계에 기인하여 더욱 구체적인 것이었다. 일본의 조선 침략 욕구는 조선을 '문명화'시킬 '사명'이 거론되기 훨씬 이전부터 이미 자라

이후 일본은 조선에 대한 영향력을 둘러싸고 청과 치열한 경쟁을 벌이게 되었다. 청이 내세운 방식이 구래의 화이질서를 강화하여, 조공 사대관계를 근대적인 속방관계로 대체하려는 것이었다면, 일본은 '문명'을 앞세워 조선의 '보호자'로 새롭게 나서려 한 것이었다. 조선을 둘러싼 청일의 경쟁은 결국 1894년 청일전쟁으로 폭발하였다. 일본은 이를 '문명과 야만의 전쟁'으로 규정하고, 이를 통해 서구 국가들에 '문명국가'로 인정받기를 원하였다. 그리하여 만국공법이 정한 규칙에 따라 전쟁을 수행하기 위해 전장에 아리가 나가오(有賀長雄), 다카하시 사쿠에(高橋作衛) 같은 국제법학자를 수행시켰고, 그들은 전쟁이 끝난 후 관련된 책을 써서 일본이 만국공법에 따라 전쟁을 수행하는 문명국가임을 서구 국가들에게 선전하였다.[48] 메이지유신으로 이룩한 부국강병 사업 덕분으로 청일전쟁에서 승리한 일본은 문명국가로서의 면목을 더하였고, 점차 국력을 더욱 키워 가면서 이제는 다시 러시아와 대결의 각을 세우면서 한 단계 높은 문명국가로 도약하고자 노력하였다. 러일전쟁에서의 승리는 당시 최강의 제국주의 국가였던 영국의 지원이 있었기에 가능한 일이었지만, 어쨌든 이러한 성과를 바탕으로 일본은 드디어 문명국으로 인정받아 1912년 불평등조약을 완전히 벗어나 만국공법상 하나의 완전한 자격을 갖춘 문명국가로서 대접받게 되었다. 이러한 실력과 국제적 인정을 바탕으로 일본은 결국 1910년 한국을 합병하여 식민지로 삼아 메이지유신 개시 이래의 숙원을 달성하였다. 당시는 제국주의 시대였기 때문에 서구 열강이 대립하고 있는 제국주의 질서 안에서 하나의 어엿한 국가로 대접받기 위해서는 식민지 소유가 하나의 필수적인 조건이었기 때문이다.

이와 같이 일본이 조선에서 영향력을 키워갈 때 내세운 명분이 바로

나고 있었던 것을 볼 수 있다.

48. 山內進(1996), 앞의 논문 참조. 「明治國家における「文明」と國際法」, 『一橋論叢』 115권 1호, 1996.

서구 열강에서 배운 '문명화 사명'의 논리였다. 문명이 앞선 자신들이 이제 뒤떨어진 야만적인 주변국들을 지도하는 것은 당연한 일이라는 것이었다. 이것은 바로 서구 열강이 제국주의적 진출을 할 때 써먹은 수법이었다. 일본이 새로운 패자의 역할을 담당할 수 있다고 주장하는 근거는 자신들이 서구의 문명을 받아들여 문명화의 길을 걷게 되면서, 아직 서구 국가의 수준에 미치지는 못하지만, 인근의 중국이나 조선보다는 분명히 앞서 가고 있다는 자신감이었다. 이를 바탕으로 일본은 점차 청과 조선을 야만시하는 언설들을 만들어 가고 있었다. 말하자면 긴 역사 동안 그 자신이 속해 있었던 오래된 '문명'을 '야만'으로 모멸하면서, 서양으로부터 배워 온 새로운 '문명'을 내세워 청과 조선에 대해 선도자 역할을 인정받고자 하는 것이었다.

일본은 메이지유신 이래로 조선을 자신의 영향권 아래 두려고 온갖 기회를 다 이용하여 자신들의 세력을 침투시키고 있었던바, 애초부터 내세운 명분이 바로 한국의 개화사업, 즉 '문명화'를 돕겠다는 것이었다. 서구 문화를 한발 앞서 배워 달성한 '문명'을 내세워 지도자로 나선 것이다. 그러나 전통시대에 있어서는 '문명'에 관한 한 조선이 오히려 대륙의 앞선 문명을 전해 준 너무나 분명한 역사가 있었다. 또한 일본이 가르쳐 주겠다고 자랑하는 '문명'이라는 것도 결국 서양에서 배워 온 것에 불과했고, 따라서 한국인들은 일본의 '문명'이 서구와 같은 수준이 못 된다는 것도 잘 알고 있었다.[49] 또한 너무나 당연한 것이지만, 일본이 조선을 '문명화'하는 것은 자신의 국익을 위한 것이고, 그 국가적 목표 달성을 위한 것이라면 그것이 조선의 이해관계와 어긋날 가능성은 매우 높았다. 예를 들면 철도 부설은 한국인들도 간절히 바라는 바였지

---

49. 1883년 4월 일본에서 개종하여 세례받은 李樹廷은 그가 일본에서 만난 미국 선교사에게 일본 선교사가 아닌 미국 선교사를 조선에 파견해 줄 것을 요청하면서, 일본을 지칭하여 '간접적 문명(secondhand civilization)'이란 표현을 사용하였다 한다. 류대영, 『한국근현대사와 기독교』, 푸른역사, 2009, 56쪽.

만, 그 의미하는 바는 한일 양국에 각각 달랐던 것이다. 이러한 상황에서 한국인들의 여론은 일본이 추진하는 사업들을 문명화로서 받아들일 것인가, 아니면 그것이 지닌 식민성, 약탈성을 의식하여 반대하고 저항할 것인가로 나뉠 수밖에 없었다. 따라서 일본으로서는 자신들의 침략을 원활하게 하기 위해 그들이 벌이는 사업을 더더욱 '문명화'로서 합리화할 수밖에 없게 되었다.

이와 같이 1876년 개항 이후 '문명'은 한국인들이 피해 갈 수 없는 문제였다. 또한 근대 동아시아 3국의 관계는 문명에 대한 해석, 전망을 둘러싸고 전개된 감이 있다. 이는 21세기가 문을 연 지 10여 년이 지난 지금도 기본적으로 남아 있는 문제라고 할 수 있을 것이다. 이러한 문제를 보는 하나의 시각을 준비하기 위해 필자는 이하 일본이 한국을 침범해 오는 과정에서 어떻게 '문명화 사명'의 논리를 내세우는지, 그 '문명화'의 실상은 무엇인지, 일본의 '문명화' 선전에 대한 한국인들의 반응은 어떠했는지, 그것이 한국 근대사에 끼친 영향은 무엇이었는지 살펴보고자 한다.

II. 통감부기 일제의 '문명화 사명'론과 문명화 사업 (='시정개선')

1. 조선 식민지화 욕구와 '문명화 사명'론

1) 식민지화 욕구와 '문명화 사명'론

서구 열강이 아시아·아프리카 지역을 식민지로 획득, 지배할 때 이를 '문명화'로 합리화했다는 것은 앞에서 말한 바와 같다. 아무 연고도 없는 지역에 침입해 들어가 지배권을 행사하고자 할 때는 이를 합리화할 명분이 필요했던 것이다. 근대 일본의 조선 침략에 있어서도 월등한 무력을 앞세워 강압적으로 침략해 들어왔다는 것, 또는 그 폭력성, 불법성, 비도덕성이 비판의 대상이 되곤 하지만, 사실 폭력만으로는 조선인들을 복속시키기 힘들었고, 설사 가능했다고 하더라도 그 지배를 길게, 안정적으로 유지하기는 힘들었을 것이다. 일본의 조선 침략에서도 '문명화'라는 합리화 논리가 동원되었으며, 또 그것이 일제의 성공에 어느 정도 기여했음을 인정하지 않을 수 없다.

그러나 서구 제국주의 국가들과 비교할 때 일본은 특이한 점이 있었다. 서구 국가들은 전혀 다른 문명권의 사회발전 수준에서 커다란 차이가 있었던 국가나 집단들에 문명화 논리를 동원하였다. 그에 비해 일본은 같은 문명권에 속해 있었고, 사회발전의 단계에서도 큰 차이가 없었던 이웃 나라 조선에 그러한 논리를 동원했던 것이다. 동아시아 중화문화권에서는 오히려 조선이 앞선 선진국이기조차 했다. 중화문화권의 핵심 가치가 유교라고 한다면 주자 성리학을 국가 이념으로 삼고 있었고, 사대부라고 하는 문인 집단이 지배층을 형성하고 있었던 조선이, 유교적 학식과 소양을 선발 기준으로 하는 과거제가 실시된 적이 없으며, 무사 집단이 지배층을 형성하고 있었던 일본에 비해 중화문화권의 가치에 보다 충실했다고 하는 점은 분명하다고 할 것이다. 이와 함께 서구 국가들과 개국조약을 맺을 때 일본 역시 청이나 조선과 마찬가지로, 서구 국가에 의해 불평등조약을 강요받은 반개의 국가에 불과했다는 점이 주목된다. 일본도 '반개의 나라'로 인식하고 자신을 중국과 동렬에 둔 바 있었다.[1]

군사적, 무력적 우월성만을 식민지 지배의 근거로서 내세울 수 없고, 그렇다고 같은 중화문화권에 속해 있던 조선에 우월한 전통 문명을 내세울 처지도 못 된다면, 일본이 내세울 수 있는 것은 결국 그들 자신이 서양에서 배운 문명일 수밖에 없었을 것이다. 이것은 일본을 반개의 국가로서 한 수 아래로 내려다보고 있는 서구 열강의 시선을 의식하면서 식민지를 문명화할 수 있는 능력을 증명해 보임으로써, 그들에 의해 문명국가로 인정받아야 하는 일본의 궁색한 처지를 암시하는 것이기도 하였다. 즉, 일본은 조선을 무대로 하여 자신의 문명화 능력을 증명해 보임으로써 서구에 의해 식민지가 되는 위험을 극복하는 동시에, 그 자신

1. 박영재, 「近代 日本의 韓國 認識」, 역사학회 편, 『日本의 침략정책사 연구』, 일조각, 1984, 100쪽.

도 제국주의 국가들의 반열에 끼고자 하였던 것이다. 이는 또한 서구 제국주의 국가들에 맞서 일본이 해외로 팽창해 갈 수 있는 출발점이 되었다.

한일 간에 병자수호조약이 맺어진 이후 일본이 한결같이 조선을 침략할 의도를 가지고 있었던가에 대해서는 이견이 있다. 때때로 일본인에 의해, 또는 그에 영향받은 한인들에 의해 양국의 연대가 강조되기도 했지만, 조선을 발판으로 한 일본의 대륙 '진출' 욕구는 이미 조선시대 임진왜란에서 보듯이 매우 뿌리 깊고 오래된 것이었다.[2] 서구 열강의 동점 상태가 피부로 느껴지기 시작하던 에도 막부 말기, 해외 진출을 위한 조선 침략의 의도를 명백히 드러낸 것은, 송하숙(松下塾)을 세워 메이지유신의 원훈들을 양성한 것으로 유명한 요시다 쇼인(吉田松陰, 1830~1859)이었다. 그는 「대한론(對韓論)」에서

> 무릇 곤여(坤輿)의 형세는 합치지 않는 것이 불가능한 것이 있고, 합치지 않으면 안 되는 것이 있다. 우리 오월(奧越: 일본 동북 지역? — 역주) 같은 곳은 지맥이 접속하여 합치지 않을 수 없는 것이다. 삼한 임나 제번에 이르면 지맥은 비록 접속하지 않으나 형세가 대지(對持)하여 우리가 가지 않으면 저들이 반드시 오고, 우리가 만약 공격하지 않으면 저들이 반드시 습격할 것이니, 장래 헤아릴 수 없는 근심을 빚을 것이다. 이는 합하지 않을 수 없는 것이다.[3]

라고 하여, 한국은 지정학적 견지에서 반드시 일본 영토에 합해야 한다고, 조선을 침략 병탄할 것을 주장한 바 있다. 그는 「유수록(幽囚錄)」(1854)에서는 한 걸음 더 나아가 "조선을 떠맡아 다스리고 … 북으로는

2. 한 연구자에 따르면 일본에 있어 조선 침략론은 하나의 논리로서 이미 德川幕府 말기에 성숙되어 있었고, 그 침략의 대상은 조선뿐 아니라 아시아 대륙 전체에 미치고 있었다 한다. 박영재, 「근대 일본의 아시아 인식: 탈아시아주의와 아시아주의」, 역사학회 편, 『노일전쟁 전후 일본의 한국 침략』, 일조각, 1886, 96쪽 참조.

3. 石川安次郎, 「吉田松陰先生の對韓論を讀んで廟堂諸公に忠告す」, 『東京經濟雜誌』 799 (1895. 11. 9)에서 재인용. 인용문은 필자가 원문을 한글로 번역한 것임. 이하 같음.

만주 땅을 할양하고, 남으로는 대만, 여송(呂松, 필리핀) 제도를 획득하여, 점차적으로 (일본의) 진취적 세력을 보여 주어야 한다. … 국력을 기르는 데 있어 가장 좋은 것은 조선·중국·만주를 반드시 복종시키는 것"이라고 주장하였다.[4]

메이지유신 직후인 1870년, 당시 메이지 정부 외무권대승(外務權大丞)이었던 야나기하라 사키미쓰(柳原前光)는 일본의 국운을 위해 가장 바람직한 것은 조선을 복속시키는 것이고, 최소한 다른 강국이 조선을 점령하는 일은 막아야 한다고 정부의 주의를 촉구하였다.[5] 이러한 상황에서 메이지기 일본에 온 독일인 고문 멕켈(Meckel)에 의해 '일본의 심장을 노리는 단도'로 비유된[6] 조선반도를 차지하거나 최소한 러시아와 같은 경쟁국이 조선에서 우월적 지위를 차지하지 못하게 하는 것이 일본의 사활이 걸린 일로 파악되었다. 이와 같이 일본은 메이지유신 이래 대륙으로 진출하고자 하는 줄기찬 야망을 품고 있었고 그 출발점으로서 조선에 눈독을 들이고 있었던 것이다.[7]

이 단계에서 '문명'을 앞세워 조선에서의 일본 영향력 강화에 앞장선 것은 바로 일본 문명개화 계몽의 대표자이자 메이지유신의 이론가인 후쿠자와 유키치(福澤諭吉)였다. 그는 조선을 극도로 멸시하고 있었는데[8]

---

4. 박한규, 「아시아주의를 통해 본 전전 일본의 동아시아 정체성」, 『일본연구논총』 20호, 2004, 207쪽 참조.
5. 柳原前光, 「朝鮮論稿」, 『日本近代思想大系12 對外觀』, 岩波書店, 1870, 14쪽 참조. 당시 일본 위정자들이 조선을 군사적 입장에서 중요시했던 점은 다음과 같은 글에 잘 나타나 있다. "제국이 왜 조선을 병합했냐 하는 것은 … 말할 것도 없이 제국의 군비상 중요한 지점으로서 우리 제국의 국방상 조선을 병합하지 않으면 제국 백 년의 장계를 세울 수 없기 때문이었다. 병합 전후에 있어 寺內伯도 山縣公도 桂公도 山本伯도, 장차 西園寺공도 기타 우리 조야의 여론은 모두 그러했다. 그런데 조선통치의 정치 정책은 어떤 시기까지는 무단정치를 펼치지 않으면 조선의 치안은 유지되지 않는다는 것으로, 대개 달관이었다." 青柳綱太郎(1928), 『총독정치사론 (상)』 복각판, 『한국병합사연구자료 11』, 龍溪書舍, 1996, 68쪽.
6. Ramon H. Myers and Mark R. Peattie ed., *The Japanese Colonial Empire, 1895~1945*, Princeton University, 1984, p. 15 참조.
7. 北岡伸一, 『日本陸軍と大陸政策 ― 1906~1918年』, 東京大學出版會, 1979, 1쪽 참조.

김옥균, 박영효 같은 연소한 개화파를 이용하여 조선 정부의 내정에 간섭하여 개혁을 획책하고, 이를 통해 일본의 영향력을 강화하고자 했다. 그는 조선의 문명화를 위해서는 무력을 사용해도 좋다고 말할 정도였다. 조선 및 아시아 국가 전반에 대한 일본의 멸시감은 당시 일본의 국권파나 자유민권파나 함께 공유하고 있었던 바였는데, 그들의 아시아에 대한 멸시 및 침략의식은 1885년 후쿠자와 유키치가 쓴 '탈아론'으로 표출되었다. 내각총리 야마가타 아리토모(山縣有朋)가 주권선, 이익선의 발언으로 한반도에 대한 일제의 야심을 드러낸 것도 이즈음(1890. 12)이었다.

후쿠자와 유키치는 1894년 청일전쟁 도발 직전에는 「조선의 문명사업을 조장시켜야 한다」는 논설에서 일본의 지도 아래 조선의 통치기구의 개혁과 법률제도, 무역상의 일본 이권보호, 철도·전신 부설 등의 필요성을 역설하였다.[9] 1894년 갑오동학농민전쟁이 일어나자 일제는 이를 조선 내에서 청에 밀리고 있었던 자신의 세력 회복, 나아가서 청을 물리치고 동아시아에서의 패권을 차지하기 위한 절호의 기회로 여기고 적극 개입하기 시작하였다. 당시 조선에 공사로 부임해 있었던 우치다 사다즈치(內田定槌) 영사나 오오토리 게이스케(大鳥圭介) 공사는 본국의 무쓰 무네미쓰(陸奧宗光) 외상에게 잇달아 조선 보호국화 정책을 건의하였다. 大鳥에 이어 부임한 일본 정계의 거물 이노우에 가오루(井上馨)가 일인 고문을 배치하고, 갑오·을미개혁을 조정하여 비록 실패로 돌아갔지만, 조선 보호국화 정책을 강력히 추진했던 것은 잘 알려진 사실이다.[10] 청일전쟁에서 승리한 이후 한반도에서 일본은 정치·군사적으로 비록 많은 우여곡절을 겪었지만 경제적 침투는 지속·강화되고, 이것이 다시

---

8. 그는 조선의 악덕을 "완고하고 고루함, 고루하고 편협함, 의심 많음, 구태의연, 겁 많고 게으름, 잔혹하고 염치없음, 거만, 비굴, 참혹, 잔인" 등의 말로써 표현하였다. 강상중, 이경덕·임성모 옮김, 『오리엔탈리즘을 넘어서』, 이산, 1997, 89쪽 참조.
9. 森山茂德, 『近代日韓關係史硏究』, 東京大學出版會, 1987, 15쪽 참조.
10. 이원순, 「한말 일본인 고빙문제 연구 — 한말 외국인 고빙문제 연구 서설 (2)」, 『조선시대사논집』, 느티나무, 1992 참조.

일본의 정치적 입지를 강화시키는 기반이 되었다.

일본의 대한(對韓) 진출 욕구는 러일전쟁을 전후해서 봇물 터지듯이 분출했다. 이미 전쟁 발발 전부터 대한 적극책을 요구하고 한국에서 쟁취해야 될 구체적 이권을 지적하는 주장들이 나오고 있었고, 1901년 5월에 성립한 가쓰라 다로(桂太郎) 내각도 이미 "한국을 보호국으로 만드는 목적을 이루는 것"을 정강으로 채택하였다.[11] 러일전쟁에서의 승리, 그 전리품으로서 한국의 보호국화가 전망되면서 한반도 및 만주에 대한 요구는 더욱 거침없이 터져 나왔다. 이때 유행하게 된 것이 바로 '만한경영'이란 말이었다.[12] 자신의 세력권이 된 조선을 바탕으로 대륙에서 정치·군사적 또 경제적 욕망을 어떻게 실현할 것인가 하는 것이 대중의 관심사가 되었고, 동시에 한국으로의 진출 열기도 고조되어 갔던 것이다. 일제는 1904년 5월 31일 「대한방침」, 「대한시설강령」을 각의에서 통과시켰는데,[13] '국방, 외정, 경제'가 가장 중요한 문제라고 한 후, 그 구체적 항목으로 ① 방비의 완수 ② 외정 감독 ③ 재정 감독 ④ 교통기관 장악 ⑤ 통신기관 장악 ⑥ 척식 도모를 들었다.

이러한 대한 방침에 입각하고 변하는 정세에 대응하여, 러일전쟁을 계기로 "정부 내부에서 한 개의 상대적인 독자의 정치세력"으로 성립하게 된 군부,[14] 특히 육군의 주도로 작성되어 천황의 재가를 받은 것이 1907년의 「제국국방방침」이었다. 그 내용은 이제까지의 수세적 전략을 공세주의적 군사 전략으로 바꾸고, 러시아의 복수전에 대비한다는 것이었다.[15] 따라서 일본에 대해 조선은 "조선의 조선으로서 중요할 뿐만 아

---

11. 藤村道生, 「日韓議定書の成立過程 — 大三輪長兵衛韓國關係文書諸事抄錄」, 「『渡韓始末錄』の史料解說として」 『朝鮮學報』 61, 1971, 208쪽 참조.
12. 淸水文之輔, 「事業選擇の指針を誤る勿れ」, 『富之朝鮮』 1, 1907. 3, 5쪽 참조.
13. 일본외무성 편찬, 『日本外交年表竝主要文書(上)』, 1965, 225쪽 참조.
14. 由井正臣, 「日本帝國主義成立期の軍部」, 『大系日本國家史』 5, 近代 2, 東京大學出版會, 1976, 132쪽 참조.
15. 吉田裕, 「日本の軍隊」, 『岩波講座 日本通史』 第17卷, 近代 2, 1994, 154쪽 참조.

니라 다시 우리나라(일본)와 대륙과의 연쇄인 반도로서 중요"하며 "조선 경영은 … 대륙정략의 일단"일 뿐이었다. 그리하여 일제는 한국 보호국화 초기 전쟁 중에는 전쟁의 수행을 위해, 전쟁이 끝난 뒤에는 러시아와의 재전(再戰)에 대비하기 위해, 나아가서는 대륙으로의 '진출'을 위해 철도망의 정비에 가장 신경을 썼고, 당연히 요새 및 군항의 건설도 서둘렀다.

또한 위의 '강령' ⑥항과도 관련 있는 것이지만, 일제는 이 시기 한국을 "초과하는 인구를 위한 이식지"로 삼고 다른 한편으로는 "부족한 식량의 공급을 증가"시키기 위해 농업 이민을 적극 장려하기 시작했다. 이미 1901년 제16회 제국의회에서 일본인들의 자유도한을 허용하기 위해 법령을 개정한 바 있었지만, 당시 일본인 이민들이 한국보다 하와이, 미국 본토를 선호하고 있었기 때문에[16] 한반도를 식민지화하고, 나아가서 만주로 침략해 가려는 상황에서 정책적으로 이주를 장려하겠다는 것이었다. 이러한 분위기를 반영하는 『최신조선이주안내』에서 저자는

> 조선에 가는 것은 극히 용이하다. 정부의 여행 허가증을 얻기 어렵지 않고 여비는 겨우 15엔이면 조선 제일의 무역항인 부산에 도착할 수 있다. 그런데 미국행 여비 정도이면 저 미국에서 웨이터가 되고 요리사가 되고, 양키 여편네에게 더러운 욕을 먹으면서 농사에 종사하면서 사탕수수밭에서 야숙하고, 철도 공부(工夫)가 되어 화차를 살림집으로 하는 것과 같은 볼품없는 행동을 하기보다는 조선 내지에서 임금 싼 조선인을 좌고우면 자유로이 사역하고, 자기는 주인공으로서 하나의 독립한 어떤 사업을 경영할 수 있을 것이다[17]

라고 하여, 간단히 말해서 가 봤자 사회의 하층에 편입되어 백인들의

---

16. 1905년 현재 해외 재류 일본인의 수를 보면 하와이 59,956인, 미국본토 53,710인, 조선 42,460인이었다. 福島新吾, 「明治期における植民主義の形成」, 『思想』 511, 1967, 89쪽 참조.

17. 山本庫太郎, 『最新 朝鮮移住案內』, 民友社, 1904, 18~19쪽.

핍박을 받을 수밖에 없는 미국보다는, 가서 지배자 또는 주인 노릇을 할 수 있는 조선으로 이주할 것을 촉구하고 있었다. 또한 이러한 시대적 분위기에 편승하여 일본인 경제 단체들은 여러 가지 요구 조건들을 정부에 제시하였는데, 그 항목들은 수도 많고 여러 분야에 걸쳐 있어 한마디로 요약하기는 어렵지만, 결국은 철도·도로·항만시설의 부설 및 확충, 일본인 토지 소유권 확보, 화폐제도의 정비, 투자은행의 설치 등과 같이 일본 상인들의 진출을 돕기 위한 것들이었다.[18]

이러한 일본의 진출 욕구에 맞추어 조선을 야만시하고 일본의 문명화 사명을 고취하는 언설들이 활발하게 나타나게 되었다. 한국 학계에서는 에도시대 일본의 지식인 중 조선의 높은 문화를 사모하는 사람들이 많았다는 것이 언급되곤 하지만 이는 일부 유학자들에 국한된 것이며, 18세기에 들어와 부각되기 시작한 국학자들 사이에서는 조선에 대한 멸시관이 있었다는 것이 지적되고 있다. 또한 최근의 연구에 따르면 민간에서도 조선 멸시관의 연원은 상당히 오래며, 19세기에 들어와서도 널리 퍼져 있었음이 밝혀지고 있다.[19] 그러나 피차 쇄국정책을 펴면서 잦은 접촉이 없었던 상황에서는 상대방 주민들에 대한 인식이 특별히 문제가 될 일은 없었을 것이다.

19세기 후반에 들어와 일본은 서구와 불평등조약을 맺고 이를 돌파하기 위한, 하나의 방편으로 급속한 문명개화를 통해 부국강병을 이룩해 가면서 점차 자신을 문명국으로 간주하는 한편, 한국과 청을 비롯한 주변국을 야만국으로 보고, 서양을 모방하여 이들을 문명화할 위치에 자신을 올려놓기 시작하였다. 특히 1870년대 전반 정한론이 일어날 때부터 조선에 대해 멸시, 야만시하는 언설이 나타나기 시작하고, 운요호 사건을 계기로 일본이 조선의 문명화를 지도해야 한다는 논의가 대두했

18. 이에 대하여는 졸고(1994), 「통감부 설치기 일제의 조선 근대화론」, 『국사관논총』 53집 참조.

19. 須田努, 「江戸時代民衆の朝鮮·朝鮮人觀」, 『思想』 1029호, 2010. 1. 참조.

다.[20]

일본 메이지유신의 사상적 지도자로 평가받는 후쿠자와 유키치는 앞서 말한 바와 같이 조선을 철저히 멸시했다. 정한론이 일어났을 때 그는 "이것(조선)과 무역해서 이로울 것이 없고, 이것과 통신해서 이익될 것 없고, 그 병력도 두려워할 것이 못 되고, 여기에 더해 가령 스스로 속국이 되더라도 이를 기뻐할 것이 못 된다"고 철저히 모멸하고 있었으며, 1882년에 자신이 창간한 『시사신보(時事新報)』에서는 '문명'의 이름으로 조선에 대한 내정간섭을 정당화하였다.[21] 그러나 조선을 둘러싼 청과의 경쟁에서 밀려 1884년 갑신정변이 실패로 돌아가자 탈아입구를 주창하게 되었던 것이다(1885). 10년 후 조선을 둘러싸고 청일이 전쟁을 벌이게 되었을 때 후쿠자와 유키치는 이를 '문명과 야만의 전쟁'으로 규정하였다. 여기에서 당연히 일본이 '문명'을 대표하였는데, 이때 그는 앞에서 언급한 바와 같이 「조선의 문명사업을 조장시켜야 한다」는 논설에서 일본의 지도 아래 조선의 통치기구를 개혁하고 법률제도를 정비할 것을 주장하였다.

그러나 당시 조선이 아무리 일본에 뒤져 있었다고 해도, 같은 동아시아 유교 문명에 속해 있었으며, 전근대 시기 조선이 중국의 앞선 문명을 자신에게 전달해 주었던 것은 일본인들도 인정하지 않을 수 없는 역사적 사실이었다. 그러므로 마치 서구 문명국가들이 아시아·아프리카 식민지에서 했던 것과 똑같이 너희들을 문명화시켜 주겠노라고 하기는 쉬운 일이 아니었다. 내세울 문명이란 것이 자신이 남에게서 이제 막 배워온 것에 지나지 않았던 것이다. 이때 일제가 자신의 궁색한 처지를 모면하기 위해 내세웠던 이른 것이 바로 동서문명조화론이었다. 평민주

---

20. 함동주, 「메이지 일본의 조선론—문명적 측면을 중심으로」, 『한일관계사연구』 2, 1994, 53~59쪽 참조.

21. 김태준, 「유길준의 개화사상과 민족아의 형성」, 서연호 외 지음, 『한국 근대 지식인의 민족적 자아형성—일제 식민지 체험을 넘어서』, 소화, 2004, 26쪽에서 재인용.

의, 평화주의를 내걸고 논단에 등장하였다가 청일전쟁을 전후해서 '대일본 팽창론자'로 돌변하여, 이후 일본의 군국주의 사상의 발달에 커다란 영향을 끼친 도쿠도미 소호(德富蘇峰)는 "야만의 원기와 문명의 지식을 화합한 세력은 천하 최우(最優)의 세력"인데, 청일전쟁에서의 승리는 바로 일본이 "구주적 문명의 지식을 동양적 야만의 원기로써 자재로 운영한 결과"라고 하였다.[22] 이후 러일전쟁의 승리로 제국주의 국가의 반열에 든 일본은 다만 군사력으로서만이 아니라 문명에 있어서도 서구와 어깨를 나란히 할 수 있어야 한다는 자각이 널리 퍼지면서 더욱 동서문명조화론을 내세우게 되었다. 그 내용은 현재 서로 대립해 있는 동서문화는 본래 융합할 수 있는 것이며, 양자가 융합 조화할 때 세계 평화와 문화의 발달을 가져올 수 있고, 그것을 담당할 수 있는 것은 동양에 있으면서 서양 문화의 동화에 성공한 일본이라는 것이었다. 정계에서 은퇴한 후 1908년 대일본문명협회를 설립하고 약 260권에 달하는 구미의 명저를 번역, 출간하여 일본사회에 보급하였으며, 와세다 대학 창립자이기도 한 오오쿠마 시게노부(大隅重信)도 그 열렬한 논자 중의 하나였다.[23]

한편 청일전쟁에서의 승리는 일본인들의 자신감을 한층 고양시켰을 뿐만 아니라, 이후 "뒤떨어진 조선, 불결한 조선이라는 이미지가 급속하게 유포되는 계기가 되었다. 즉, 민도(民度)가 일본보다 매우 뒤떨어지며, 겁쟁이, 비굴, 나타, 경박, 인순고식, 편사(騙詐) 등의 모든 부정적인 이미지가 기자, 여행객, 이주민 등에 의해 확대되고, 한국인들이 몽매야만에서 벗어나지 못했다는 이미지가 정착되기에 이르렀다고 한다.[24] 이

---

22. 松本三之介, 「國民的使命觀の歷史的變遷」, 『近代日本思想史講座 8 世界の中の日本』, 筑摩書房, 1961, 102쪽 참조.

23. 松本三之介(1961), 위의 논문 및 『圖錄大隅重信近代日本の設計者』, 早稻田大學 編, 1988, 143쪽, 201쪽 참조.

24. 森山茂德, 「명치기(明治期) 일본 지도자들의 한국인식」, 『한일공동연구총서 2 근대교류사와 상호인식 1』, 고려대학교 아세아문제연구소, 2001, 389쪽 참조.

러한 이미지는 하나의 정형(定型)이 되어 이후 여러 여행기에 반복적으로 나타나게 되었다. 마치 서구의 식민지 담론이 "청결, 매너, 세련됨 등의 서양 문명의 잣대로 비유럽 세계의 야만성을 판단"하여, 동양 예절, 사람들 그리고 땅은 더럽고 불결한 것으로 묘사되었던 것처럼,[25] 일본도 이를 모방하여, 이제까지 같은 유교문화권에 속해 있었던 이웃을 비하하기 시작하였던 것이다. 조금 뒤 시기이기는 하지만 중의원 의원인 에바라 소로쿠(江原素六)는 심지어 "한국인은 인류라기보다 직립보행하는 동물"이라고까지 말하였는바, 당시 일부 일본인들의 자존망대의 한 예를 볼 수 있다.[26]

러일전쟁 이후, 일본 정부의 이민 장려에 따라 수많은 모험적 일본인들이 한국으로 건너오기 시작하였는데, 이때를 전후해서 신문·잡지 등에는 일본인들의 문명화 사명과 그를 위한 조선으로의 진출을 촉구하는 글들이 다양하게 실리기 시작하였다. 이미 1899년 4월 일본『시사신보』는 일본이 조선인들에 대하여 문명주의 교육을 장려하여 "그 인민으로 하여금 문명국민을 이루게 하는 것이 결코 어려운 일이 아닌즉 동양에 문명 주인 된 일본인이 크게 힘쓸 바"라 주장하였고,[27] 한국에 진출하여 농상공 권업장을 세우고자 시도하고 있었던 구주실업단(九州實業團) 고문 가노코기(鹿子木曜之進)는 "대한국으로 하여금 문명한 지경으로 나아

---

25. 박지향,「여행기에 나타난 식민주의 담론의 남성성과 여성성」,『영국연구』 4, 2000, 147~148쪽 참조.
26. 「韓國の教育につきて」,『太陽』 11~12, 1905. 9. 1,『資料 雜誌にみる近代日本の朝鮮認識』 1, 녹음서방, 1999, 454쪽 참조. (이 자료는 이하『朝鮮認識』으로 줄임. 쪽수도 원 자료의 그것이 아니라 이 자료집의 쪽수로 함.) 한편, 조선신보 기자 鹽崎誓月은 "한인은 인간 같은 동물로 돼지에 가까운 것"이라고 했다. 최혜주,「1900년대 일본인의 조선이주 안내서 간행과 조선인식」,『한국민족운동사연구』 75, 2013, 69쪽. 또 伊藤博文의 대변인이었던 미국인 교수 George T. Ladd는 한국이 "문명된 생활이나 현대인의 고상함과 같은 개념은 찾아볼 수 없는 야만사회"라 묘사하였고, 영국의 한 외교문서는 "한국인들은… 등뼈조차 없는 비참한 종족"이라고 하였다. 이에 대해서는 구대열,「일본의 초기 대한식민정책 형성과정」,『대한제국연구』 4, 1986, 9쪽 참조.
27. 「別報 日本時事新報의 韓民子弟의 教育論을 抄出하노라」,『皇城新聞』, 1899. 4. 1. (『皇城新聞』은 景仁文化社, 1982년 영인본임.)

가고 부강한 지경에 도달케 함은 우리 동양 선진되는 (일본) 국민의 천직"[28]이라고 한국에 있는 각 신문기자에게 연설하였다. 위에서 언급한 도쿠토미 소호(德富蘇峰)는 "다른 백인종과 힘을 합해" 아시아의 뒤떨어진 국가들을 "유액(誘掖), 계발(啓發)하여 그 장소를 얻게 하는 것"이 바로 일본 국민의 '중하(重荷)'라고 설파하였다.[29] 이는 바로 아시아에서 일본이 백인들을 대신해서 '백인의 중하(重荷, white burden)'를 지겠다는 말이었다. 깃카와 스케테루(吉川祐輝)는 1904년,

> 대체로 한국에 있어 문명적 사업의 개발 진척은 … 우리나라(일본) 사람을 기다릴 수밖에 없는 것은 실로 자연스러운 형세라고 말할 수 있다. 그렇다면 현재 저곳(한국)에 재주하는 3만의 우리나라 사람은 단지 소수의 선각자일 뿐이다. 장래에는 몇십만, 몇백만의 우리나라 사람들이 저곳에 재주하면서 농상공부터 각종 문명 사업을 실지로 경영함으로써 한국인을 교도유액(敎導誘掖)하여 함께 문명의 덕택을 입게 함에 이르러서야 비로소 동양의 선진국인 우리나라 사람들의 천직을 다했다고 할 수 있을 것이다. 한국의 장래는 당연히 이와 같지 않으면 안 될 것이다.[30]

라고 하여 일본인들에게 한국에 이주하여 문명사업을 벌여, 조선인들을 교도하여 문명의 혜택을 입게 하는 동양 선진국민의 천직을 완수할 것을 촉구하였다. 또한『이육신문(二六新聞)』은

> 문명 국민이 미개 또는 반개의 국민을 계도하는 것은 소위 천민(天民) 선각자의 의무이다. 한(韓)은 고국(古國)이라고 하지만 그 인문은 중세 이후 정체해 나아가지 못한다. … 현재 저 나라가 우리와 동맹관계에 들어왔으므로 직접 저들을 계도하는 임무를 담당할 수 있는 것은 우리나라(일본) 말고는 없다.

28. 「別報 日本九州實業團 顧問 鹿子木曜之進」,『皇城新聞』, 1899. 7. 7.
29. 松本三之介(1961), 앞의 논문 참조.
30. 吉川祐輝,『韓國農業經營論』, 1904, 22쪽.

> 또 상대에는 대륙문명을 우리나라에 계도한 것은 이 반도의 매개에 의한 것이라면 오늘의 문명을 저 나라에 주입하는 것은 역시 그 덕에 보답하는 소이라고 하지 않을 수 없다.[31]

라고 하여, 천민의 선각인 일본이, 미개 또는 반개의 국민을 계도해야 하며, 그것이 고대 일본에 대륙문명을 전해 준 한국에 보답하는 길이라고 주장하였다. 그리하여 이들은 제 국민인 일본인들의 만한 이주는 "문명 선진국인의 야만 미개하고 열등한 인종에 임하는 것"[32]이며, 통감부는 "문명과 평화의 바람을 안고 이 흑암암(黑闇闇)한 만지(蠻地)와 이 혼혼(昏昏)한 생령에게 남풍을 보내 일루의 광명을 주고 평화를 주고 문명을 강제하고 있"다고[33] 하는 등, 이 무렵 한국 · 한국인을 야만시하는 표현을 심심찮게 볼 수 있다. 그래서 한 일본인은 급기야 "실제 일본인 중에는 한인은 아이누 같은 미개 인민으로서 그 운명도 아이누와 같이 조만간 멸망에 귀착될 것이라고 망신하는 자들이 많아 한인들에 대해 조금도 존경과 동정의 마음을 가지고 있지 않다"고[34] 경계할 정도였다.

그렇다면 한때는 그들에게 앞선 문물을 전해 주기조차 했던 조선이 이렇게 뒤떨어지게 된 가장 큰 연유는 무엇일까? 당시 많은 일본인 논자들은 조선이 한때 그들보다 앞섰으며, 대륙의 문명을 전해 준 은인이라는 것을 인정하고 있었다. 그러나 조선이 중국을 받들고, 유교를 받아

---

31. 「內外雜纂」, 『教育時論』 694, 『近代日本のアジア教育認識 · 資料篇　第1巻 — 明治後期教育雜誌所收　中國 · 韓國 · 臺灣關係記事 — 第1部　韓國の部(1)』(近代アジア教育史研究會編, 龍溪書舍), 90쪽. (이 자료는 이하 『教育認識』으로 줄임) 『教育時論』이란 잡지에서 『內外雜纂』이란 제목 아래 수록한 정리해 수록한 것을 재인용한 것임.
32. 「大詔煥發と滿韓在留帝國臣民」, 『滿韓之實業』 40, 1908. 12, 『朝鮮認識』 2, 518쪽.
33. 釋尾旭邦, 「韓人は如何に日本を見るか」, 『朝鮮』 1~2, 1908. 4. 1, 『朝鮮認識』 2, 324쪽.
34. 「韓國の近事を論ず」, 『獨立評論』 39－9, 1906. 9. 1, 『朝鮮認識』 2, 138쪽. 한편, 20세기 초 일본에서 개최된 박람회에 조선인들이 '전시'되었다가 한국인들의 항의로 철회된 일도 있었는데, 이에 대해서는 권혁희, 「일본 박람회의 '조선인 전시'에 관한 연구 — 1903년 제5회 내국권업박람회와 1907년 도쿄권업박람회를 중심으로」, 서울대학교 대학원 인류학 석사학위 논문, 2007 참조.

들이게 되면서 쇠퇴하게 되었다고 지적한다. 구문명의 상징인 유교는 퇴행적인 것으로 배척의 대상이 된 것이다. 이와 함께 조선왕조의 정치, 그중에서도 당쟁, 관료의 부패, 인민 수탈 같은, 한마디로 '악정'이란 말로 포괄될 수 있는 것들이 쇠퇴의 원인으로 지적된다. "관리들의 인민 수탈이 도를 지나쳐 재산만 있으면 모두 관에 탈취당하므로 인민들은 저축할 생각이 없고, 그날그날 연명만 하면 되니 애써 일을 하려 들지 않게" 되었다는 것이다.[35] 국정의 문란, 관리들의 부패, 수탈은 조선의 문제점을 지적할 때 언제나 거론되는 조선의 정치적 현실로서, 제3자(?)라 할 서양인들의 조선 정치 및 조선인들에 대한 인식도 결코 우호적인 것은 아니었다. 서양인들도 정치적 부정부패를 "조선사회발전의 최대 장애로 지목"하였다. 그것이 "국가와 인민을 좀먹고 사회를 불안정케 하고 산업을 위축"시키며, 결국 국가멸망의 원인이라고 보았다. 또한 부정부패를 제도화시킨 것은 매관매직이며, 관리의 부정부패와 수탈은 민중의 역동성을 고갈시킨 것은 물론 그들의 근로·축적 의욕을 감퇴시키고 나태와 빈곤을 초래한다고 보았다.[36] 친한파로 알려진 헐버트조차 부패한 한국은 일본의 지배를 받는 것이 더 낫다고 할 정도였다.[37]

일본인들의 이러한 인식을 종합해서 보여 주는 것이 극우적인 잡지 『일본인』에 실린 마쓰이 고기치(松井廣吉)란 논자의 다음과 같은 주장이었다. 그는 한국을 '처분(處分)'하는 것은 일본의 권리이자 의무라고 한

---

35. 박양신, 「19세기 말 일본인의 조선여행기에 나타난 조선상」, 『역사학보』, 2003, 177쪽.

36. 정연태, 「19세기 후반 20세기 초 서양인의 한국관—상대적 정체성론·정치사회 부패론·타율적 개혁불가피론」, 『역사와 현실』 34호, 1999, 168~192쪽 참조. 여기서 주목되는 것은 조선에 대해 보다 강한 부정적인 견해를 가진 사람들은 바로 일본을 통해 조선 관련 지식을 얻은 사람들이라는 사실이다. 이는 식민사관과 함께 조선멸시관의 발원지가 바로 일본이었다는 것을 암시하는 것이다. 일제의 식민사관에 대해서는 李萬烈, 『韓國近代 歷史學의 理解』, 문학과 지성사, 1981; 최혜주, 「근대 일본의 한국사관과 역사왜곡」, 『한국독립운동사연구』 35, 2010 참조.

37. Hulbert, Japanese Plans for Korea, *The Korea Review*, 1905. 5, pp. 258~259 참조.

다음, 그 근거로서 ① 일본이 스사노오[素盞尊雄][38] 이후 남한(한반도의 남부 — 역주)을 영유해 왔고, ② 한일이 동종(同種)이란 사실 외에,

③ 전대에 일본의 진척이 한국문화에 의해 크게 촉진되었다. 불교, 문자, 유교, 건축, 조선, 제와, 회화, 토공, 제직, 재봉 등이 한국인에 의해 전해졌다. 일본의 오늘이 있는 것은 옛날 한인들에게 빚진 것이 많다. 이제 한국이 역대의 악정으로 쇠망했으니 이들을 부흥시켜 옛날의 성역에 올려놓은 것이 일본이 옛 은혜를 갚는 방법이다.

④ 금일 제일 급무는 한국민을 구함에 있다. 역대 한국의 왕과 관리는 인민의 복지를 생각하지 않았다. 매관매직, 가렴주구와 같은 악정의 결과 지금과 같은 결과가 초래되었다. 고금동서에 아마도 지금의 한국과 같은 것은 없을 것이다. 한인들은 애초부터 죄가 없다. 이들로 하여금 지금과 같은 상태에 빠지게 한 것은 실로 동정해야 할 바이다. 아니 세계 인도의 입장에서 입을 다물고 있을 수 없다.

⑤ 지금의 한국 정부는 인민을 통치할 실력이 없다.

⑥ 한국의 인민을 구하고, 그 생명재산의 안전을 보장함과 함께 그 지식을 계발하여 이를 문명으로 지도하는 길은 한길밖에 없다. 일본이 메이지 초년 이후 실험한 바를 행하면 족하다. 한국 인민으로 하여금 법률에 말미암는 재판의 결과가 아니라면 형벌을 받지 않게 하는 것 이것이 그 생명의 안전을 보장하는 것이다. 세금, 상납금의 경우도 마찬가지이다. 보통교육을 실시하여 인민에게 취학의 의무를 부과하는 것, 이것이 그 지식을 계발하는 소이로서 또 실로 문명으로 지도하는 소이이다. 이것들은 모두 우리 메이지 초년 이후 창립하여 시행한 (법, 제도) 등을 실시하면 족한 것이다.[39]

---

38. 素盞尊雄은 스사노오를 지칭하는 것으로 보인다. 스사노오는 일제 식민통치의 주요 이데올로기인 일선동조론을 대표하는 신으로, 천황이 일본을 다스린다는 일본 국체의 신화적 근거를 식민지 조선에 확장하여 일본의 식민지배를 정당화하기 위해 이용된 대표적인 신화적 존재이다. 스사노오는 흔히 素盞男尊, 素盞鳴尊, 須佐之男命 등으로 표기된다. 이와 관련해서는 김대호, 「1910~1920년대 조선총독부의 朝鮮神宮 건립과 운영」, 『한국사론』 50, 서울대학교 국사학과, 2004 참조.

39. 松井廣吉, 「斷じて韓國を屬邦とすべし」, 『日本人』 408, 『朝鮮認識』 1, 1905, 346~348쪽 참조. 원문의 내용을 필자가 요약 정리한 것이다.

라는 것이었다. 즉, 조선인들을 악정에서 구해 문명으로 나아가게 하는 것이 일본의 의무이며, 그 방법은 메이지유신에서 행한 바와 같이 법으로 생명과 재산을 보호해 주고, 인민들을 대상으로 보통교육을 실시하면 족하다는 것이다. 일본의 '문명화' 사업에서는 이와 같이 '악정의 교정'이 가장 중심적인 내용으로 등장하게 되었다. 교육의 실시는 그것을 제거한 이후 일본의 계몽적, 지도적 역할을 강조하기 위하여 제시되었다. 그리고 이러한 논리들은 다음의 인용문에서 볼 수 있듯이 기본적으로 서구 국가에서 배워온 것을 알 수 있다. 즉,

> … 옛날에는 진취를 말하는 자 군대 무력에 의하는 것을 보통으로 하였으나 지금 진위(進爲)를 도모하는 자는 오히려 평화적 경제적 경영 시설로써 제1로 삼고, 감히 다른 나라의 땅을 침탈하는 것이 아니며, 감히 무고한 백성(民)을 고통스럽게 하는 것이 아니다. 오히려 문명국민을 다수 이식하여 문명적 광휘를 발하고 문명의 방법으로써 문명의 사업을 일으키는 것은 스스로 그 토민을 개발하고 그 국토의 번영을 가져오는 소이이다. 그렇다면 우리 경영 지역의 확장은 다만 우리 국력의 발전으로서 바람직할 뿐만 아니라 또 문명 선포상 크게 힘쓰지 않으면 안 될 바이다. 지난날 우리나라는 백제 왕인의 내조(來朝)를 비롯하여 지나(支那=중국)·조선의 문화를 받은 바 매우 크다. 즉 지금 동양 제1의 선진국으로서 다시 이들 땅을 향해 근세 문명을 주입하는 것은 전의 은의에 보답하는 것으로 하지 않으면 안 되는 일이다.[40]

즉, 현금의 제국주의 국가들과 같이 무력이 아닌 '평화적·경제적 경영 시설'을 대외적 진취의 가장 중요한 수단으로 삼아야 하는데, 그것은 다른 나라 땅을 침탈하는 것이나 원주민을 고통스럽게 하는 것이 아니라, 문명국민을 다수 이식하여, 문명을 선포하는 길이라는 것이다. 그리고 이것이 동양 제1의 선진국이 된 일본이 과거 문명에 빚을 많이 진

---

40. 「滿韓の混一」, 『韓半島』 2年 3号, 社說, 1906. 6. 1, 1쪽 참조.

중국과 조선의 은혜에 보답하는 길이라는 것이었다.

2) 시정개선과 문명화론

개항 당시 일본은 서구 '문명국가'들에 의해 '반개'국으로 분류되어 만국공법상의 정회원 자격이 거부되고, 불평등조약 체결의 대상이 되었다. 이후 메이지 정부의 가장 시급한 과제는 이 불평등조약을 개정하는 것이었고, 이를 위해 법률체계 정비 등 문명국가의 최소 기준을 갖추기 위한 여러 정책을 시행하였다. 이와 함께 부국강병을 위한 식산흥업 정책이 강력하게 추진되어 국력도 급속히 향상되어 갔다. 이를 바탕으로 일본은 조선을 자신의 세력권으로 삼아 서구 열강의 반열에 들고자 하였다. 일본 자본주의 역시 이러한 국가의 시책에 의해 강력히 뒷받침되었던 것으로서, 대략 메이지 40년대에 들어 산업혁명을 완수하고 동시에 제국주의 시대로 접어들었다고 평가되고 있다. 따라서 일본의 제국주의화는 서구의 경우에 흔히 얘기되는 "자본주의의 최후 단계로서의 제국주의"라는 정의에는 전혀 들어맞지 않는 것이었다. 일본의 제국주의는 자신이 식민지가 되는 것을 면하기 위한 대응적 성격이 강했으며, 군사적 성격이 강하다는 점에서 대응적 제국주의, 군사적 제국주의라고 불리기도 한다.[41]

또한 아무리 청일전쟁 및 러일전쟁에서의 승리로 국민적 자부심이 고양되고 사명감이 고취되었다고 해도, 일본이 조선의 면전에서 서양의 제국주의 '문명' 국가들이 아시아·아프리카 식민지에서 행했던 바와 똑같은 방식으로 '문명화 사명'을 거론하기는 힘들었을 것이다. 앞서 보았듯이 일본인들도 한국을 통해 대륙의 앞선 문명을 배웠던 사실을 인정하고 있는 터였다. 또한 서구에서 한발 앞선 문명 수입 덕분으로 조금

---

41. 피터 듀스, 김용덕 역, 『일본근대사』, 지식산업사, 1983, 138쪽 및 김용덕, 「개항과 자강의 모색」, 박영재, 『19세기 일본의 근대화』, 서울대학교출판문화원, 1996, 130쪽 참조.

앞서 가고 있었고, 그에 근거하여 근린 국가들을 야만시하고 있었다고 해도, 일본 자신도 서구 문명국가들에 의해서는 모방자로 멸시받고 있는 형편이었다. 또한 일본의 문명개화라는 것도 위에서부터 급격하게 추진된 것으로서 아직은 일반 대중의 일상생활 속에 깊숙이 파고 들어가 정착했다고 말하기 힘들었다. 일본의 대중 자체도 위정자들에 의해 근대적인 국민으로서 위로부터 계몽되고 문명화되어야 할 대상이었다. 뿐만 아니라 당시 일제가 자신의 세력권으로 삼기 위해 가장 공을 들이고 있었던 한국의 지식인들도 일본이 자랑하는 문명이란 것이 서구에서 배워온 것에 불과하다는 점을 잘 알고 있었고, 일본인들의 문명 과시를 '야랑(夜郎)의 자존망대'라고 비웃고 있었다.[42] 당시 일본은 같은 동아시아 유교 문명권에 속해 있었던 조선에 자신이 독자적으로 성취한 것이라고 내세울 수 있는 보편적 가치나 세계관은 없었던 것이다.

사정이 이러했으므로 일본의 경우, 서구에서 볼 수 있는 바와 같은, 시민사회에 의한 식민지에서의 문명화 사업의 추진은 기대하기 어려운 것이었다. 서구의 경우, 시민사회의 문명화 사업은 앞서 영국이나 미국의 예에서 볼 수 있듯이 기독교 교단이 앞장선 경우가 많았다. 그러나 일본에는 이를 담당할 만한 사회세력이 없었다. 기독교의 경우, 한국에서는 이미 서양 기독교 선교사들이 들어와 활발한 선교활동을 벌이고 있었고, 일본의 기독교계가 한국에서 문명화를 내세우고 활동을 벌일 만큼 성숙된 것도 아니었다. 신도(神道)의 경우, 일본의 고유한 민간신앙에서 출발한 것이었기 때문에 특수성이 두드러졌고, 한국의 민간신앙에서도 흔히 볼 수 있는 애니미즘적 성격이 강해 이를 앞세워 '문명화' 사업을 벌이기도 어려웠을 것이다. 그 결과 조선으로의 세력 침투에 있어서도 국가가 앞장서지 않을 수 없었다.

일본 정부는 서구 제국주의 열강의 식민지 침탈에서 기독교 선교가

---

42. 「論說 辨朝鮮新報辨妄之謬 續二」, 『皇城新聞』, 1902. 1. 29. 참조.

한 역할을 잘 알고 있었다. 일제는 대외침략을 시작하는 처음 단계부터 정치와 종교는 '새의 두 날개' 또는 '수레의 두 바퀴'와 같은 관계로 보았다. 메이지 정부가 이때 정신적·문화적 침투의 역할을 담당할 종교로 선택한 것은 불교였다. 흥선호국(興禪護國), 왕법위본(王法爲本) 등 애초부터 국가주의적 교리를 지닌 일본 불교는 이에 적극 호응하여 식민지 침탈에 앞장서게 되었다.[43] 일본 불교 정토신앙의 본산인 동본원사(東本願寺)의 승려 오쿠무라 엔신(奥村圓心)이 부산으로 건너온 것은 1877년 9월이었는데, 내무경 오쿠보 도시미치(大久保利通)와 외무경 데라시마 무네노리(寺島宗則)가 동본원사 관장에게 조선에서의 개교 종용을 의뢰했기 때문이라 한다. 이들은 부산별원을 창설해 일본인에게 포교함과 동시에 어학사를 설립해 조선인을 대상으로 포교할 개교사(開教師) 양성에 힘썼다.[44]

또한 일본 정부는 막대한 보조금을 주어서 일본 자본 및 일본인들의 조선 침투를 도왔다. 항운의 경우를 보면 미쓰비시(三菱)에 대하여 나가사키–부산 간 명령항로 개설 및 원산개항에 앞선 항로 개설 시 막대한 보조금을 주었으며, 국립제일은행에 대해서는 1878년 부산지점 개설자금, 사금매입자금 보조와 함께 증권인지·우편절수(郵便切手) 판매권, 영사관 금은출납관리권, 해관세취급업무 위임 등의 특권을 주어 그 진출 및 영업을 도왔다. 그 밖에 초기 세력 확장 과정에서 많이 생길 수밖에 없는 항만매립, 철도건설 등의 토목사업, 광산채굴, 인삼전매권 등의 특권이 모두 거대 자본들에게 할당되었다.[45] 일본 정부는 또한 상인들에게 조선과의 무역 개시를 명령하고 이에 종사하는 사람을 지원했다. 정상(政商) 오쿠라 기하치로(大倉喜八郎)는 내무경 오쿠보 도시미치로부터

43. 이에 대해서는 최병헌, 「일제 침략과 식민지불교」, 최병헌 외, 『한국불교사 연구입문(하)』, 지식산업사, 2013, 271~274쪽 참조.
44. 다카사키 소지, 이규수 옮김, 『식민지 조선의 일본인들—군인에서 상인, 그리고 게이샤까지』, 역사비평사, 2006, 17~28쪽 참조.
45. 木村健二, 『在朝日本人の社會史』, 未來社, 1989, 19~26쪽 참조.

조선과의 무역을 서둘러 달라는 부탁을 받고 1876년 8월 처음 부산에 진출했다. 이 밖에 다른 나라로의 이민이나 도항을 규제한 것과는 달리 조선으로의 도항이나 어업활동은 자유화하거나 장려되었다. 재조 일본인들의 수는 1904년을 계기로 급속하게 증가하였는데, 이는 말할 것도 없이 러일전쟁 이후 조선이 일본의 세력권이 되었기 때문이다.

이렇게 일본 정부가 주도하여 한국의 '문명화' 사업에 나설 때 '시정개선'을 내세우는 것은 일본의 입장에서는 나름대로 적절한 것이었다. 즉, 무능하고 부패한 한국 정부를 대신하여 악정을 제거하고, 문란해지고 비능률적인 제도를 개혁(=문명화)한다는 주장은 대한제국의 정치적 부정부패와 민생의 피폐를 누구나 인정하고 있는 상황에서는 모두에게 환영받을 수 있었기 때문이다. 또한 시정개선이란 그 의미가 애매모호하므로[46] 그 이름 아래 일제가 필요한 어떤 사업도 벌일 수 있었을 것이다. 그리고 대한제국의 제도를 대신하는 새로운 제도가 일본 제도를 이식하는 것이라면, 그것은 일본의 침략을 위한 기반을 닦는 것이 될 수도 있었다.[47] 또한 일제는 조선을 세력권으로 삼아 대륙으로 진출하고자 하는 욕구를 가지고 있었으므로 이러한 표방을 앞세워 광범위한 개혁사업을 펼칠 수 있었다.

일본은 이미 갑오개혁 때에도 '내정개혁'을 내세워 자신의 세력을 부식하고자 시도한 바 있었다. 조선에 대한 내정간섭의 구실로 조선 정부의 부패를 들고, 이를 고친다는 취지로 청에 조선 '내정개혁'의 공동추진을 제안하였던 것이다. 또한 서울에 진입하여 조선 정부에 27개 항목의 개혁안을 제시하고, 이를 추진할 것을 압박한 바 있었다. 당시 이러한 일본의 제안에 대해 김병시는 내정간섭이라고 반대했지만, 개화파인

46. 小川原宏幸, 『伊藤博文の韓國併合構想と朝鮮社會 — 王權論の相克』, 岩波書店, 2010, 70쪽 참조.

47. 이에 대해서는 졸고(1994) 및 李榮昊, 「통감부시기 조세증가정책의 실현과정과 그 성격」, 『한국문화』 18, 1996 참조.

김홍집은 "당연히 행해야 할 일"이라고 인정했다고 한다.[48] 그만큼 조선인들도 내정의 개혁, 그에 기초한 부국강병정책의 급속한 추진의 필요성을 인정하고 있었던 것이다. 조선의 정세에 밝았던 일제가 이를 놓칠리 없었다.

그리하여 일제는 1904년 2월 러일전쟁을 도발하면서 한일의정서 체결을 강요하여, 그 1조에서 '동양의 평화를 확립하기 위해' '시정개선'에 관한 일본 정부의 '충고'를 들을 것을 한국 정부에 강요하였다. 이에 이어 일본은 외교 고문과 함께 재정 고문 메가타 다네타로(目賀田種太郎)를 고빙케 하여 한국의 내정을 철저하게 간섭하기 시작하였다. 이어서 1905년 11월의 한일협상조약(을사늑약)에서는 "한국의 부강의 실(實)을 인정할 수 있을 때"까지 한국에 통감을 두어, 한국을 '보호'하는 조치를 취하고, 이후 '시정개선'을 전면에 내세워 한국의 내정에 간섭하기 시작하였다. 일제는 이러한 조치들이 모두 동양 평화와 한국의 독립을 위한 것이며, 시정개선을 통해 한국민의 행복을 증진시킬 것이고, 한국이 부강해지면 보호정치를 그만두고 물러갈 것이라고 말하곤 하였다. 초대 통감인 이토 히로부미(伊藤博文)는 자신이 이 땅에 내임(來任)한 것은 한국을 '세계의 문명국'으로 만들고 싶기 때문이라고 하면서,[49] 시정개선협의회라는 것을 만들어 한국의 대신들을 모아놓고 훈수해 가면서 국정 전반에 걸친 개혁사업을 진행시켜 나아갔다.[50] 이토 히로부미는 특히 사법제도의 개혁을 중시하였는데, 이는 '문명적'인 재판을 실시하여 보호정치의 정당성을 국내외에 알리고, 한국에서 구미열강의 치외법권(영사재판권)을 폐지하기 위한 조건 등을 갖추기 위한 것이었다.[51] 그리하여

---

48. 김인순, 「조선에 있어서 1896년 내정개혁 연구」, 『갑신갑오기의 근대변혁과 민족운동』, 청아출판사, 1983, 202~222쪽 참조. 단, 원 논문은 1968년 발표된 것임.
49. 金正明 편, 『日韓外交資料集成 第6卷 上』, 巖南堂書店 刊, 1964, 85쪽 참조.
50. 시정개선협의회에 대해서는 柳在坤, 「伊藤博文의 대한정책(1906~1909)」, 『일제의 대한침략정책사 연구』, 현음사, 1996 참조.
51. 문준영, 「이토 히로부미의 한국 사법정책과 그 귀결」, 이성환·이토 유키오 편, 『한

1905~1910년간 어림잡아 1,800여 개의 법령이 제정 · 개정되어, 새로운 법령이 마치 '비 내리듯이' 쏟아졌고, 이에 따라 새로운 제도가 바뀌었다.

일제는 자신의 시책을 '문명화 사업'으로서 선전하였다. 특히 국제 외교 무대에서 일본을 대표하는 인물이었던 이토 히로부미는 기회가 있을 때마다 내외 신문기자들에게 자신의 시정이 조선의 자치와 부국강병을 위한 것이라고 강조하였다. 1909년 순종을 배행하여 한국 남부 지방을 순행할 때 들른 대구에서는 "금일 일본이 한국에서 구하는 것은 한국 종래의 형세를 일변하여 백성을 지식으로 이끌고 산업으로 이끌어 일본과 똑같은 문명의 은택을 입게 하여, 이와 힘을 합하는 데 있다"[52]고 한국의 양반과 유생들을 회유하였다. 그는 또한 "너무나도 외국의 평판에 신경을 쓰기 때문에 약간 신경과민"[53]이라고 비난받을 정도로 서구 열강의 여론에 신경을 썼는데, 서양인들을 대상으로 하여 영문으로 발간된 통감부 시정에 대한 보고서 책자는 제목이 "『한국에서의 개혁과 진보에 대한 연차보고(*Annual Report for 1907 on Reforms and Progress in Korea*)』(1907)"였다.[54] 1909년 관광단원으로 일본에 다녀온 허원은 익산에서 관민 150명을 모아 놓고 "성의 있는 일본의 지도를 받아 문명의 지

국과 이토 히로부미』, 선인, 2009, 163쪽 참조. 이토는 부임 초에는 사법개혁에 대해 구체적 계획을 가지고 있지 않았지만 유독 '감옥의 개혁'에 관심이 깊었다고 하는데, 이는 근대 감옥이 억압 장치이기 이전에 문명의 장치로서 형사제도가 인도적으로 운영되고 있다는 점을 구미사회에 보여 주기 위한 중요한 설비였기 때문이라고 한다. 위의 책에 수록된 이토 다카오 논문(안애란 역, 「통감부의 사법개혁 착수」, 142쪽) 참조.

52. 『伊藤博文傳(下)』, 편찬주간 小松綠, 1942, 815~818쪽.

53. 茫茫漢漢, 「韓國秘信」, 『獨立評論』 39~11, 1906. 11. 1, 『朝鮮認識』 2, 148쪽 참조.

54. 조선통감부(1908), *Annual Report for 1907 on Reforms and Progress in Korea* (Compiled by H. I. J. M.'s Residency General/Seoul, December, 1908), pp. 1~2. 이 책자의 서두에서 일제는 자신들이 오랫동안 조선의 폐정을 개혁하려 노력했으나 한국인들의 당쟁, 음모, 외세 개입으로 방해받았다는 것, 러일전쟁 뒤 일본의 지위가 동서 문명국가들에 의해 인정받게 되면서, 조선은 통감의 지도 아래 근대 문명의 이익을 동화할 수 있을 것이라는 것, 일본의 정책은 조선의 문호개방, 황실보호, 독립 보장이라고 성언하고 있다.

경에 도달"하자고 연설하였다.[55] (선전에 대해서는 아래에서 다시 다룸)

한편 통감부기 일제가 시정개선을 내세워 벌인 사업의 대부분은 비능률적인 한국의 제도에 대신하여 일본의 법령, 제도를 이식하는 것이었고, 따라서 형식상 '시정개선'이었고 또한 '문명화'라고 주장할 수 있는 것이었다. 당시 일제가 모든 일을 '시정개선'을 내세워 추진하던 상황은 다음 인용문에 잘 보인다.

> 오호라 우리 정부가 시정개선 4자의 문제를 창도한 지가 대개 노일전쟁 이후로 지금까지 무릇 수삼 년이라 내치에도 시정개선, 외교에도 시정개선, 미세사에도 시정개선, 중대사에도 시정개선이라 하여, 시정개선 시정개선 하는 말이 위에서 아래도 이르고, 이쪽에서 외치면 저쪽에서 화답하여 처음에는 벙어리의 외침 같더니 마침내 평상의 예담(例談)이 되어…[56]

이 인용문은 일제가 겉으로 '문명화'를 외치지는 않았지만 모든 제도 개혁 및 변화를 '시정개선'을 내세우면서 추진했던 양상을 잘 보여 주고 있다.

2. 문명화 사업(=시정개선)의 성격

한 나라가 다른 나라의 인민들을 도탄에서 구하기 위해 '국운을 걸고, 거대한 재물과 수많은 목숨을 내던져' 두 차례의 전쟁을 치르고, 또 그를 위해 '시정개선'을 한다는 것이 가능한 일일까? 그러한 자기 희생적인 행동은, 혹 민족의 대의를 위한, 민족적인 열정으로는 가능한 일이겠지만 철저하게 국익을 우선하는 국제무대에서는 기대할 수 없는 일일

---

55. 「憲機 第1690號 日本觀光團員 許杭演說狀況(全羅北道益山報)」, 『統監府文書』 6, 국사편찬위원회, 1998, 320쪽, 341쪽 참조.
56. 「論說 施政改善」, 『皇城新聞』 2286호, 1906. 9. 18.

것이다. 그런데 일본은 자신들의 조선 침략과 '시정개선'을 그렇게 미화하였다. 그러나 당시 일본이 그렇게 이웃 나라 조선을 위해 국운을 걸 만한 이유는 어디에도 없었다. 일본의 정책 당국자들이 대(對)조선 정책에 대하여 논의할 때 오가는 말들을 보면 조선인들의 복지를 진정으로 걱정하는 것은 한 마디도 없었다. 당연하겠지만 철저히 자신들의 국익을 어떻게 추구할 것인가 하는 것만이 관심사였다. 따라서 그러한 선전은 너무나도 당연히 자신들의 국익 추구를 호도하기 위한 것에 지나지 않았다. 이와 관련해서는 당시 유명한 저널리스트이자 후일 중의원 의원이 되는 오야마 도스케(小山東助)란 인물의 흥미로운 관찰이 있다. 그에 의하면 조선에 대한 일본의 지향은 역사적으로 변천해 왔는데, 그것은 다음과 같았다.

① 정치적 견지에서 일본의 자존을 위해 조선의 국시(國是)를 일본의 그것에 일치시키는 것
② 경제적 견지에서 일본의 인구증가, 경제발전의 결과 새로운 시장 등을 확보하고자 하는 것
(①, ② 양자는 일본 자국의 이해를 위한 것)
③ 문화적 견지에서 역사적으로 친밀한 관계가 있으므로 조선민족의 문화를 개발 계도하는 것을 국민적 천직으로 하는 지망
④ 위와 연관하여 인도상의 견지에서 일본인은 조선 민족을 학정, 빈곤, 무지, 미신으로부터 구제해 내서 자주독립의 신생활로 들어가게 하는 것을 국민적 사명으로 하는 지망
③, ④ 두 지망은 그 근저를 완전히 조선 민족의 행복에 두는 것으로서, 일본 민족의 당연한 직분이라고 인정된다.
①, ②와 ③, ④의 지망은 일본인들의 뇌리에서 모순 없이 통합되어 있다.[57]

---

57. 小山東助, 「朝鮮同化論」, 『新人』 6~5, 『朝鮮認識』 1, 1905, 349~350쪽 참조. 인용문은 그의 발언의 요지를 정리한 것이다. 小山東助는 1903년 도쿄제국대학을 졸업한 후 每日新聞에 입사하여 1909년 早稻田大學에 신문연구과가 개설되자 그 강사를 거쳐 1915년 3월에는 중의원 의원에 당선되었다. 저널리스트, 문학가, 종교가, 교육자, 문

그에 의하면 일본의 대조선 정책은 네 가지 지향을 갖는다. 첫째, 일본의 자존을 위하여 조선의 국시를 일본의 그것에 일치시키는 것, 즉 조선을 합병하여 국가로서의 존재 이유를 하나로 하는 것과[58] 둘째, 경제적으로 조선을 자신의 영향권으로 삼는 것으로, 이상의 둘은 모두 일본 자국의 이해를 위하는 지향이라고 한다. 그런데 이러한 지향은 ③ 문화적으로 조선 민족을 계도하는 것, ④ 인도상 견지에서 조선 민족을 전근대적 악정, 미신, 무지 등에서 구출하여 '자주독립의 신생활'로 들어가게 만드는 것으로 역사적으로 변천해 갔고, 이 둘을 국민적 사명으로 삼는 방향성을 갖고 있는데, 일본인들의 뇌리에 ①, ②와 ③, ④의 지망은 '모순 없이 통합'되어 있다는 것이다. 이러한 그의 이야기는 위에서 언급한 상식에 의거해 판단한다면 결국 ③, ④의 지향이라는 것은 명분이자 표방에 불과한 것이고, 결국 ①, ②가 본 목적이란 것이 아닐까? 더 나아가서 ③, ④의 표방이란 ①, ②의 국익 추구를 합리화하기 위한 선전 수단에 지나지 않는 것이 아닐까? 결국 일본인들의 머리에는 조선을 합병하여 일본인들이 경제적으로 진출하는 것이 바로 조선의 문명화이자, 조선인들의 구원이라는 생각이 깔려 있다는 고백이라고 보는 것이 타당할 것이다.

일제 식민통치 정책은 흔히 동화정책이라고 지적된다. 그러나 조선 민족의 일본 민족으로의 통합, 그에 따른 동등한 정치적 권리 의무의 인정이라고 하는 의미에서의 동화정책은 일제 말기에 이르러서나 그 흉내라도 낼 수 있었다. 다만 제도적 통합, 그중에서도 경제적 통합은 매

명비평가, 정치가였던 다채로운 경력의 인물이었다. 久保田優子, 『植民地朝鮮の日本語教育 — 日本語による「同化」教育の成立過程』, 九州大學出版會, 2005, 48쪽 참조.

58. 國是란 『廣辭苑』 제3판(岩波書店, 1983)에 의하면 "(1) 국가로서의 방침, (2) 한 나라의 정치는 무엇보다 먼저 자국의 이익에 의해 규정되어, 다른 모든 동기는 이에 종속시켜야만 한다는 국가 행동의 기본준칙. 근대 주권국가의 형성과 함께 유럽에 보급. 국가이성"이라 정의되고 있다. 그러므로 ①에 나오는 '조선의 국시를 일본의 그것에 일치시킨다는 것'은 결국 조선이 하나의 국가로서 자기 나름의 행동준칙을 갖는 것을 부정하는 것, 즉 멸망시킨다는 것을 의미하게 된다.

우 일찍부터 또 철저하게 추구되었다. 여기에는 조선을 경제적으로 개발하여, 결국 대륙 침략의 근거지로 삼고자 하는 일제의 욕망이 깔려 있었다. 패망 이후 자신들의 식민지 지배를 정리하기 위해 일본 외무성이 작성한 자료집에서 경성제대 교수를 지낸 스즈키 다케오(鈴木武雄)는 자신들의 정책이 '조선의 사국구주화(四國九州化)'였다고 말하였다. 한반도를 완전히 일본의 영토로 만들고, 그 주민도 일본 민족 속에 융해시켜, 한국의 존재 그 자체를 소멸시켜 버리겠다는 것이다. 그만큼 조선을 영구히 자신들의 영토로 만들기 위한 욕구는 매우 강했다고 하겠다. 일제의 의도가 이러했으므로 통감부기 일제의 '시정개선'은 실로 국정은 물론 사회 전반에 영향을 끼치는 대규모가 될 수밖에 없었다. 말하자면 조선의 식민지화를 위한 기초를 닦는 작업이었던 것이다.[59]

이와 함께 고려해야 할 점은 당시 일본이 국제 외교상에서 처해 있었던 취약한 위치였다. 러일전쟁에서의 승리를 계기로 '문명국가 클럽'에의 참입(參入)이 허용되었다고 하지만 그것을 가능케 한 문명화가 서구의 모방에 의한 것이었던 만큼, 일본에게는 아직도 서구 열강과 같이 진정한 하나의 자격을 갖춘 문명국가라는 것을 증명해 보여야 할 과제가 남아 있었다. 또한 한국을 보호국으로 지배할 것을 국제적으로 인정받았다고 해도 그것이 곧 식민지로서 병합할 수 있는 권리를 인정받았다는 의미는 아니었다. 따라서 일본은 조선의 식민화 및 성공적인 식민통치를 통해 자신들이 문명국가의 자격을 갖추었다는 것을 서구 열강의 눈앞에 증명해 보이지 않으면 안 되었다. 그리하여 당시 일본인들이 남긴 글들을 보면 '열국환시(列國環視)'라는 말이 하나의 관용구처럼 자주 나타난다. 또한 당시 세계 외교 무대에서 평판이 높았던, 일본을 대표하는 인물이었던 이토 히로부미는 앞서 보았듯이 해외의 시선을 너무 의

59. 이에 대해서는 졸고, 「식민지화의 기반조성」(「통감부의 식민지화 정책」 중), 『한국사 42』, 국사편찬위원회, 1999 참조.

식해서 재한 일본인들의 이익보다는 조선인들의 이익을 우선한다는 비난을 받고 있었다. 이러한 상황은 당시 일본이 조선을 보호국으로 지배하면서 시정을 개선할 때 누가 보아도 수긍할 수 있을 정도로 '문명화' 과정이 아니면 안 되었던 것을 의미한다.[60]

그러나 보다 본질적으로 시정개선이 '문명화' 작업이어야 했던 것은 일제의 지배에 대한 한국인들의 저항 혹은 회의적 시각 때문이었다. 자신들의 국익을 추구하되 어떻게 한국인들의 저항을 불러일으키지 않을 수 있을 것인가? 더구나 당시 대한제국 정부가 명목상이나마 살아남아 있었고, 반일적인 한국 황제 고종이 온갖 수단을 동원하여 일제의 침략에 저항하고 있었다. 이러한 상황에서 문명화 정책을 성공적으로 추진하여 서구 열강의 인정을 받고, 한국민들의 지지, 아니면 최소한 묵인이나 방관을 이끌어 내고, 그러면서도 자신들의 국익을 추구하는 것 — 이것이 당시 일제 앞에 놓여 있었던 과제였다. 이러한 사정을 생각한다면, 이토 히로부미의 '시정개선'이 이른바 '자치육성 정책'이란 평가가[61] 등

---

60. 그런 의미에서 조선에서의 '문명화' 사업은 바로 일본 자신의 '문명화' 사업이었다는 지적은 문제의 핵심을 지적한 것으로 보인다. 이에 대해서는 Sebastian Konrad, Die Zivilisierung des "Selbst". Japans koloniale Moderne, in: Boris Barth/Jürgen Osterhammel (편집), *Zivilisierungsmissionen. Imperiale Weltverbesserung seit dem 18. Jahrhundert*, Konstanz 2005, pp. 245~268 참조.

61. 森山茂德, 『近代日韓關係史硏究 — 朝鮮植民地化と國際關係』, 東京大學出版會), 1987, 197~200쪽 참조. 이 책의 저자는 1907년 시점에서 伊藤博文이 일본 군부와는 달리 한국 내정의 개선에 힘쓰고, 즉각적인 합병에는 반대했으며, 또한 한국의 자치에 대해 자주 언급했다는 사실에 입각하여 그의 정책을 '自治育成' 정책이라고 평가하고 있다. 최근 연구에서는 伊藤博文이 8도의 대표로 구성되는 의회를 구상한 일도 있다는 것이 밝혀지고 있다. 小川原宏幸, 「伊藤博文の韓國統治と朝鮮社會 — 皇帝巡幸をめぐって—」, 『思想』 2029호, 2010. 1. 참조. 그러나 그가 당시 병합에 반대하고 '자치'를 말했다고 해서 그가 조선의 식민지화를 반대했다는 듯한 뉘앙스를 전하는 것은 말장난이 아닌가 생각된다. 일본의 권위를 인정하고, 그 압제하의 '자치'란 식민통치의 한 형태에 지나지 않을 것이기 때문이다. '식민통치의 한 형태'를 '육성'하고자 했다는 것은 어떤 바람직한 것을 키운다는 '육성'이란 낱말의 뜻에 반하는 어휘사용법이라고 생각된다. 또한, 그가 1907년 1월 한국에 용빙되는 법관들을 모아 놓고 훈시하는 중에 "한국의 정치개선은, 즉 한국에서 일본의 세력확장이라는 점이다. 시정개선과 세력확장과는 그 명의가 틀리지마는 사실은 하나"라고 말한 데서도 그의 의도가 잘 드러나고 있다.

장할 수 있는 소지가 어디에 있었는지 이해할 수 있을 것이다. 이러한 사전 지식을 깔고서 당시 일제가 추구한 정책들을 그 성격에 따라 나눈다면 다음과 같은 분류가 가능할 것이다.

① 식민통치 기반조성을 위한 제도의 정비
② 사회간접자본의 확충
③ 일본 자본 진출 촉진을 위한 이권 탈취
④ 식산흥업 정책
⑤ 대륙진출을 위한 군사적 기반의 조성

이러한 구분은 각 분류 항목들에 포함된 사업들이 서로 연결되어 있기도 하고, 또 한 사업의 성격이 복합적일 수도 있으므로 어느 정도 자의적인 요소가 없지 않을 것이다. 그러나 최소한 한 사업의 최우선 목적을 생각한다면 위와 같은 범주를 벗어나지 않으리라고 본다. 크게 보면 조선을 식민지로 만들고 일본의 자본 및 인력을 투입시켜 개발하되, 자신들의 대륙 침략의 군사적 기지로 만들기 위해 기초를 다지는 작업을 하는 것이 일제의 이 단계에서의 정책이었다. 다만 일본 내의 요구, 국내외의 정세, 조선 인민들의 동향에 따라 다양한 사업 추진의 우선순위가 정해졌다. 그래서 이 기간에 취해진 조치들은 첫째로 재정문제, 특히 화폐제도의 정리, 둘째로 철도·항행권·전신 등 교통기관의 정비와 같이 필수적인 이권을 확보하는 데 최우선 순위가 주어졌다.[62]

南基正 역, 『일제의 한국 사법부 침략 실화』, 육법사, 1978, 42쪽 참조. 여기서도 伊藤이 한국인들이 싫어하는 '병합'이라는 말을 피하면서 실질적인 식민지 지배체제를 구축하려 했다는 것을 알 수 있다. 조선인들에게 어느 정도의 정치적 발언권을 주려 했다는 점은 무단통치로 치달았던 군부에 비해 진보적이었다고 평가할 수 있을지는 모르나 小川原宏幸도 지적한 바와 같이 오히려 그러한 말장난을 통해 한국의 '문명개화' 세력을 친일화하는 데 일조한 점이 지적되어야 할 것이다. 이를 '자치육성 정책'이라고 평가하는 것은 그러한 伊藤의 교활한 말장난을 인정하는 '말장난'에 지나지 않는 것으로 보인다.

62. "자본유통과 통신운반의 두 가지 뜻을 포함"하는 바의 '교통' 운수의 발달을 통한 농

그러나 그들의 보호국화의 명분이 '악정(惡政)의 개선'이었으므로 여기에도 주의를 기울이지 않을 수 없었다. 이토 히로부미는 통감으로서 부임하여 1906년부터 이른바 시정개선협의회를 개최하여 한국 관리들을 지도하면서 시정개선 사업을 추진해 나갔다. 사실 그가 특히 신경을 썼던 것은 어떻게 대한제국의 황제권을 해체할 것인가 하는 것이었다. 이를 위해 그는 정부의 조직을 바꾸고, 제실제도 정비국을 두어 황실의 이권을 탈취하는 등 황제권을 해체하기 위해 온갖 방안을 동원하였지만,[63] 그와 함께 민심을 수습할 방도를 찾지 않을 수 없었다. 이때 그가 주목한 것이 바로 사법제도의 개혁이었다. 이 문제에 대하여 이토 히로부미는 1908년 한국으로 빙용되어 가는 사법관들에게, 한국의 제도에 문제가 많아 여러 가지를 바꾸어야 하지만, 그중에서도 사법제도가 중요하다고 하면서,

> 사법은 문명적으로 관찰하면 여러 시정 중 가장 중요한 부류에 속한다고 아니할 수 없다. 어느 나라든지 전제(專制)에서 법치로 갈 때, 예를 들면 헌법을 시행하여 규칙을 세운 정치를 행하고자 하는 경우 반드시 개혁의 제1을 사법의 독립에 두고 이를 실행하는 것을 절대로 필요하다고 인정하지 않을 수 없다. … 나는 백반의 개량에 주의하여 고려한 결과 무엇보다 개량의 단서를 열어야 하는 것의 제1은 사법권을 행정관의 손으로부터 떼어 내는 것에 있다고 인정하여 … 중앙과 지방을 불문하고 사법권의 독립이 없으면 개인의 선정은 혹 행해질지 모르지만 도저히 전체의 시정개선을 기할 수 없으므로 나는 먼저 사법권의 독립을 한국 정치개선의 벽두에 걸었다.[64]

상공업 융성이라는 방식은 바로 松方正義가 청일전쟁 이후 일본에서 사용한 방식이었는데, 이러한 방식이 아시아 제국에 적용될 때는 "'침략첨병'으로서의 '교통'"이라는 구상으로 변했다고 한다. 石井寬治, 「日淸戰後經營」, 『岩波講座 日本歷史』 16, 近代 3, 1976 참조. 또한, 이 시기 일제가 취한 '시정개선' 작업의 순위에 대해서는 졸고, 「1904~1910년 일제의 한국 침략 구상과 '시정개선'」, 『한국사론』, 서울대학교 국사학과 31집, 1994 참조.

63. 徐榮姬, 「광무정권의 국정운영과 일제의 국권침탈에 대한 대응」, 서울대학교 박사학위 논문, 1998, 204~210쪽 참조.

라고 하여, '사법권의 독립'을 최우선 과제로 생각하고 있음을 밝혔다. 이어서 "한인이 신정(新政, 즉 통감부의 개혁 정치)에 열복할 것인가, 아닌가의 여부는 사법권의 운용 여하에 말미암는다"고 하면서, 가능한 한 공평 친절하게 판결을 내려 한인들을 유도하며, 공정한 사법권의 시행으로부터 출발하여 한인들이 점차 정의, 도리에 복종하도록 하라고 당부하고 있었다.65

이와 함께 일제 자본의 침투를 돕고 한국의 재정 금융권을 차지하기 위한 조치들이 무엇보다 먼저 취해졌다. 1904년 5월 31일 결정된 「강령」 뒤 한일 간에 가장 먼저 체결된 주요 협약이 바로 「한일 외국인고문 용빙에 관한 협정서」이고 그 주된 내용이 바로 재정고문 용빙이었다는 사실은 시사적이다. 이 협약에 의해 메가타 다네타로(目賀田種太郞)가 재정고문으로 와서 한국 내정 전반을 간섭하고, 일제의 의도에 따라 한국의 재정제도개혁에 착수하였다. 그가 한국에서 제일 먼저 착수한 것이 이른바 '화폐정리사업'이었는데, 이는 백동화의 남발과 엽전 유통권의 온존 등 화폐 금융제도의 문란이 국가 경영의 기본이 되는 재정을 파탄 내는 동시에 일제의 경제적 침투를 제약하고 있었기 때문이었다. 주한 대리공사 하야시 곤노스케(林權助)는 이토 히로부미가 한국으로 오기 전에, 재정의 무질서는 "직접 우리 상업에 나쁜 결과를 끼치기 때문에" 다른 것에 앞서 빨리 정리에 착수할 필요가 있으며, 중요한 것은 징세법 개량과 화폐제도개혁이라고 건의한 바 있었다.66

경부철도, 경의철도 부설과 같이 일제의 전쟁 수행과 직결된 이권은 통감부 설치 이전에 탈취했고, 통신관리권(1905. 4. 1) 연해 및 내하 항행

64. 倉富勇三郎, 1908, 「伊藤公と韓國司法制度」, 國民新聞編輯局 編, 『伊藤博文公』, 啓成社, 1930, 34~35쪽 참조.

65. 倉富勇三郎(1908), 위의 글, 36쪽 참조.

66. 林權助, 「對韓私見概要」, 金正明 편, 『日韓外交資料集成 5(日露戰爭篇)』, 1904, 139쪽 참조. 이것은 林權助가 한국 황제를 알현하기 위해 떠나는 伊藤博文에게 올린 것이다(1904. 4. 1). 이 책은 이하 『資料集成』으로 줄임.

권(1905. 5. 13)도 다른 이권에 앞서 서둘러 강압적으로 탈취했다. 일본인들의 한국 이주를 촉진시키기 위해서도 내지에 있어 토지소유권의 확보가 필요했는데, 이토 히로부미는 통감으로 한국에 부임해 온 이후 일본인들의 조계 10리 밖의 불법적인 토지소유를 합법화한 것은 물론, 이후 일본인들의 한국진출을 촉진하기 위하여 부동산법조사회를 설치하고(1906. 7. 24) 입법에 착수하여[67] 토지가옥증명규칙(1906. 10. 26)을 발포하였다. 이 법안의 주안점은 한국 내지에서 일본인의 토지 매매를 합법화하고, 그 소유권을 보호하기 위한 것으로서, 일본인 지주 및 자본의 내지 침투의 문을 열어 놓는 것이었다.[68] 그리고 「강령」에서도 중요시했던 어업의 진출을 위해, 1904년 6월 충청, 황해, 평안도의 어업권을 탈취했다. 이러한 신속한 이권의 탈취는 자신들의 눈에도 너무 지나친 것이어서, 당시 한국 주차군 사령관이었던 하세가와 요시미치(長谷川好道)조차 1905년 11월,

> 이권문제에 대한 우리 관민의 목금(目今)의 태도 및 일삼는 바는 너무 우리 이익에 치우치는 감이 있다. 장래 한국을 전연 우리의 영토로 병합하는 것으로 생각해도 동감이다. 만약 대 아이누적으로 한민을 처치한다는 대결심을 가지고 있다면 모를까 그렇지 않은 경우에는 일시동인의 성(誠)으로써 이들에 임해 어느 정도까지는 한인으로 하여금 그 이익을 향유케 하도록 지도·유액 하는 것이 대한 정책의 좋은 방도가 아닐까.[69]

라고 말할 정도였다. 즉, 자신들이 홋카이도(北海道)를 개척할 때 아이누

---

67. 이 부동산법 조사회는 일제의 말에 따르면, "부동산에 관한 舊慣을 조사하여 간편한 부동산법을 급속히 제정"하기 위한 것이었다 한다. 統監官房, 『韓國施政年報』(第一次), 1908, 100쪽 참조.

68. 정연태, 「일제의 한국 농지정책」, 서울대학교 박사학위 논문, 1994, 1장 2절, "부동산 증명제도의 시행과 토지침탈의 합법화" 참조.

69. 谷壽夫, 「1905年11月 長谷川好道 韓國經營に關する所感摘要」, 『機密 日露戰史』 明治100年史叢書, 原書房, 1966, 594쪽 참조.

족을 절멸시켰던 것처럼 한국에서 한국인들을 구축할 생각이라면 모를까, 일본 관민들의 이권 추구가 너무나 약탈적이라고, 침략의 첨병 역할을 담당하고 있었던 군사령관조차 비판하고 있었던 것이다.[70]

이렇게 일제가 시정개선, 문명을 앞세워 자신의 잇속을 챙겨가자 『황성신문』·『대한매일신보』 등 한인 간행 신문의 비판도 날카로워졌다.[71] 또한 각지에서 의병이 일어나는 등 실력을 통한 저항도 거세졌다. 이에 일제는 헌병이 서울 일원의 치안을 담당한다고 선언하였고, 또한 신문지법을 시행하여 검열을 시행하는 등 언론을 탄압하였다. 말하자면 군대를 앞세운 공포분위기하에서 이른바 '문명화(=시정개선)'를 추진했던 것이다.

한편 일제는 이 시기 식산흥업 정책의 일환으로 농사개량 사업을 벌였다. 통감부에서는 일본 농민들을 이주시켜 이들이 한국인들에게 개량 농법의 '모범'을 보여 농사개량을 달성코자 하였다. 그와 함께 농사시험장(1905. 12. 29), 권업모범장(1906. 6. 15), 원예모범장(1906. 8. 9)을 설치하여 개량종자 및 면화재배 사업을 위한 기반조성 사업을 벌였다. 이러한 사업들은 모두 '강령'에서 정한 대로 한국을 '식량 및 원료품' 공급지로 만들기 위한 것이었다.[72] 그 밖에 이 시기에는 만한경영이라 하여 조선을 바탕으로 만주를 일제의 세력권으로 확보하려는 생각이 강했는데, 이에 따라 군사적 요충지를 수용하여 군 기지를 만들고 군항을 만들고

---

70. 일제가 서둘러 빼앗아 간 이권으로서는 이 밖에도 통신관리권(1905. 4. 1), 한국 연해 및 내하 항행권(1905. 5. 13)이 있다. 한국 대신들은 이에 회의불참, 인계거부, 총사퇴 등으로 버텼지만 일제는 헌병 등을 앞세워 강탈하였다. 이러한 이권들은 앞에서 말한 일제의 의도의 어느 부분과도 연관을 갖는 것이겠지만, 화폐정리사업과 함께 특히 상업적 이해를 반영하는 것으로 생각된다. 이 시기 일제의 이권쟁탈의 성격에 대해서는 졸고, 「1904~1910년 일제의 한국 침략 구상과 '시정개선'」, 『한국사론』 31집, 서울대학교 국사학과, 1994, 251~252쪽 참조.

71. 「論說 韓日國交之憾情所由」, 『皇城新聞』, 1904. 6. 28; 론셜 「일본국과 한국」, 『大韓每日申報』 2권 41호, 1905. 2. 24; 「론셜 일본의 언약」, 『大韓每日申報』 2권 30호, 1905. 2. 10. 『大韓每日申報』는 景仁文化社의 1976년 영인본임.

72. 拙著, 『한국근대면업사연구』, 일조각, 1989, 82~88쪽 참조.

철도를 부설하면서 원성을 일으키고 있었다.

그리고 만약 그들의 말과 같이 조선의 '문명화'를 원한다면 당연히 조선 인민의 교육에 힘써야 할 터인데, 이토 히로부미는 기본적으로 한국민 교육에는 관심이 없었다.[73] 통감부가 교육사업에 관심이 적었다는 것은 그 예산을 봐도 알 수 있다. 이 시기 일제의 식민화 사업과 관련하여 예산이 급속하게 팽창하는데, 주원인은 식민통치 기구의 정비와 치안 확보와 직결되는 내부 예산, 그를 위한 재원 마련과 관련된 탁지부 기구 및 제도 정비를 위한 예산이었다. 1907년 이후 양자를 합한 예산이 전체에서 차지하는 비중은 80% 내외가 되었다.[74] 그에 비해 학부 예산이 차지하는 비중은 1908~1909년 2.1%, 1910년 3.0%에 불과하였다. 그나마 몇 안 되는 교육기관을 통해 일제는 '교육의 모범'을 보인다고 하였지만, 그 주안점은 일본어의 보급에 주력하는 한편, 친일사상과 복종정신을 주입하고 매우 초보적인 실업교육을 실시하는 데 있었다. 당시 교육의 성격은 도덕교육에 관해서 "유교의 기본인 오륜오상(五倫五常)의 도를 중심"으로, 현재 사회에 필요한 공덕심, 의무심의 함양에 힘쓴다는 그들의 말에 잘 드러나고 있다.[75] 『황성신문』은 「멸국신법론(滅國新法論)」이란 논설에서 일제의 시정개선에 대해 다음과 같이 평가했다. 즉,

> 무릇 문명국이 다른 나라를 멸망시킬 때는 반드시 내가 너의 정치를 개량한다 하여 내치를 간섭하는 구실로 삼고, 반드시 내가 너의 화폐를 정리한다 하고 재정을 빼앗는 말꼬투리[話柄]로 삼고, 치안방해에 가탁하여 언론의 자유를 속박하고, 내란을 진압한다 핑계하고 군대를 배치하며 개혁사업에 이름을 걸어 거액의 차관을 주며, 혹 자기 나라 사람을 이식하여 전국의 이원(利

---

73. 박찬승, 『한국근대정치사상사연구』, 역사비평사, 1992, 46쪽 참조.
74. 李潤相, 「1894~1910년 재정제도와 운영의 변화」, 서울대학교 박사학위 논문, 1996, 280~289쪽 참조.
75. 尹健次, 심성보 역, 『한국근대교육의 사상과 운동』, 청사, 1987, 305쪽 참조.

> 源)을 거두어들이며, 혹 몰래 무뢰무치한 무리들을 선동하여 그 앞장서는 창귀(倀鬼)로 만들고 혹은 교육기관을 주지(住持)함에 우민지술(愚民之術)을 오로지 하되 … 기타 전선 철도가 그 세력권의 확장이 아님이 없으며 삼림 개광(開鑛)이 그 이익 되는 바를 거두어들이는 것이 아님이 없다.[76]

라고 하여, 말하자면 '문명화'의 외양을 갖춘 시책들이 침략 국가가 자신들의 이권을 챙기기 위한 핑계에 지나지 않는다고 지적하였다. 이 논설만큼 당시 시정개선의 성격을 요약해 보여 주는 것은 없다.

이상에서 살펴본 바와 같이 통감부 설치기 이토 히로부미에 의해 주도된 시정개선은 대한제국의 비효율적이며 전근대적 제도나 관행들을 근대적인 것으로 교체한 측면이 분명히 있었다. 또한 철도나 항만의 정비 등, 국가의 통치나 경제의 발전을 위해 필수적인 사회간접자본을 정비한 측면이 있다는 것을 인정하지 않을 수 없다. 그러나 그것은 동시에 일제의 식민지 지배와 대륙의 '진출'을 염두에 둔 것이기도 하였다. 무엇보다 중요한 것은 이러한 모든 사업을 진행함에 있어 한국인들의 의사는 전혀 반영되지 않았다는 것이다. 오히려 군정과 검열제도라고 하는 감시 및 폭력 기구가 공포 분위기를 형성한 가운데 일제가 자신들의 국가목표에 필요하다고 생각하는 작업을 자신들이 정한 순서대로 일방적으로, '시정개선'과 '문명'의 이름으로 밀어붙였던 것이다.

반면 일제는 서구 '문명' 국가들이 내세웠을 종교적 개종이라든가, 시민사회의 상대적 진보성을 내세울 수는 없었다. 즉, 서구 사회가 자랑하는 자유·평등·우애와 같은 표방은 비록 표방에 지나지 않는 것이라고

---

76. 『皇城新聞』 2471호, 2쪽, 1907. 5. 4. 논설 「滅國新法論」. 김성희도 이와 비슷한 내용을 다음과 같이 말하고 있다. "夫强國之對弱國에 始以尊重獨立하며 保全領土等語로 誘惑之하니 此는 條約上之詭遇也오 中以假義於平和하야 干涉內政에 首稱教育하니 此는 同化術之導線也오 終以啓發天產이 爲世界公益이라 하야 殖其民而拓土地하니 其所究竟은 不血兵刃하며 不費糧餉하고 駸駸然作天授之領地而後에 已하니 此는 政略之手段而文明國通例也라." 「國民的 內治 國民的 外交」, 『대한협회회보』 제4호, 1908. 7. 25, 25~26쪽 참조.

해도 내세울 수는 없었다. 말하자면 '부국강병'이라는 물질적 측면만이 일방적으로 강조되는 '선정'이었다고 판단된다.

그러나 그렇다고 해도 그것은 어쨌든 '문명화'의 외양을 띠고 대한제국의 문란하고 비효율적인 행정·사법 제도를 근대화한다는 측면을 가지고 있었기 때문에 조선인들의 기대를 불러일으키기도 하였다. 동시에 그것은 결국 일제의 국가목표를 우선시하는 약탈적이고 폭력적일 수밖에 없었으므로 이에 대한 조선인들의 반응은 다양할 수밖에 없었다. 이러한 상황에서 일제는 자신의 '시정'을 '문명'으로 색칠하는 선전 작업도 활발하게 전개하지 않을 수 없었다.

3. 문명화 사업의 선전

1) 언론 매체를 통한 문명화론 유포

일제가 선전의 주요 대상으로 삼은 것은 서구 문명국가들 및 침략의 대상인 조선이었다. 이들을 대상으로 자신이 문명국가이며, 따라서 조선을 지도할 자격 및 능력이 있고, 자신의 식민지배가 조선인들의 복지를 향상시킬 것이라고 설득하는 일이 중요했다.

서구 국가들에 대한 선전은 일제가 매우 신경 쓴 부분이었다. 유일한 비서구 제국주의 국가로서, 자신도 저들에 의해 불평등조약을 강요당한 처지에서 그 문명을 일방적으로 도입하여 '문명'을 달성하여 그 반열에 들고자 하는 상황에서 저들 '문명국'들의 승인을 받는 것이 필수적이었기 때문이다. 더구나 청일전쟁 이후 3국 간섭으로 청에서 뺏은 이권들을 포기해야 했고, 러일전쟁에서도 군사적 승리는 거두었으되 배상금도 받지 못했던 경험이 있었기 때문에 서구 열강의 여론에 더욱 신경을 쓰지 않을 수 없었던 것이다.

서구 열강의 여론에 예민했던 상황은 당시 상투적으로 쓰이던 '열국환시'라는 말에서도 잘 드러난다. 서구 열강이 둘러서서 일본의 일거수 일투족을 쳐다보고 있는 상황에서 열강이 개입할 수 있는 실마리를 제공하지 않도록 조심해야 한다는 것이다. 실제로 초대 통감으로 조선에 와 있던 이토 히로부미는 그 비판자들에 의해 일본인의 포폄보다는 구미인의 평판에 신경 쓴다고 비난받을 정도였다.[77]

일본 정부의 자각적·의식적인 대외 선전활동이 개시된 것은 조약개정 교섭이 구체성을 띠기 시작하고, 또 류큐(琉球)를 둘러싼 중국과의 대항관계 또는 조선과의 외교 교섭이 국제적 주목을 끌고 있었던 데라시마 무네노리(寺島宗則)·이노우에 가오루(井上馨) 양 외무경의 시대까지 거슬러 올라간다. 이 단계 대외 선전활동의 특징은 일본이 서구 문명을 충실히 공부한 모범생이며, 또 일본 정부의 대중국, 대조선 정책은 구미 열강의 외교 원리를 본뜬 것이며, 그 이익을 배려한 것이라는 점을 홍보하기 위한 것이었다. 그리하여 구미 각국 정재계의 요인, 언론계 인사, 식자층을 대상으로 접촉하고, 일본에서 발행되는 어용 영문신문을 기관들이나 개인에게 계통적으로 송부하고, 또는 유력 저널리즘에 연결망을 가지고 있을 듯한 사람을 매수하여 일본에 유리한 기사를 게재케 하는 등의 수단이 취해졌다. 이러한 대외 선전활동이 일거에 확대되는 것은 청일전쟁 기간(1894~1895)이었다.[78]

서구 열강을 대상으로 한 것보다 더 공을 들여야 할 것은 조선인들에 대한 선전이었다. 열강 간에 있어, 조선 합병 문제는 어차피 그들 사이의 이해관계에 따라 승인되거나 쟁의의 대상이 될 터였다. 일제의 강점

---

77. 淺田江村, 「時事評論 統監政治の失敗」, 『太陽』 15~6, 『朝鮮認識』 3, 1909, 108쪽 참조. 渡部學의 말에 따르면 伊藤博文의 한국통치의 기본방침은 두 가지인데, 하나는 외교권의 박탈에 따른 한인들의 분노와 저항을 鎭撫하는 일이었고, 다른 하나는 대외적으로 동양의 유일한 '문명 개화국'의 면모를 조선통치를 통해 세계에 홍보 선전 강화하는 일이었다고 한다. 渡部學, 김성환 역, 『한국근대사』, 동녁, 1984, 79~84쪽 참조.
78. 大谷正, 「中國および朝鮮における日本外務省の「新聞操縱」(1) — 1894年~1913年」, 『專修法學論集』 55·56, 1992, 350~359쪽 참조.

시도의 성패 여부 역시 자신들의 지배가 어떻게 평가받느냐에 크게 달려 있었다. 따라서 일제가 가장 힘을 기울이고 또 고심한 것이 조선인에 대한 강점 논리 유포 및 선전, 설득 작업이었을 것은 충분히 짐작할 수 있다.

이 시기 조선·중국에 대한 선전활동을 행한 기관은 외무성에 그치지 않고, 정부 부내에서도 육·해군이라든가 대만총독부, 또 민간에서도 구마모토 국권당(熊本國權黨), 동아동문회(東亞同文會)를 비롯한 이러저러한 단체와 개인에 의한 활동이 전개되었다.[79] 조선의 경우, 청일전쟁 이후인 1895년 3월 6일 간행된 『한성신보(漢城新報)』와 1900년에 창간된 『대동신보(大東新報)』는 모두 일본 외무성의 기관지로서 충분한 경영비를 보조받으며, 일제의 침략 정책 선전에 앞장섰다. 이러한 일은 1905년 통감부에 이관되기까지는 외무성이 담당하였다.[80] 또 『한성신보』 지면의 반은 일본문이고 반은 한글이었으며, 『대동신보』는 한글 신문과 일문 신문을 따로 발행했던 것으로 보아 이들이 한국 독자를 선전 대상으로 상정하고 있었음을 알 수 있다. 이후로도 일제가 한국에서 친일 여론을 조장하기 위하여 신문사나 언론인을 매수한 기록이 간간이 보인다. 이를 통해서도 신문이 당시 선전을 위한 중요한 매체였음을 알 수 있다.[81]

통감부 설치 이후 일제의 언론기관을 통한 선전활동은 더욱 활기를

79. 위와 같은 곳 참조. 중국에 대한 일본 정부의 선전활동=신문조정의 개시 시기는 명치 초년까지 올라갈 가능성이 있지만, 확실한 것은 청일전쟁을 맞아 陸奧宗光의 지시에 따라 구미 열강에서 행한 선전활동의 일환으로서 홍콩, 상해, 조선에서 행해진 '신문조정' 관련 기록이 남아 있다고 한다. 이 시기 일제의 언론공작에 대해서는 또 정진석, 2005, 『언론조선총독부』, 커뮤니케이션북스, 2005, 제2장 참조.

80. 이해창, 『한국신문사연구』(개정증보판), 성문각, 1983, 368~377쪽 참조. 한성신보의 사장은 安達謙藏, 주필 國友重章이었는데, 이들은 熊本國權黨 관계자였다 한다. 大谷正(1992), 앞의 논문, 359쪽 참조.

81. 신문을 통한 선전을 다룸에 있어서는 비판 여론에 대한 대처 또한 무시할 수 없을 것이다. 전자가 적극적인 선전 작업이라면 후자는 소극적인 작업이 될 것이다. 소극적인 작업에는 비판 언론 및 여론에 대한 반박 여론의 게시 등도 있을 것이며 보다 강도가 높은 것으로 검열도 있을 것이다. 통감부 시기 이러한 방법이 모두 동원되었지만 여기서는 적극적인 선전에 초점을 맞춘다.

띠었다. 언론기관을 이용한 선전활동의 중요성을 누구보다 잘 알고 있었던 이토 히로부미는 통감 취임 이후 곧바로 통감부 기관지 『경성일보(京城日報)』와 영문 *The Seoul Press*를 창간하였다. 『경성일보』는 통감부의 기관지로서 창간 당시 이토 히로부미의 의도는 자신의 통치정책의 의의를 조선인 및 구미인에게 알려 인정받는 것이었으며,[82] 그 발행 부수가 다른 신문을 압도하였다고 한다. 또한 일문과 한글 지면을 따로 두어 발행하였는데, 이 역시 한국인 독자를 의식한 것이라고 하겠다. *The Seoul Press*는 1907년 3월에 창간되었는데 경영을 위한 보조금, 기간요원 등 일체에 통감부가 관여하고 있었다. 또한 통감부 총무장관 쓰루하라 사다기치(鶴原定吉)가 감독으로 취임한 이래 총독부 시대에 이르러 내무부 국장이 고문, 감독으로서 관리한 점 등으로 봐서 순전한 당국 기관지로서 출발한 것을 알 수 있다. 이것은 당연히 한국에 와 있었던 선교사를 비롯한 서양인을 대상으로 한 것이었다.

또한 당시 통감부에는 신문기자를 담당하는 '매수계(買收係)'가 있었는데, 총무장관 이시즈카 에조(石塚英藏), 내부 경무국 마쓰이(松井茂)의 두 사람이 바로 그들이었다고 한다. 이러한 자금은 반대 언론을 회유하여 그 필봉을 무디게 하는 데도 쓰였을 것이다. 특히 해외 기자에 대해서는 파격적인 대우를 하여, 예를 들면 통감의 특별 리셉션, 한국 황제와의 회견 알선 등이 빠짐없이 행해졌다고 한다. 통감부는 또한 일본인 기자 및 친일신문들에는 친목회라는 명목으로 자주 연회를 베풀기도 하였다.[83]

---

82. 森山茂德, 「現地新聞と總督政治 —『京城日報』について」, 『岩波講座 近代日本と植民地 7 — 文化のなかの植民地』, 1993, 7쪽 참조.
83. 『京城日報』는 1906년 이등박문이 기밀비에서 수만 원을 지출하여 佐佐正之가 주재하는 공사관의 어용지인 『漢城新報』와 『菊地謙讓』의 『大東新報』를 매수하여 창설한 것이다. 당시 일제의 조선의 대 신문 공작에 대해서는 金圭煥, 『日帝의 對韓 言論·宣傳政策』, 二友출판사, 1978, 122~125쪽 참조. 이 밖의 대 언론 공작에 대해서는 대한민국국회도서관 편, 『한국신문·잡지연표(1881~1910)』, 1967 참조.

*The Seoul Press*를 통해 그 보도 성향을 보면, 일제는 그 지면을 통해 한국에서의 자기 정책의 효과를 홍보하는 외에 이토 히로부미 상찬 기사를 다수 게재하는 등 통감부의 의도에 적극 부응하고 있어,[84] 재한 외국인들의 친일화에 크게 기여했으리라 짐작된다. 이 밖에도 통감부는 각지의 이사청에 1~2종의 친일지를 창간하여 그들의 정책을 선전하였다.[85] 이러한 친일지와 민족지 사이에서 논쟁이 벌어지곤 했던 것은 잘 알려져 있다. 반면 통감부 정책에 대해 비판적인 언론에 대해서는 1906년 4월 보안규칙, 1907년 신문지법(1908년 4월 개정)을 제정 반포하고 검열, 정간 등을 통해 압박을 가하였다.

2) 유학생, 시찰단, 관광단 파견

언론을 이용한 선전이 독자들과의 직접적인 접촉을 통해 즉각적인 효과를 올릴 수 있는 것이라면, 장래의 지도층이 될 청소년층과 여론을 주도하는 사회 지도층의 친일화를 도모하는 것은 간접적이고 보다 시간이 걸리는 작업이었을 것이다. 그러나 이들은 사회 지도층이거나 지도층으로 성장할 가능성이 많은 집단이었으므로 이들을 친일화할 수만 있다면 그 효과는 결코 언론보다 못하지 않았을 것이다. 또한 당시 언론 매체의 대표격이라고 할 신문은 당시의 교통망, 경제수준, 문자 해독률 등을 고려할 때 일단은 도시 중심, 또 식자층을 대상으로 할 수밖에 없었을 것이고 대다수 조선인이 이를 직접 접하기는 힘들었을 것이므로 그 중

---

84. 市川まりえ, 「1905~1910년 在韓日本人 民間言論의 統監府政治觀」, 『한국사론』 55집, 서울대학교 국사학과, 2009, 375쪽 참조. 서양 선교사들에게, 자신들의 한국에서의 역할이 그들과 똑같다고 한 "Japan in Korea"(1907. 6. 21), 통감부의 한국 시정개선 노력을 전하는 "The Task of Korean Reform"(1907. 10. 2)의 기사 등이 대표적인 것이다.

85. 군산이사청의 『군산시보』, 『한남신문』, 부산이사청의 『조선시보』, 『부산일보』, 마산이사청의 『마산신보』, 신의주 이사청의 『신의주시보』, 평양이사청의 『평양일보』, 원산이사청의 『원산매일신보』 등이 그것이었다. 강창석, 『조선통감부 연구』, 국학자료원, 1995, 73쪽 참조.

간 매개로서의 식자층의 역할은 더욱 커질 수밖에 없었을 것이다.

메이지유신 이후 급속히 발달한 일본, 특히 그 첨단을 걷고 있는 도쿄에 건너가 근대 문명의 실체를 직접 목격하고 체험하는 것이 주는 충격은 대단한 것이었다. 그 좋은 예로서 손병희는 1901년 도일한 이래 1906년 귀국할 때까지 일본에 체류하면서, 일본의 메이지유신의 성과를 직접 목도, 체험한 후 문명개화 노선으로 전환하여, 「삼전론(三戰論)」을 집필하고 러일전쟁 때는 일본군에 돈을 기부했던 것으로 알려졌으며,[86] 1910년대의 일이기는 하지만, 이광수가 "해외 독립운동자는 시세를 몰라서 그런 것"이라면서, "그들로 하여금 도쿄를 한 번만 구경하게 한다면 그런 운동을 자연히 그만두게 될 것"이라고 말한 것은 유명하다.[87] 사실 일본 유학생이나 시찰자들이 일본의 발달된 물질문명에 압도되어 그에 저항할 용기를 잃어버리게 되는 경우가 종종 있었다.

이를 간파한 일제는 개항 직후부터 조선 정부에 '진신(縉紳) 자제'를 일본으로 유학 보낼 것을 권장하였고,[88] 또한 조선의 유력자들에게 일본을 '시찰'할 기회를 제공하였다. 이는 일본의 한발 앞선 '문명'과 '부국강병'한 실체를 보게 하고, 조선도 이를 모방하여 '문명개화' '부국강병'의 길을 따라오게 하기 위한 것이었다. 당시 조선의 상황으로서는 일본을 통해서 문명을 도입할 수밖에 없었고, 그것은 자연히 친일 세력의 양성과 일본 세력 침투의 통로가 될 수 있었기 때문이다.[89] 말하자면 문화의 전파를 통한 세력 침투 방법으로써, 이러한 '문명을 통한 세력 침투'를 처음부터 주장하고 또 앞장선 사람이 바로 후쿠자와 유키치(福澤

---

86. 김정인, 『천도교 근대 민족운동 연구』, 한울, 2009, 39~47쪽 참조.
87. 金允植, 『이광수와 그의 시대-2』, 한길사, 1986, 510쪽 참조.
88. 1877년 대리공사로 부임한 하나부사(花房義質)는 예조판서 趙寧夏에게 의술·기기·군수·측량 등을 학습하기 위한 縉紳 자제의 일본 파견을 제안한 바 있었다. 이에 대해서는 송병기, 「개화기 일본유학생 파견과 실태(1881~1903)」, 『동양학』 18, 1988, 253쪽 참조.
89. 이에 대해서는 졸고, 「자강운동기 문명개화론의 일본인식」, 『韓國文化』 28, 서울대학교 한국문화연구소, 2001 참조.

諭吉)였다.[90]

조선인들의 공식적인 일본 유학의 시작은 1881년 조사시찰단이 도일할 때부터였는데, 양국 관계의 부침에 따라 때로는 중단되기도 하였지만, 꾸준히 이어졌다. 1881~1884년간 대략 100여 명이 유학하였다고 하는데 이를 주도한 것은 주로 김옥균, 박영효 등 개화파 인사들이었다. 갑오개혁 이후인 1895년 박영효는 전국 각지에서 우수한 인재를 선발하여 이해 5월 113명으로 구성된 제1차 관비유학생을 파견하였고, 1896년 초에 이르기까지 대략 200여 명의 유학생이 파견되었다. 여기서 주목되는 것은 이 단계에서 관비 유학생들이 수학한 곳이 바로 앞서 언급한 후쿠자와 유키치의 게이오의숙(慶應義塾)이었다는 점이다. 문명개화를 열망하는 젊은이들을 통해 일본 세력을 침투시키자는 주장의 선봉자였던 인사에게 유학생들의 교육을 맡겼던 셈이다. 어쨌든 유학생 수는 러일전쟁 이후 급증하여, 1905년 이후에는 재일 유학생 수가 600~700여 명에 이르게 되었다.[91] 이들은 단체를 조직하여 『친목회회보』를 발간하였는데, 여기에 실린 글들은 대부분 일본 유학 이후 문명개화론을 더욱 확고하게 갖게 되었음을 보여 주고 있으며, 이는 국내에서의 문명개화론의 확산에 큰 의미를 갖는 것이었다.[92] 이들은 또한 자연스럽게 일본을 모범 삼아 문명화를 추진할 것을 주장하게 되었다.[93]

유학생처럼 학업을 위한 것도 아니고 또한 기간이 긴 것도 아니었지

---

90. 이와 관련하여서는 함동주(1994), 앞의 논문; 송병기(1988), 앞의 논문; 구선희, 「후쿠자와 유키치(福澤諭吉)의 대조선문화정략」, 『국사관논총』 8, 1989 참조.

91. 표영수, 「대한제국 말기 재일유학생의 애국계몽사상」, 『숭실사학』 11, 1998, 123~127쪽 참조. 갑오개혁기의 유학생 수와 관련하여 박찬승은 세 차례에 걸쳐 151명의 관비유학생이 파견되었다고 파악하고 있다. 박찬승, 「1890년대 후반 渡日 유학생의 현실인식 — 유학생친목회를 중심으로」, 『역사와 현실』 31, 1999, 119쪽 참조.

92. 박찬승(1999), 위의 논문 131~135쪽 참조. 일제의 유학생 정책은 시기마다 차이가 있을 것이다. 특히 1910년 합병 이후에는 유학절차가 까다로워졌다고 한다. 또한 당시 유학생 중에는 자비 유학생도 많았으므로 모두 통감부의 정책에 따른 것이라고 할 수는 없다. 이들의 정치적 지향, 사회적 배경도 일률적인 것은 아니었을 것이다.

93. 이에 대해서는 앞의 졸고(2001) 참조.

만 시찰단 및 관광단을 파견해 일본의 앞선 문물을 체험케 하고, 이들이 귀국한 후 연설회를 열어 우호적 여론을 조성코자 하는 시도도 행해졌다. 한국 관리 및 민간인들의 일본시찰 및 관광은 이러저러한 명목으로 이루어졌다.[94] 1907년 『만세보』의 기사에 따르면 '정부'에서 2차 시찰단을 파송했다는 기사가 보이며[95] 또한 통감부의 기관지였던 경성일보사에서는 소네 아라스케(曾禰荒助) 통감 부임 후 유생 명사 등 100명으로 구성된 일본관광단을 조직하고 한일융화를 위해서라고 하면서, 일본에 보내 각지를 유람시키고, 잘 대우해 준 후, 귀국 후의 보고를 지상에 소개한다든지 보고 연설회를 개최하여 선진 일본의 진보와 우호를 선전하게 하였다.[96] 이와 비슷한 관광단은 일본인 경영 신문사에 의해서도 조직되었다. 인천조선타이무스 신문사[97]는

> 일한 양국 국교의 친선을 保維하야 양국 간의 행복을 증진하기 위하야 제일 선취할 방책은 한민을 계도하야 문명이 어떤 물건인 줄을 알게 함에 있는지라. 한국의 장래 개발은 일본인의 힘을 기대함이 적지 않으나 한국인으로 하여금 사업을 이용하고 지식을 함양함이 역시 빠뜨리지 못할 문제라. 그 교육

---

94. 이 시기의 '일본시찰'에 관해서는 조성운, 『식민지 근대관광과 일본시찰』, 경인문화사 2011 참조.
95. 논설 「視察日本」, 『만세보』 221호 1907. 4. 2, 2쪽. 그러나 이때의 시찰 파송은 실제에 있어서는 내각 개편에서 실각한 이지용, 민영기, 권중현을 배려한 것이 아닌가 한다. 「日本博覽會視察次 渡航하는 韓國前內閣 一行의 禮遇 및 措置 件」, 『統監府文書』 4, 국사편찬위원회, 1998, 183쪽 참조. 또한 당시에는 일본에서 '제5회 내국권업박람회'가 개최되고 있었던 시기였다. 권혁희, 「일본 박람회의 '조선인 전시'에 관한 연구—1903년 제5회 내국권업박람회와 1907년 도쿄권업박람회를 중심으로」, 서울대학교 대학원 인류학과 석사학위 논문, 2007, 37쪽 참조.
96. 金圭煥(1978), 앞의 책 130쪽 참조. 1907년 당시 일본에서는 박람회가 개최되고 있었는데, 이를 대만 조선 등 그 지배하의 인민들이 참관하도록 권한 것은 河世鳳이 지적하였듯이 "다른 파빌리온과 전시품의 문명이었으며 도쿄의 번화한 문명"이었다. 河世鳳, 「식민지 이미지 형성과 멘탈리티—대판 권업박람회(1903년)의 대만관을 중심으로」, 『역사학보』 186, 2005, 185쪽 참조.
97. 이 신문사의 정확한 실체는 알 수 없으나 당시 많이 있었던 일본인 경영 신문사로 추측된다. '仁川朝鮮타이무스'는 '仁川朝鮮Times'의 표기로 추측된다.

이던지 그 사업이던지 다수 한인이 전혀 의뢰할 바는 한국 상등 인사에 있으니 … 본회의 목적은 일수 이십 일간 총비용 백이십 환에 의하거니와 실로 이상 흠결을 보전코자 한 것이니 … 이 한두 불편한 일을 인내하고 결의 외유하면 일본국 문명의 황홀하고 번화한 것에 현혹할 뿐 아니라 그 문명 번화한 실상을 가히 깨달을 수 있을지니…[98]

라고 하여 일한 양국이 친선을 유지하기 위해서는 우선 한국민으로 하여금 '문명이 어떤 물건인 줄' 알게 하는 것이 시급하며, 한국의 개발은 일본인들의 힘에 의존할 바 많지만 한국인의 지식도 함양해야 하므로, 한국의 장래 개발을 담당할 '상등인'으로 하여금 '일본국 문명의 황홀하고 번화한 것에 현혹하게 하고 또한 그 문명의 번화한 실상을 알게 하기 위하여 한국신사일본순유회를 모집한다는 내용의 취지서(=광고)를 게재하였다.

또한 1909년 4월 가쓰라 다로(桂太郎) 수상이 회장직을 맡은 동양협회가 주관한 한국 진신으로 구성된 일본관광단 환영회가 우에노(上野) 세이요켄(精養軒)에서 열렸을 때 이토 히로부미가 '일한일가설(日韓一家說)'을 처음 발설하였다는 기록으로 보아 이와 비슷한 관광단은 이후에도 때에 따라 구성되고, 이들에 대한 일제의 선전공작도 계속된 것으로 보인다.[99]

일본의 발전된 문물을 보고 온 시찰단이나 관광단은 일제가 노린 대로 강한 인상을 받고, 그 감상을 토로하였다. 고종의 최측근으로서 일본의 경계대상 제1호였던 이용익도 1904년 봄 일본을 관광하고서는 기후 등의 문제로 몸이 좋지 않아 충분히 시찰하지는 못했지만 "교통기관이 갖추어져 있는 것이라든가 농업 · 임업이 발달되어 있는 것 등을 보고" 감동했으며, "어떻게 해서든지 조선도 일본을 따라 문명의 지경에 나아가고 싶다"는 희망을 토로했다고 한다.[100]

---

98. 「韓國紳士日本巡遊會趣旨書」, 『皇城新聞』 1908. 4. 3.
99. 『伊藤博文傳(下)』, 편찬주간 小松綠, 1940, 838쪽 참조.

이들을 이용한 선전 방법도 채택되었다. 일본 시찰단 또는 관광단으로 다녀온 명사들을 동원한 연설회는 합병을 앞둔 1909년 곳곳에서 실시되었다. 1909년 관광단원으로 일본에 다녀온 정만조(鄭萬朝)는 1909년 8월 나주군 내 학자, 유지, 면장 등 약 100명을 모아놓고 일본의 선의에 대해 연설하였으며, 허원은 익산에서 관민 150명을 모아 놓고 "성의 있는 일본의 지도를 받아 문명의 지경에 도달"하자고 연설하였다.[101] 통감부는 또한 유명 인사들을 모아 소위 국시유세단(國是遊說團)을 만들어 각지를 돌며 연설회를 개최하였던 모양으로 이들은 9월 16일 약 41명이 회동하여 각 지방에서의 유세 목적 등에 대해 의견을 교환한 것으로 보인다.[102] 이 밖에 한국흥업주식회사 황주출장소에서는 소속 소작인들 중 7명을 선발하여 일본을 시찰시켰는데, 그 결과 이들은 "일본의 사물을 접하고 비로소 일본의 진가를 알"게 되어 적지 않은 자각을 하게 되었다고 한다.[103] 이 역시 일본의 '신문명'을 보여 주고, 결과적으로 자신들을 '문명'의 시혜자로 부각시키기 위한 것이었다.

---

100. 「觀光瑣談」, 『太陽』 10~5, 1904. 4. 1. 『朝鮮認識』 1, 125쪽 참조.

101. 「憲機 第1635號 日本觀光團員ノ遊說」(1909. 8. 11. 나주분견소장 보) 및 「憲機 第1690號 日本觀光團員 許杭演說狀況(全羅北道益山報)」, 『統監府文書』 6, 국사편찬위원회, 1999, 320쪽, 341쪽 참조. 이 연설회에 대해 일본 헌병대에서 보고하는 있는 것으로 보아 이 연설회는 아마도 일제에 의해 주최된 것으로 보인다. 한편, 허원의 연설회를 전하는 보고 문서에는 같은 관광단원에 속해 있었던 閔泳韶, 李容植, 南奎熙, 李軒卿, 金宗漢, 朴容大, 林永相과 같은 고관과 친일파였던 鄭雲復 등이 일본에서 돌아와 친족들이나 친구들한테 한 얘기들이 적혀 있다. 모두 일본이 앞선 문명을 칭송하고 이를 본받아 힘써야 한다는 내용을 포함하고 있다. 앞의 '憲機 제1690호'를 수록한 같은 책, 342~344쪽 참조. 일제가 매우 세심하게 이들의 행동을 관찰하고 있었던 것을 알 수 있다.

102. 이 유세단의 임시회장은 정병조였고, 고희준, 예종석, 정응설 등이 간사를 맡았다. 「憲機 第1779號 國是 遊說團員ノ親睦會」, 『統監府文書』 6, 374쪽 참조. 한편, 이에 앞서 이들에 대한 풍자 기사가 대한민보에 실린 바 있고, 청중이 적어서 축음기로서 청중을 모으는 수단으로 삼았다고 한다. 「憲機 第1710號 國是遊說團ト大韓民報トノ小爭」, 『통감부문서』 6, 358쪽. 국시유세단에 대한 보다 자세한 내용은 韓明根, 「大韓帝國末期 國是遊說團에 대한 一考察」, 『한국민족운동사연구』 15호, 1997 참조.

103. 小西文之助, 「韓國興業株式會社黃州出張所小作人日本遊覽の狀況」, 『韓國中央農會報』 2권 7호, 1908. 7, 50~52쪽 참조.

한편 이 시기 일제가 일진회를 음으로 양으로 도와주어 침략에 이용했다는 사실은 잘 알려져 있는데, 일진회는 누구보다 앞서 '문명화'를 내세워 활동하였다.[104]

3) 연설회, 박람회 개최

대한제국기 일반 대중들의 문자 해독률이나 경제력으로 볼 때 신문구독자 수는 제한이 있으므로, 이러한 문제를 해결하는 하나의 방법으로서 한말에는 신문종람소(新聞縱覽所)가 서울 곳곳에 설치되기도 하였다.[105] 이러한 문제를 해결하는 또 하나의 방법이 연설회였다. 이미 독립협회의 시기에 토론회나 만민공동회 등을 통해 여론을 확산시켜 나아간 경험이 있었다. 또한 앞서 살펴본 일본 시찰단, 관광단의 연설회도 바로 그러한 형태의 하나였던 것이다.

이토(伊藤博文) 통감도 다양한 모임에 참가하여 즉석연설을 통해 통감부의 시정이 조선을 도와 그 부강을 돕기 위한 것임을 천명하였다. 정미7조약 강요 후인 1907년 7월 29일에는 재한 신문기자 만찬회에서 일제는 조선을 합병할 의사가 없으며, 일본의 지휘 감독하, 일제의 지배를 용인하는 '자치'가 자신의 목표임을 천명하였다.[106] 이토 통감의 연설을 이용한 시정개선에 대한 선전은 1909년 2차에 걸쳐 행해진 순종의 순행을 '배종(陪從)'할 때 행해졌다. 남부 지방을 순행한 뒤 다시 대구에 들렀을 때 이토는 군수, 양반, 유생 등 400명을 인견(引見)하고,

> 다른 나라를 망하게 하려는 정책을 몰래 숨겨가지고 그 나라에 와서 주선하고 있다고 한다면 왜 그 국민의 교육을 진보시키고, 산업을 진보시키고, 특히

---

104. 일진회의 '문명화' 활동에 관해서는 鄭崇教, 「한말 民權論의 전개와 國粹論의 대두」, 서울대학교 대학원 박사학위논문, 2004. 2; 김종준, 『일진회의 문명화론과 친일활동』, 신구문화사, 2010 참조.
105. 대한민국국회도서관 편, 『한국신문 · 잡지연표(1881~1910)』, 1967 참조.
106. 原田豊次郎, 『伊藤公と韓國』, 1909, 29쪽 참조.

그 군주가 덕을 닦게 하고, 국민의 마음을 안정시키려는 수단을 취할 도리가 있겠는가 … 금일 일본이 한국에서 구하는 것은 한국 종래의 형세를 일변하여 백성을 지식으로 이끌고, 산업으로 이끌어 일본과 똑같은 문명의 은택을 입게 하여, 이와 힘을 합하는 데 있다. 일한이 힘을 합하면 동양을 지키는데 일층 강하게 될 것은 의론을 기다리지 않는다.[107]

라고 하면서, 자신이 하는 일은 일본 대황제의 명을 받들어 한국을 부강케 하여, 일한 양국이 똑같이 문명의 은택을 받게 하는 것이라고 자신의 침략 정책을 '문명화'의 일환으로 미화하였다. 이와 함께 자리에 참석한 인사들에게 "이 지방 인민의 선진자로서 진신(縉紳)으로서 (순종의) 성지(聖旨)가 어디에 있는지 일반 인민에게 전하여 하루라도 빨리 한국이 문명에 도달하고 부강의 실을 거두도록 노력"해 줄 것을 당부하였다. 1월 8일 부산에서의 일한유지의 환영회에서는 "우리 대일본국 천황폐하의 성려(聖慮)가 한국을 부식 유도하여 함께 문명의 역(域)에 나아가는 데 있"으며, 이번의 순행은 바로 그러한 뜻을 널리 알리기 위한 것이라고 하였다.

북부 순행 중에 평양에 들러서는 '한국의 국력'이라는 제목의 연설을 하면서 순종 황제가 "우리의 보도(輔導)에 의해 한국의 부강을 도모코자 하는 신의(宸意)"를 가지고 있다고 하면서, 한국인들이 걸핏하면 "일본이 한국을 부조한다고 하지만, 그 진의는 한국을 멸각(滅却)시키는 데 있다"고 하는데 이는 잘못이라고 지적하였다.[108]

이토 히로부미(伊藤博文) 외에 재야에서 한국의 지식인들을 농락하는 데 한 역할을 한 자는 오가키 다케오(大垣丈夫)였다. 그는 인종론과 문명론에 기반한 동아시아 3국의 연대를 주장하였는데, 그 기초로서 유교문명의 공동 수호를 천명하여 구지식인들의 호감을 샀다. 그는 한국의 지

107. 『伊藤博文傳(下)』, 편찬주간 小松綠, 1940, 815~818쪽 참조.
108. 위의 책, 804쪽 참조.

식인들과도 교류에도 힘써, 대표적 애국계몽운동 단체인 대한자강회에 참여하여 고문의 자격으로 글도 게재하고 연설도 하는 등, 일제의 침략 의도를 호도하는 활동을 활발히 벌였다.[109] 그 결과 한 한국인 인사로부터 “세계를 저울질하며 동아를 경영하는 것으로써 자국의 백년대계로 하는 자”로서, “다만 일본의 국사일 뿐만 아니라 또한 동양 천하의 선비인져!”라는 찬사까지 이끌어 내기도 했다.[110]

연설회 외에 일제는 자신들이 한국의 부강을 돕는 자라는 것을 보이기 위해 박람회를 개최하기도 하고,[111] 한성부 및 각도 관찰도에 물산진열장을 개설하기도 하였다.[112] 또한 한국 농업 개량 시설 등을 각지에 만들면서 한결같이 ‘모범’이란 단어를 붙이고 있다. 그리하여 당시 부국강병을 열망하던 인사들은, 일본의 방적산업 발달에 필수적인 육지면의 공급원을 만들 목적으로, 재배 실험을 하기 위해 한국에 온 일본면화협회 회원들을 한국의 산업을 발전시키기 위해 온 ‘천사’라고 칭송하기까지 하였다.[113]

---

109. 한기형, 「근대 초기 한국인의 동아시아 인식 — 『청춘』과 『개벽』의 자료를 중심으로」, 『大東文化硏究』 50, 2005 참조.
110. 이기주, 「寄書」, 『대한자강회월보』 8, 1907. 2, 68쪽 참조.
111. 鶴原定吉, 「博覽會開會式擧行件」, 『統監府文書』 4, 1907. 9. 15, 109쪽 참조.
112. 「각 관찰도의 물산 진열」, 『한국중앙농회보』 2권 11호, 1908. 11, 49쪽 잡보 참조.
113. 이와 관련해서는 졸고, ① 「일제의 육지면 재배 확장정책 — 1904~1911년간을 중심으로」, 『진단학보』 55집, 1983 및 ② 「통감부시기 일제의 對韓 농업시책」, 역사학회 편, 『노일전쟁 전후 일제의 한국침략』, 일조각, 1986 참조.

III. 1910년대 일제의 '문명화'

1. 1910년대 식민통치와 문명화론

1910년 8월, 일제는 대한제국을 합병[1]하여 식민지로 만들었다. 통감부 시대에는 명목이나마 대한제국이 남아 있었고, 또한 일본 자신이 대한제국의 독립을 부지하겠다는 것을 내외에 누차 표명한 바 있었으므로, 아무런 주저 없이 자신들의 계획을 추진할 수는 없었다. 그러나 이런저런 우여곡절을 거쳐 일단 강제적인 합병을 단행한 후에는 드러내놓고

1. 1910년 8월 일제가 한국을 식민화한 사실을 어떻게 지칭할 것인가에 대해서는 논란이 있다. (이에 대해서는 이태진, 「한국병합인가, 한일합방조약인가?」, 『역사용어 바로쓰기』, 역사비평사, 2006 참조) 여기서는 그 문제에 대해 더 깊이 들어가는 것은 피하고, 다만 이 역사적 사건을 지칭하기 위해 보통 쓰이는 '倂合' 대신 '合倂'을 사용하고자 한다. 병합이란 말을 만들어 낸 것은 倉知鐵吉이란 사람인데, 그는 통감 伊藤博文의 비서관으로서 일본의 한국 침략에서 중요한 역할을 한 자이다. 그의 활동 전반 및 그가 병합이란 말을 만들어 낸 연유에 대해서는 한성민, 「구라치 데츠키치(倉知鐵吉)의 '韓國倂合' 계획 입안과 활동」, 『한국근현대사연구』 54, 2010 참조. 이 논문에 따르면 倉知鐵吉는 '어조가 다소 과격하지 않은 문자를 선택'하기 위해, 고심 끝에 合邦, 合倂이란 말 대신 倂合이란 말을 만들어 내어 이후 공문서에서 항상 병합이란 문자를 사용하게 되었다 한다. 그는 위의 필자가 인용한 자료의 다른 부분(11~12쪽)에서 또 "倂呑은 너무나 침략적이라 불사용"이라고 밝히고 있다. 한국인들의 반감을 불러일으키지 않기 위해 세심하게 신경 쓴 것을 알 수 있는데, 이런 사정을 아는 한 병합이란 말을 쓰는 것은 피해야 하지 않을까 생각한다. 다만 이용하는 자료 등에 나오는 '병합'은 그대로 두기로 한다.

자신들의 국익을 추구할 수 있게 되었다.

일제의 대한제국 합병은 군사력을 배경으로 한 강제적인 것이었고, 이후의 식민지 지배도 군사력을 바탕으로 했다는 것은 다시 말할 것도 없다. 특히 1910년대의 일제의 통치는 흔히 무단통치라고 불리듯이 헌병경찰을 앞세운, 적나라한 폭력을 바탕으로 한 것이었다. 조선인들은 헌병의 칼과 각종 법규의 위세에 짓눌려 숨도 제대로 쉴 수 없는 상황이었다.

그렇다고 해도 일제나 그 대리로서 식민지 지배를 담당했던 조선총독부가 한국의 여론을 무조건 무시할 수는 없었다. 안정적인 식민통치를 위해서는 한국인들을 심복시킬 수 있는 행정을 펼치지 않으면 안 되었기 때문이다. 그들 자신도 한국 국민들의 '복지' 향상을 합병의 명분으로 들고 있었다. 통감부 설치 이후의 '문명화 사업'이 약속이고 선전이었다면 이제는 그것을 실현해 보이지 않으면 안 되었다. 일제는 자신들의 '시정개선' 사업이 한국 궁정이나 관리들의 방해로 제대로 진척되지 않아 그 때문에 합병을 단행하지 않을 수 없었다고 했으므로, 이제 자신들이 한국의 국권을 장악한 이상 그것을 실제로 증명해 보여야만 했던 것이다. 그러나 식민지 쟁탈과 통치가 자선사업이 아닌 이상, 그것이 한국인들의 요구를 충족시키기는 애초부터 힘들 수밖에 없었다. 따라서 조선총독부의 시정은 불만을 불러올 가능성이 높았고, 일제는 다시 이를 '문명화'로 합리화하여 그 수용을 강요할 수밖에 없었다.

일제는 합병을 단행하면서 발표한 조약, 선언 등에서 그것이 이른바 '동양의 평화'를 위한 것이란 점과 함께 "양국의 행복을 증진", '한민(韓民)의 복리 증진'을 위한 것이라 주장하였다.[2] 같은 날 순종은 칙유를 내려 자신의 노력에도 불구하고 국정을 바로잡지 못했음을 자책한 후,

---

2. 「韓國併合ニ關スル條約」 및 「韓國併合ニ關スル宣言」, 『朝鮮總督府施政年報(明治43年)』(朝鮮總督府, 1912) 부록 2쪽 및 4쪽 참조.

… 한국의 통치권을 종전부터 친신의앙(親信依仰)하든 옆 나라 대일본 황제폐하에게 양여하여 밖으로 동양의 평화를 공고케 하고 안으로 팔역(八域)의 민생을 보전케 하노니 오직 너희들 대소 신민은 국세와 시세를 깊게 살펴 번거롭게 소란하지 말고 각자 그 일을 편히 하고 일본 제국의 문명의 신정에 복종하여 행복을 같이 받으라. 짐의 오늘 이 거조는 너희들 무리를 잊음이 아니라 너희들 무리들을 구활하고자 하는 지극한 뜻에서 나옴이니, 너희 신민 등은 짐의 이 뜻을 잘 본받으라.[3]

라고 하여 일본 제국의 '문명 신정'에 복종하여 행복을 누릴 것을 당부하였다. 이는 물론 일제의 사주에 의한 것으로서, 일제의 의사를 대변하는 것으로 보아야 할 것이다. 초대 총독 데라우치 마사타케(寺內正毅)도 자신이 천황의 대명을 받아 총독으로 부임했는바, "암흑인 이곳(조선)을 점차 문명으로 개도(開導)하여 선민으로 하여금 만족을 얻도록 함은 실로 지난한 사업이라고 생각"한다고 하여,[4] 자신의 임무가 '암흑', 즉 야만상태의 조선을 '문명'으로 개도하는 것이라고 언명하였다. 약간 뒤 시기이긴 하나 총독부의 기관지인 『매일신보』는

일본제국이 조선을 병합함은 … 피아(彼我)가 서로 합하여 일가(一家)를 이룸에 지나지 않고, 그 목적은 천황폐하의 일시동인 아래에서 이 땅을 개척하며 이 백성을 이끌어 일선의 생민으로 하여금 같이 문명의 덕택을 받으며, 같이 문명의 지역으로 나아가 동양의 평화를 영원히 유지하고 서세동점을 미연에 방지함에 불과한 즉 …[5]

이라고 하여, 합병의 목적은 천황의 일시동인 하는 다스림 아래 문명

3. 「勅諭」, 『(구한국)관보』 호외, 1910. 8. 29.
4. 寺內正毅, 「併合後官制改正ニ付本府及所屬官署課長以上ニ對スル訓示」, 『朝鮮統治三年間成績』, 조선총독부, 1913, 附錄 「總督諭告及訓示」.
5. 「日鮮融化論」, 『每日申報』, 1915. 2. 18, 1쪽 사설.

화의 길을 걸어 동양의 평화와 함께 서세동점을 막기 위한 것이라고 하였다.

그러면 합병 당시 일제가 구상한 조선에서 시행할 '문명의 정치'란 구체적으로 무엇이었을까? 통감부 시기에는 조선의 '악정'을 제거하기 위하여 문란한 제도를 개혁하기 위한 '시정개선'을 내세웠음은 앞에서 살핀 바와 같다. 이제 자신들이 권력을 차지했으므로 악정(惡政) 대신 선정(善政)을 베풀어야 할 것인데, 그 핵심은 무엇이었을까? 합병 공포 당일 발표된 총독의 유고(諭告)는 서두에서 합병의 전체적 지향을 밝힌 다음 앞으로 구체적으로 취할 시책들을 열거하고 있는데, 정리하면 아래와 같다.

> ① 지방의 민중이 적폐(積弊)의 남아 있는 재앙(餘孽)을 입어 혹은 직업이 없거나 혹은 재산을 잃거나 또 심한 경우에는 유리기아(遊離饑餓)에 임박해 있는 자가 있다. 먼저 민력이 쉬면서 기운을 회복(休養)함이 급무임을 인정하여 미납된 세금을 탕감하거나 낼 세금을 감면해 준다.
> ② 정치의 요점은 생명 재산의 안고(安固)를 도모하는 것이 제일 급하고 그다음이 식산흥업이다. 그러므로 먼저 각지에 군대 · 헌병 · 재판소를 설치하여 치안을 유지하고 공평무사한 재판을 행한다.
> ③ 식산흥업을 위해서는 운수기관 정비가 필요한데 이를 위해 도로와 철도를 건설한다.
> ④ 중추원(中樞院)을 두어 중요 정책을 자순(諮詢)케 하고, 지방관청에는 참여관(參與官) 또는 참사관(參事官)을 두어 정령과 민정이 어긋나지 않게 한다.
> ⑤ 각도에 자혜의원을 두어 인술을 베푼다.
> ⑥ 나타한 누습을 일소하고 근검의 미풍을 함양하는 교육을 실시한다.
> ⑦ 신교의 자유를 허용한다.[6]

즉, 총독부의 새로운 시정에서 조선인들의 생명과 재산의 안고를 최우

6. 寺內正毅, 「併合ニ關スル統監ノ告諭」, 『朝鮮總督府施政年報(明治43年)』, 朝鮮總督府, 1912, 附錄 21쪽.

선으로 하고 식산흥업을 그다음으로 하는데, 이를 위해 각지에 군대 · 헌병 · 재판소를 설치하여 치안을 확립하고 공평무사한 재판을 하겠다는 것이다. 그 밖에 의료기관 정비, 근검의 미풍을 조장하는 교육을 실시하며, 신교의 자유를 허용한다는 것이었다. 반면 조선 주민의 정치적 권리에 대해서는 언급이 없고 단지 '윗사람이 아랫사람에게 의견을 물어 의논'한다는 뜻을 갖는 자문기구로서, 총독부가 필요할 때 의견을 묻는 기구로서 중앙에는 중추원을 두고, 지방관청에는 참여관 또는 참사관을 두어 정령과 민정이 어긋나는 것을 피하게 하겠다는 정도만 언급하고 있다. 조선총독부의 한 내부 문서는 "정치상의 여러 가지 시설, 경영에 의해 그 생활의 경제적 기초를 확립시켜 주어 그들의 생명, 재산의 안고를 보장하여 각 개인으로 하여금 스스로 노동하여 안온하게 자활을 얻을 수 있는 방도를 준다면, 그들은 제국의 선정을 환영, 구가하는 데에 이르러 자연히 제국을 신뢰하는 마음이 생길 것"[7]이라고 하여, 주로 산업의 진흥과 개인의 경제적 안정 도모를 내용으로 하는 선정을 통해 한국인들의 민심을 모을 수 있다고 확신하고 있었다. 군대와 경찰의 역할을 강조하는 것은 일제 지배 전 시기의 통치를 일관하는 특징이라 해도, 그와 함께 '공평무사한 재판'을 강조한 것은 통감부 설치기 이토 히로부미(伊藤博文)가 사법개혁에 정성을 들인 것과 일맥상통하는 것으로서, 이들이 이 시점에서도 선정의 출발점을 이것으로 파악하고 있었던

7. 渡部學 · 阿部洋 編, 「教化意見書」, 『日本植民地教育政策資料集成』 69, 1910. 10. 8. 참조. 합병 초기 총독부 관리들 중 이와 비슷한 생각을 가졌던 사람이 적지 않았던 모양이다. 당시 李王職 차관이었던 小宮三保松은 "朝鮮人을 日本人과 同一魂으로 하고 日本帝國의 忠良한 臣民으로 만드는 것은 困難할 것이다…. 朝鮮人은 지금까지 官吏와 兩班에게 誅求당하고 奴隷視 取扱당해 왔기 때문에 仁政의 고마움을 한층 통절히 느끼고 官吏나 紳士의 親切을 절실히 느낄 것"이라고 말하였고, (「併合の目的は同化に在り 同化せんとせば 先づ彼我親善融和せざるべからず」, 『朝鮮』 43, 1911. 9) 내무부장관 宇佐美勝夫는 "朝鮮人의 同化를 어떻게 할까 하는 것인데, … 저들을 다스림에 仁政을 베풀고, 저들의 生活을 넉넉케 하여 幸福을 增進시킬 수 있다면 스스로 우리 官民을 덕으로 여기고 陛下에게 感謝하게 될 것"이라고 주장하였다. 「朝鮮人同化論と名士」, 『朝鮮』 45, 1911. 11. 『朝鮮認識』 5, 205쪽 참조.

것을 보여 주는 것이라고 하겠다. 데라우치(寺內正毅) 총독은 1912년 경학원의 직원들에 대한 훈시에서 자신이 취한 시책들을 다음과 같이 구체적으로 하나하나 설명하였다.

> 생각하건대 조선은 예부터 내려온 적폐(積弊)의 남은 재앙을 입어 기강이 무너지고[弛廢] 공예가 쇠퇴하여 세운(世運)의 진보에 뒤떨어져 빈약의 극에 떨어졌다. 본 총독은 조선을 통치할 대임을 맡으매 먼저 이용후생의 길을 닦아 사민(斯民)을 궁핍으로부터 구하는 것을 초미의 급무라고 인정하여 농공의 개선을 도모하기 위해 권업모범장, 양잠강습소 등을 설치하고 혹은 우량한 미곡·면화 종자를 나누어 주었다. 또는 묘포(苗圃)를 만들어 식림에 도움을 주고 혹은 우편전신을 확장하고 또 도로를 열고 철도를 통하고 항만을 수축하여 진실로 서민들의 복리를 증진할 시설들을 일으킴에 유감없기를 기약함과 동시에 교육의 큰 근본을 정해 보통교육 및 실업교육의 보급에 노력하고 다시 힘을 고등교육에 힘써 지식을 계발하고 품성을 도야하여 충실한 양민을 양성하고자 하였다. 또 생명재산의 안고를 보장하여 만민을 안도케 하고 일에 나가게 하기 위해 사법 및 경찰 제도를 확립한 바와 같이 각반의 시설경영에 몸과 마음을 다해 애쓴[盡瘁] 것은 대개 여러분들이 알고 있는 바로서 이후 착착 발걸음을 내딛고 있다.[8]

여기에서 열거한 사업들이 말하자면 선정의 내용이었는데, 결국 산업개발을 통한 빈곤퇴치, 철도·항만 등 사회간접자본의 확충, 교육 진흥을 통한 충량한 신민의 양성, 사법 경찰 제도의 정비를 통한 치안의 안정화였다. 이러한 선정을 지혜로운 군주와 같은 존재인 총독 자신이 조선왕조 이래의 악정에 시달려 온 어리석은 백성[斯民, 衆庶]들을 위해 베풀고 있다는 것이다. 이것이 바로 일제가 구상한 '문명화'의 실체였는데, 총독이 조선의 일부 전통적 지식인들을 모아 놓고 자신의 시정이 조선인들의 복지를 향상시킬 것임을 강조하는 것이었다.

---

8. 「經學院職員竝ニ講師ニ對スル總督ノ訓示」, 『朝鮮總督府官報』 472호, 1912. 3. 27, 241쪽.

어쨌든 일제로서는 무엇보다도 '물질적 향상'을 통한 민심의 수습에 초점을 두고 있었던 듯하다. 그리고 그 결과 5년 동안 조선총독의 통치 아래 조선은 고금에 드문 빠른 속도로 문명화되었다고 인식하고 있었다. 즉, 1915년 일제가 식민통치 5주년을 기념하여 자신의 치적을 선전하고 '문명'의 실체를 보여 주기 위해 시정5년기념조선물산공진회를 개최했을 때 내외의 관람객을 초치하기 위해 조선총독부 철도국에서 간행한 한 책자는 조선총독부의 5년간 치적을 다음과 같이 정리하였다.

> 조선총독부는 메이지 43년(1910) 8월 29일 병합조약의 빛나는 발표[煥發]와 함께 개설되어 이에 5개 성상(星霜)에 이르렀다. 이 사이에 먼저 오래된 폐습을 일소하고 사직(司直)을 바르게 하여 공평을 취지로 하고, 산업을 은성하게 장려하여 일반의 복리를 증진하고, 인지를 계발하여 날로 나아가는 문화를 보급하고 교통기관을 완전히 하여 운수 왕래를 경쾌하게 하며 기타 모든 문명적 시설을 시행하여 이로써 반도의 번영을 도모하며, 민중의 생명, 재산을 보호하고 점차 선민(鮮民)을 동화하여 욱문(郁文)의 지경으로 진보시키고자 한다. 기왕 5년의 세월은 매우 길다고는 할 수 없다. 그러나 붕당비주(朋黨比周)의 폐가 일소되고 화적 횡행의 해가 거의 자취를 감추고 산업이 점차 발흥하고 산야가 푸르러지고 근검역행의 미풍이 차례로 선민을 양화(良化)하여 그 진보의 현저함은 실로 고금에 드문 바라고 말하지 않을 수 없다.[9]

라고 하여, 자신들의 5년간의 '문명적' 통치가 성공적이었다고 자화자찬하고 있다. 또한 병합 이래 천황의 혜택이 널리 퍼져 생명 재산이 안고해지고, 교육과 백성들의 생업이 발달했음은 내외가 인정하는 바라고 자부하였다.[10]

---

9. 『最近五年間に於ける朝鮮の進步』, 朝鮮總督府 鐵道局, 1915, 2쪽.
10. 朝鮮總督 長谷川好道, 1919, 「民族自決の言說を戒める諭告」, 『朝鮮總督府官報』 號外 1909. 3. 5; 水野直樹 편, 『朝鮮總督諭告 · 訓示集成1』, 綠蔭書房, 2001, 430~431쪽 수록 참조.

결국 1910년대 조선총독부로 대표되는 일제는 식민지 피지배민들의 경제적 안정, 산업의 발달, 치안의 안정을 문명의 핵심으로 파악하고, 이를 상당 정도 이루었음을 자부하고 있었던 것을 알 수 있다.

2. 1910년대 일제 '문명적' 통치의 실체

조선총독부는 합병과 동시에 조선왕조의 악정을 제거하고, 대신 문명화된 선정을 베풀고, 조선인들의 복지를 향상하겠다고 선언하였다. 또한 자신들의 그러한 약속에 따라 선정을 베풀었다고 자화자찬하였다.

일제 식민지 기간에는 '문명화' 현상이라고 인정할 수밖에 없는 커다란 변화가 있었으며, 다른 식민지에서는 유례를 볼 수 없는 폭넓은 개발이 이루어졌던 것은 사실이다. 행정제도는 정비되었으며, 근대적이고 합리적인 법률체계가 정비되었고, 그에 따른 재판절차도 갖추어졌다. 토지조사 사업이 실시되어 토지소유권이 확립되었고 지세제도가 도입되어 관리의 자의적인 수탈은 발붙이기 어렵게 되었다. 그 밖에 철도, 도로, 통신, 금융과 같은 근대적 제도들이 도입되어 운용되었다. 이러한 사업으로 사회 전체의 효율성 및 합리성이 증진되었다. 그리고 새로운 제도의 도입은 식민지화 초기인 1910년대에 특히 급속하게 이루어졌는데, 이러한 것들은 모두 한말 개화론자들이 간절히 원하여 마지않던 것들이었다.

그러나 진부한 말이기는 하지만, 이것이 이 시기 있었던 변화의 전체상을 보여 주는 것은 아니다. 일제에 의해 도입된 근대적이고 문명화된 제도들은 한국인들의 입장이 전혀 고려되지 않은 상황에서 이루어진 것으로, 말하자면 도구적 합리성을 가져온 것에 지나지 않았고, 그 '문명화'에는 명백한 한계가 따르는 것이었다. 일제의 지배기간 동안 한국인들은 거의 완전히 정치적 권리를 부정당했고, 일제의 정책에 자신들의 의사를 반영할 길도 막혀 있었다. 식민지 조선은 일본의 헌법 적용 범위 밖에 있는 '외지(外地)'에 불과했다. 이를 일제는 다음과 같은 말로 합리화하였다.

> 이미 명문으로 헌법이 대일본 제국에 시행됨을 규정했는데 조선이 제국의 판도로 들어온 이상은 이론상 이 땅에 헌법이 미쳐야 함은 당연한 일에 속하지만 조선의 사정은 자연히 내지와 다른 바가 있어 이제 갑자기 제국헌법의 전부를 실시하여 조선인의 권리 의무를 규정함에 모두 법률로 하는 것은 도저히 실행할 수 없는 바이다. 이 때문에 제국 정부는 메이지 43년(1910) 7월 12일의 각의에서 한국 병합 후는 제국 헌법은 당연히 이 신영토에 시행되는 것으로 해석하더라도 사실상 신영토에 대해서는 헌법의 각 조장(條章)을 시행하지 않는 것이 적당하다고 인정하여 헌법의 범위 내에서 제외법규를 제정하는 것으로 해, 대체로 다음과 같이 결정하여 그 후 이 결정에 기초하여 필요한 조치를 취했다.
>
> ① 총독은 천황에 직예하여 조선에 있어 일체의 정무를 통할(統轄)하는 권한을 가질 것.
>
> ② 총독에게는 법률사항에 관한 명령을 발하는 권한을 줄 것. 다만 본 명령은 따로 적당한 명칭을 붙일 것.[11]

즉, 조선이 일제의 판도로 들어온 신영토인 이상 당연히 헌법이 적용돼야 하지만, 사정이 일본 본국과는 다르므로 헌법의 모든 '조장(條章)'이 시행될 수는 없어 '헌법의 범위 내에서 제외법규를 제정'한다는 것이었다. 이에 따라 조선총독이 "조선에 있어 일체의 정무를 통할하는 권한"을 갖는다는 것으로, 그 핵심은 조선총독이 '국회가 제정하는 법률'에 해당하는 명령을 발할 수 있는 권리를 갖는다는 것이었다. 일개 총독이 의회와 대등한 입법권능을 갖게 된 셈인데, 실제로 이후 조선총독이 제안한 제령은 거의 자동적으로 총리대신을 통해 천황의 재가를 받았다. 근대국가의 경우 기본적으로 정부의 구성 부분으로서 입법부·사

---

11. 朝鮮總督府, 「總說」, 『朝鮮施政の方針及實績』, 1915, 3~4쪽.

법부·행정부를 들고, 그들 사이에서의 3권 분립을 말하지만, 식민지 조선에는 입법부가 애초부터 없었다. 일본제국헌법 체제하의 일본 '국민'들조차 실제로는 "온갖 유보가 붙은 권리와 자유만이 인정된 신민(臣民)"에 불과했는데, 한국인들은 그러한 일본 신민을 대변하는 의회에 대표자를 보낼 수도 없었으므로, 그러한 신민의 권리조차 인정받지 못한 셈이었다.[12]

식민지 조선의 법률체계에는 한국인들의 존재양식을 규정할 '국민'의 규정, 국민으로서의 권리·의무를 정하는 법적 규정이 없었다. 그리하여 권리에서는 참정권, 의무에서는 징병이 조선 거주자에게는 없었다.[13] 한국인들에게는 어떠한 정치적 권리도 허용되지 않았고, 출판·집회·결사의 자유도 부정되었다. 세금 납부나 준법과 같은 의무만 있고 권리는 없는 존재였던 것이다.

총독은 '천황에 직예'하여 직접 천황에게 상주할 수 있었고, 누구의 지휘감독을 받는다는 명백한 규정이 없어서 조선통치가 내무성 관할로 이관(1942. 11)된 후에도 현실적으로는 총리대신과 거의 동격으로 일관했다.[14] 일본 정계에서 군부의 막강한 지위와도 관련하여, 식민지 조선의 1차적 의미가 군사적인 것이었고 대륙 진출의 교두보였기 때문에, 조선은 일본 육군의 세력권이 되었다. 그 결과 조선총독의 자리는 육군에게 '떼놓은 당상' 같은 것이 되어 언제나 일본 군부, 육군 대장 출신의 차지가 되었다. 3·1운동 이후 군벌의 전횡에 대한 일본 국내 여론의 비

---

12. 김창록, 「식민지 피지배기 法制의 기초」, 『법제연구』 8, 1995, 55~58쪽 참조. 이러한 현상을 고마고메는 "관료기구의 정비확충은 실현되었다고 할 수 있지만, '국민'으로서의 정치참가—법에 승복하는 복종의 전제조건인 입법행위에의 참가권리—는 완전히 무시되었다"라는 말로 표현하였다. 고마고메 다케시, 오성철 외 옮김, 『식민지 제국 일본의 문화통합—조선·대만·만주·중국점령지에서의 식민지 교육』, 역사비평사, 2008, 140쪽 참조.
13. 하라다 게이이치, 최석완 옮김, 『청일 러일전쟁』, 어문학사, 2012, 295쪽 참조.
14. 그레고리 헨더슨, 박행웅 외 옮김, 『소용돌이의 한국정치』, 1968, 135~136쪽; 김창록, 「식민지 피지배기 法制의 기초」, 『법제연구』 8, 1995, 58~61쪽 참조.

난 및 조선인들의 불만을 가라앉히기 위해 해군 출신 사이토 마코토(齋藤實)가 총독으로 왔고, 또 민간인 출신도 총독이 될 수 있게 법령이 바뀌었지만 실현된 적은 없었다.[15] 군부 실력자가 조선총독을 거친 후 일본 국내의 수상과 같은 최고의 요직으로 영전하는 것이 보통이었다.[16] 또한 이러한 권력관계를 배경으로 조선총독에게는 조선군사령관을 예하에 두고, 조선주둔 군인·군속을 만주로 파견할 수 있는 권한이 부여되었다. 사법부 또한 총독의 지휘하에 있었으므로 총독은 국가의 3권을 장악한 셈으로, 조선 역사상 어떤 왕도 가져보지 못했던 절대적인 권력을 장악하게 된 것이다. 그 결과 한국인들은 일본 헌법이 보장하는 최소한의 보호도 받을 수 없고, 막강한 권력을 쥔 총독의 자의적 통치, 조선총독을 정점으로 하는 권력의 폭력에 아무런 보호 없이 노출되어 있었다.

일제 정책의 가장 중요한 주안점은 언제나 일제의 필요였으며 한국인들의 이해나 여론은 부차적인 것에 지나지 않았다. 당시 상황에서 한국인들은 역사의 객체에 불과할 따름이었다. 그에 따라 생겨날 수밖에 없는 한국인들의 저항을 억누르기 위하여 '군정'이라고 부를 만한 폭력적 정치가 일제 식민지 통치기 내내 행해졌으며,[17] 이를 수행할 억압적이고 효율적인 감시 억압기구가 발달했다. 즉, 헌병경찰을 앞장세워 위압적 공포 분위기를 조성하면서, 자신들의 국가목표를 '문명화'란 구호를 내세우면서 밀어붙였던 것이다.

일제는 조선을 영원히 일본의 영토로 차지하기를 원했고, 대륙 침략

15. 이러한 일본 육군의 막강한 영향력으로 인해 "조선총독부라 해도 실제로는 육군성의 분신"이라는 당시의 평이 있었다고 한다. 松田利彦, 「일본 육군의 중국대륙 침략정책과 조선(1910~1915)」『한국 근대사회와 문화 II』, 서울대학교출판문화원, 2005, 10쪽 참조. 조선총독과 일본군부에 관련해서는 이승렬, 1994, 「역대 조선총독과 일본군부」『역사비평』 계간 24호 참조.

16. 田保橋潔, 1945, 『朝鮮統治史論考』, 成進文化社, 1972, 63쪽 참조.

17. 旗田巍, 『朝鮮史』, 岩波書店, 1951, 7장 참조; 林鍾國, 『일본군의 조선침략사 1』, 일월서각, 1988, 118쪽 참조.

을 위한 기지로 삼고자 했는데, 이러한 목적을 위해 조선을 경제면에서 전면적으로 개발하였다.[18] 식민지기 일제가 추진한 정책은 크게 보아 첫째, 자본주의적 경제 질서를 도입하기 위한 제반 제도의 정비, 둘째 군사적·경제적 목적을 위한 사회간접자본의 대폭적 정비, 셋째, 이를 효율적으로 추진하기 위한 헌병경찰제도와 위압적 법률 등, 폭력 수단의 정비였다. 그중에서도 1910년대는 흔히 한국의 식민지적 재편이 이루어진 시기로 불리듯이 이러한 변화들이 급격하게 또 폭력적으로 추진된 시기였다.

먼저 자본주의적 경제체제의 구축 과정을 보면, 1910년대에는 화폐·재정·금융제도의 급속한 개혁이 이루어졌다. 일제는 이미 1904년 메가타 다네타로(目賀田種太郎)를 고문관으로 파견하여 두 지역의 화폐는 등가연계를 실현하고, 무역도 일부를 제외하고 무관세로 이루어지도록 했다.[19] 또한 한국의 화폐제도를 일본과 같게 하여 일본화폐의 유통을 인정하고, 일본 태환권을 발행준비로 하여 본위화로서 제일은행권을 발행할 수 있도록 하였다. 이후 일제는 동일한 통화권이라는 이점을 이용하여 상품과 자본의 수출 및 식량과 원료의 반출을 보다 손쉽게 할 수 있었고, 식민지 지배에 필요한 자금을 은행권의 신용창조를 통해 조달할 수 있게 되었다.[20]

경제는 물론, 식민지 지배 전반을 위한 기반조성 사업으로서 일제가 벌인 대표적인 사업이 바로 토지조사사업이었다. 정확한 국토의 파악은 식민통치의 전제가 될 뿐만 아니라 정확한 소유관계를 파악하는 것이 모든 경제활동의 출발점이었기 때문이다. 이를 통해 토지의 소유권이 분명해지고, 등기제도를 통해 보호받게 되어 토지의 상품화가 촉진되었

---

18. 이에 대해서는 졸고, 「近代化·同化·植民地遺産」, 『한국사연구』 108호, 2000 참조.
19. 金洛年, 『日本帝國主義下の朝鮮經濟』, 東京大學出版會, 2002, 56쪽 참조.
20. 吳斗煥, 「한말 차관문제의 전개과정」, 『일제경제침략과 국채보상운동』, 아세아문화사, 1994, 49쪽; 이헌창, 『韓國經濟通史』, 法文社, 1999, 274쪽 참조.

다. 이와 함께 토지 생산성과 면적에 근거하여 지세가 부과됨으로써 지세제도의 효율성과 공평성이 높아지게 되어 재정 수입도 확보되었다. 이로써 지주 경영은 안정적인 기반을 얻게 되었다.[21]

토지조사사업과 함께 일제는 한국 농업을 원료공급지로 만들기 위한 사업도 진행하였다. 다만, 이 단계에서 재정에 여유가 없었던 일제는 대규모 사업보다는 종자개량과 같은 사업에 치중하였다. 대표적인 것은 일본 시장을 목표로 하는 개량 쌀 종자를 보급하여 그 재배면적을 늘리는 것이었다. 또한 이미 한말에 착수했던 육지면 재배사업도 보다 적극적으로 추진하였다. 이러한 사업들은 강압적으로 진행되었다. 개량종자의 보급을 촉진하기 위해 일제는 곳곳에 시험재배포를 만들고, 여기에 '모범'이란 말을 붙여 자신을 문명의 전파자로 그려내었다.

일본에서 도입된 자본주의 제도가 정비되면서, 경제적 우위에 서 있는 일본인 자본가들이 조선인 자본가들에 비해 훨씬 우월한 위치에 서게 될 것은 명약관화한 일이었다. 여기에 더하여 일본인 자본가들에게는 조선인 자본가들에게는 허용되지 않았던 여러 가지 특혜가 주어졌다. 한 예를 들면, 특히 식민지화 초기에 철도 · 도로 건설, 항만수축 등 수많은 대규모 공공 토목사업이 벌어졌는데, 관과 밀착한 일본 청부업자들이 이를 독차지하였다.[22]

군사적 · 경제적 목적을 위한 사회간접 자본의 정비는 이미 통감부 설치기부터 시작되었다. 조선이라는 새로운 지역을 일본의 여타 국내 정치세력이 간여할 수 없는 자신들의 독점적인 세력권으로 확보하기에 여념이 없었던 일본 군부, 그 대표로서의 조선총독부에게 조선의 일차적 중요성은 대륙 침략을 위한 군사기지라는 것이었다. 러일전쟁을 전후해서 많은 지역이 군사적 요지라는 이유로 일제에 의해 수용되어 군사 시

---

21. 이헌창(1999), 위의 책, 280~287쪽 참조.
22. 이에 대하여는 도리우미 유타카, 「일제하 일본인 請負業者의 활동과 이윤창출」, 서울대학교 대학원 박사학위 논문, 2013 참조.

설이 들어서게 되었다.

이러한 군사적인 목적을 위한 사회간접자본 중 가장 중요한 것은 철도였다. 경부선은 청일전쟁 과정에서 부설하였고, 경의선은 한국 정부로부터 부설권을 탈취한 후, 러일전쟁에 대비하여 '속성령(速成令)'을 발해 급속하게 부설하였다.[23] 초대 총독 데라우치(寺內正毅)는 군부 안에서도 철도 전문가 및 대륙 침략 주창자로 유명했는데, 철도공사의 독려에 나선 조선총독부는 조선 강점 후 곧 경원철도 및 호남선 부설에 착수하여 1915년 총연장 1천 마일의 철도망을 장악하게 되었다. 조선의 철도망은 경제적 개발보다는 군사적 목적을 우선시하게 되면서, 해안과 대륙을 잇는 X자형을 띠게 되었다. 또한 그 철도는 만주에 부설된 철도와 원활히 접속할 수 있도록 표준궤로 부설되었으며, 병합과 함께 한반도의 종관철도와 안봉철도(安奉鐵道)를 직접 연결시키기 위해 압록강 철교를 가설하였다(1911. 11). 이로써 한국과 만주의 철도는 동일궤도 상에서 동일 궤간으로 접속되기에 이르렀다.[24]

1910년대에는 이른바 신작로도 많이 수축되었는데, 여기서도 도로의 등급 설정·관리에 있어서도 도청 소재지와 같은 행정 중심지 외에 군사 시설 등을 잇는 도로를 1등 도로로 하였다. 또한 도로의 폭을 결정함에 있어서도 "포병의 제일 큰 포차(砲車) 2대가 충분히 스쳐 지나갈 수 있을 정도"로[25] 할 것이 주문될 정도로 군사 수송이 최우선 고려 사항이었다.[26] 그러나 그런 도로 건설을 위해 토지 기부가 강요되는 경우가 많았으며, 실제 작업도 강제 동원된 부역에 의해 이루어지는 경우가 대부분이어서 농민들의 원성의 표적이 되었다. 1910년대 총독부가 철도건설을 필두로 하는 교통·운수·통신 사업에 역점을 두었던 것은 "철도건

23. 정재정, 『일제침략과 한국철도(1892~1945)』, 서울대학교출판문화원, 1999, 89~104쪽 참조.

24. 정재정(1999), 위의 책, 106~128쪽 및 141~143쪽 참조.

25. 林茂樹, 「温故知新」, 和田八千穗 외 편, 『朝鮮の回顧』, 近澤書店, 1940, 70쪽.

26. 松田利彦, 『日本の植民地支配と警察 — 1905年~1945年』, 校倉書房, 2009, 165쪽 참조.

설, 도로개통, 항만 수축에 관련된 관업비, 치도, 해관 토목비가 총독부 예산의 약 반 정도를 차지"[27]하였던 데서도 잘 나타나 있다. 이로써 조선인들은 한말부터 부국강병의 상징인 철도와 그 위를 달리는 기차를 볼 수 있게 되었고, 또 도로망이 정비되는 것을 볼 수 있게 되었지만 그것이 결코 그들의 복지향상을 위한 것은 아니었다.

사정이 이러했으므로 일부 혜택을 보는 소수를 제외하고는 조선인 대부분의 저항은 필연적이었다. 그러나 총독부 시정에 대한 저항에는 헌병경찰의 가차 없는 제재가 가해졌다. 조선총독부의 관료제도는 근대적 법규와 관료체제를 갖춘, 고도의 중앙집권적인 관료체제를 특징으로 하는데, 특히 치안기구가 압도적으로 비대하였다.[28] 1910년대 일제 통치의 무단성은 헌병경찰제에 잘 나타나는데, 경찰기구는 행정기구로부터 독립되어 총독에게 직속되어 있었고, 헌병의 우두머리가 총독부 경무총장, 도 경무부장에 취임하여 경찰을 지휘 감독하였다. 1919년까지 총독 아래 정무총감을 정점으로 하는 행정 계통과 경무총감부를 정점으로 하는 경찰 계통이 말단에 이르기까지 병립하여 있었으나 후자 쪽이 모든 면에서 실질적으로 우위에 있었으므로, 반(半)군정이라고 해도 과언이 아닌 상태가 지속되었다.[29] 이 헌병들은 치안문제뿐만 아니라 식민지 행정상 중요한 역할을 담당하였다. 헌병경찰의 임무를 보면 첩보의 수집, 산림감시, 어업단속, 징세원조, 그 밖에 일본어의 보급, 도로의 개수, 식림·농사의 개량, 부업의 장려, 법령의 보급 등 실로 식민지 민중의 생활 전반에 걸친 권한을 가지고 있었다. 이는 총독부의 모든 '문명적' 통치 행위가 강제와 폭력에 뒷받침되어 이루어지고 있었음을 보여 준

---

27. 堀和生, 「朝鮮における植民地財政の展開 ─ 1910~30年代初頭にかけて」, 『植民地期朝鮮の社會と抵抗』, 1982, 176쪽 참조.
28. 김종미, 「일제시대」, 『한국행정 60년(1948~2008): 1. 배경과 맥락』, 한국행정연구원, 법문사, 2008, 97~99쪽 참조.
29. 梶村秀樹·姜德相, 「日帝下朝鮮の法律制度に就いて」, 『仁井田陞博士追悼論文集 日本法とアジア』, 勁草書房, 1970, 323~324쪽 참조.

다. 그들이 조선 민중의 복리를 증진하는 데 크게 기여하였다고 하는 농업 개량도 폭력적으로 추진되었는데, 벼농사의 경우는 다음과 같았다.

> 지도자의 지시에 따르지 않는 못자리는 짓밟혀지고, 정조식(正條植)에 응하지 않는 것은 묘를 뽑아 버리고 다시 심도록 강요된다. 피뽑기는 통일적인 계획 아래 수없이 농민을 동원하여 강행한다. 소위 '관의 지도'에 따르지 않는 사람은 경찰의 훈계를 받아 강제적으로 행하게 된다. 재래품종에 대해서도 똑같이 일정한 장려품종이 정해지고, 이의 연차적 보급, 생산계획이 계통적으로 정연하게 확립되고 정해진 품종 이외의 재배는 금지되어, 농민의 의욕과 관계없이 강력하게 실행된다. 다시 수확기에 이르러서도 경쟁하듯이 적기 수확이 강행되고, 수확하면 건조에 대하여, 건조하면 조제에 대하여 탈곡기의 사용이나 멍석의 사용이 강제된다.[30]

즉, 이 시기 조선총독부는 조선에서 생산되는 쌀을 일본시장에 내다 팔아야 하는 일본인 지주 및 미곡상들의 이해에 맞추어, 일본인들의 입맛에 맞는 쌀 품종을 보급하고, 경종·가공 방법도 개선코자 하였는데, 거기에도 헌병을 대표로 하는 관의 폭력을 동원했던 것이다. 이것은 벼농사의 경우였지만, 일본의 산업 원료를 확보하기 위한 육지면 재배 장려나 상묘(桑苗)의 배부에 있어서도 마찬가지였다. (이는 뒤에 다시 나옴)

헌병경찰의 폭력은 다시 법에 의해 보장되었다. 1912년 3월에 발포된 「조선형사령」은 1906년에 제정된 『형법대전』을 대신하여 만들어진 것이지만, 한민족의 탄압을 위해 적절히 변경되었다. 즉, 그중의 대표적 악법인 보안법, 출판법, 신문지법, 학회령, 태형령 등을 존속시켰다. 이 중에서 특히 태형령이 악명 높았는데, 그 이유는 이것이 정식 재판이 아니라 경관의 자의로 부과되는 경우가 많았기 때문이다.

이러한 폭력의 시위(示威)는 어린 학생들을 교육하는 학교에서도 자행

---

30. 『朝鮮農會報』 6호, 1940, 100쪽.

되었다. 한 총독부 관리가 밝혔듯이, 3·1운동 이후의 관제가 개혁되기 전에는, 칼을 찬 선생이 학생들을 장교가 병졸을 다루듯이 하였으며, "교장이 칼을 빼고 조선 아동에게 부동자세를 취하라고 하면서 천황폐하에 감사하라"[31]고 했다 한다. 폭력의 시위는 공포 분위기를 조성하여 사회 전체를 암울하게 만들고 한국인 사회는 극도로 위축될 수밖에 없었다.

> 활에 다친 새가 굽은 나무를 보아도 놀라는 것과 같이… (경찰이 찬 도검의) 딸깍 소리에 머리와 가슴(腦臆)이 저절로 뛰고(自椎), 검은 몸빛(헌병의 자취? — 역주)에 눈동자(眼瞳)가 커져 법률상 비현행 범죄자가 그 머리를 숙이고 그 꼬리를 오므리니 무엇이 이렇게 공황하며 이렇게 전율하는가. 청년이여 강경하라 용감하라 심중이 명명백백하면 순사가 무엇이며 탐정이 무엇인가.[32]

이 말은 일제의 공포정치에 위축되어 무슨 일을 해볼 엄두를 못 내는 동료 청년들을 격성하기 위해 나온 말이었지만, 헌병경찰이 찬 도검의 딸각 소리, 검은 제복을 입은 모습에 심장이 얼어붙을 정도로 위축되는 식민지 조선인들의 모습을 잘 보여 주고 있다.

1910년대에 조성된 새로운 제도 및 정책들의 결과로 생겨난 새로운 질서는 결국 새로운 법체계로 정비되어 나타나기 마련인데, 일제의 식민통치를 뒷받침한 법체계의 특징은 에른스트 프랜켈(Ernst Fraenkel)이 나치독일의 국가구조와 법체계의 분석 틀로 제시한 이중국가(dual state) 개념이 유용하다. 이중국가란 '대권국가(大權國家)'와 '규범국가(規範國家)'가 동시에 공존하는 국가를 말하는데, "대권국가란 어떠한 법적 보장에

---

31. 守屋榮夫, 「宏遠なる理想の實現」, 『朝鮮』 1921. 2, 15~17쪽 참조.

32. 無名人, 「膽力을 養하라」, 『學之光』 6호, 1915. 7. 23. 이 자료는 도서출판 亦樂 2001년 영인본임.

의해서도 견제되지 않는 무제한의 전제와 폭력을 행사하는 통치시스템이며, 규범국가란 제정법과 재판소의 판결과 행정기관의 활동에서 보이는 바와 같은 법질서를 수호하기 위한 권한이 부여된 행정체이다. 전체주의 나치국가의 현실은 정치영역에서는 법률도 규칙도 존재하지 않는 자의적 조치에 의해 지배되는 대권국가적 측면을 지니지만, 경제영역에서는 자본주의 질서와 그 메커니즘을 유지하기 위한 법적 틀이 가동되는 합리적인 '규범국가'의 측면을 가지고 있다는 것이다. 결국 조선인들의 정치적 권리는 전혀 부정된 채 천황의 대권을 내세운 총독의 자의에 조선인의 운명이 내맡겨져 있었던 셈이다.[33]

일제에 의해 이와 같이 진행된 사업들은 행정의 합리화를 비롯하여 사회 전반의 효율화를 제고하여 전반적으로 사회생산력을 높였고, 따라서 문명화의 형식을 갖추었다. 그러나 기성제도의 급격한 변화는 애초부터 저항을 불러올 가능성이 크고, 사회적 경제적 약자들의 몰락을 가져오기 쉬운 것이다. 게다가 일제의 식민정책은 역사적으로 대립 갈등해 왔던 일본에 의해 일방적으로, 또 급격히 추진되었다. 아베 가오루(阿部薫)는 이러한 사정을

> 데라우치(寺內) 총독시대의 시설은 그 전부가 창설시대였기 때문에 개폐는 실로 눈이 팽팽 도는 것이었다. 법령은 비와 같고 규칙은 우후죽순처럼 나와서 기억력 좋은 변호사조차 잊어 기억하고 있는 자 없었으니 황차 민중들이야! 때때로 언제 나왔는지 모르는 규칙 등에 막혀 생각지 못한 손실을 입는 자도 있었고, 특히 법률 훈련이 모자란 선인(鮮人) 등은 관습에 의해 이러저러한 행위를 한 것이 위법으로 처벌받는 것도 진기한 일이 아니었다. 그러나 예를 들면 구관에 어긋난다거나 도덕에 배치되는 경우에도 한번 발포된 법규는 이를 어지럽힐 수는 없는 것이다.[34]

33. 이에 대해서는 문준영, 『법원과 검찰의 탄생 — 사법의 역사로 읽는 대한민국』, 역사비평사, 2010, 435~437쪽 참조.
34. 阿部薫, 『朝鮮問題論集』, 民衆時論社, 1932, 5쪽.

라고 표현하였다. 즉, 새로운 법령이 눈알이 팽팽 돌도록 많이 나오고, 그중에는 관습과 어긋나는 것도 있어 조선인들은 알지도 못하고 법을 어기는 경우가 드물지 않았다는 것이다. 따라서 그것이 비록 대한제국기 문란한 행정조직을 체계화하고, 관료의 수탈을 제거했다고 해도 사회 전반적인 지지를 불러오기는 힘들었다. 오히려 이러한 일제의 정책에는 저항이 따라오지 않을 수 없었던 것이다.

서구에서의 근대성의 담론은 서로 대립되는 '해방과 규율화의 서사'로 이루어졌고, 여기에서 다시 해방의 담론은 "자연적 질서에 대한 과학적 추구, 정치적 혁명에서의 자기결정, 경제적 행위에서의 자유로 이어지며, 이를 보증하기 위한 것이 근대적 제도들이었다고 한다.[35] 이것은 바로 '서구가 근대에 성취한 모든 것'이라는 '문명'에도 해당하는 내용일 것이다. 그렇게 자신들이 성취한 모든 것을 식민지 피지배민들에게 허여했는가 하는 반문과는 별도로 그것이 자신들의 식민지 지배를 합리화하는 근거가 되었다. 그러나 일본의 근대에서는 헌법이 천황의 시혜로서의 '흠정(欽定)' 헌법이며, 일본 국민은 '신민(臣民)'으로 지칭되었던 것과 같이 전근대성을 완전히 탈각하지 못하였다. 말하자면 정치적 해방이라는 측면은 미약한 것이었다. 따라서 일제의 식민지 지배 합리화 근거라는 것은 '근대적 시민사회'가 아니라 신민적(臣民的) 위치에서 누릴 수 있는 '질서 잡힌 부강한 국가'였다.

그래서 그들이 내세운 '교화', '문명화'를 말할 때 그 바탕에 깔려 있는 가치관도 전근대적인 것에 지나지 않았다. 교화와 문명을 언급할 때는 당연히 교육이 중요시되는데, 이 시기 일제에 의한 교육이 지향하는 도덕적, 윤리적 가치는 한마디로 봉건적인 유교적 도덕, 윤리에 지나지 않았다. 앞서 언급한 바와 같이, 이미 통감부 시기부터 일제는 매우 초보적인 실용교육을 강조하면서 동시에, "특히 중요시해야 할 도덕교육에

---

35. 김진균 · 정근식 편저, 『근대주체와 식민지 규율권력』, 문화과학사, 1997, 20쪽 참조.

관해서는 유교의 기본인 오륜오상(五倫五常)의 도를 중심"으로 한다고 밝힌 바 있었다.[36] 1911년 8월에 발포된 조선교육령 제2조는 "교육은 '교육에 관한 칙어(=교육칙어)'의 취지에 더하여, 충량한 국민을 육성하는 것을 본의로 한다"고 하였는데, 여기서 교육칙어는 일본 천황을 위해 목숨까지 바치는 '신민(臣民)'을 양성하기 위해 제정한 것이었다. 총독 데라우치는 한국의 전통 유림을 동원하여 식민통치에 이용코자 하였는데, 유교의 중요성에 대하여 다음과 같이 언급하였다.

> … 이 모든 일을 이혁(釐革)하는 시운을 만나 걸핏하면 문득 헛되이 새로움을 좇아 옛을 버리는 기세를 격성(激成)하여 종래의 양풍미속을 역시 파괴함에 이르러 인정이 스스로 경조(輕佻)로 흘러 도의의 중심을 잃을 우려 없다고 보장할 수 없다. 이것이 가장 경계해야 할 바이다. 대개 공자의 도란 수천 년래 동양 제 국민 도의의 뿌리가 되니 우리들은 하루라도 윤상(倫常)을 떠나서는 생활치 못할뿐더러 특히 이러한 혁신시대에 있어서는 더욱 사도(斯道)를 발휘하여 인심이 갈 바를 알게 함이 긴요한지라 지난날 우리 황상께옵서 거다한 국탕(國帑)을 하사하여 효자절부의 정표(旌表)와 기로상치(耆老尙齒)의 은전 등의 자금으로 공급하시며 또 특히 25만 원을 내리셔 경학원 기금을 충당하옵시니…[37]

라고 하여, 공자의 도가 수천 년래 동양 제 국민의 도의의 뿌리이며, 하루라도 벗어날 수 없는 윤상이므로, 더욱 유교의 도를 발휘하여 인심이 갈 바를 알게 해야 한다고 주장하였다. 일제는 식민통치에 순종하는 인간형을 만들어 내기 위해 1910년대 '민풍개선' 운동을 벌였는데, 구래의 미풍양속으로서 부모에 대한 효도, 상하귀천의 구별을 들었고, 새로이 장려한 민풍으로서 충군애국심의 고취를 들었다.[38] 천황제 국가를 유지

---

36. 윤건차·심성보 역, 『한국근대 교육의 사상과 운동』, 青史, 1987, 305쪽 참조.
37. 寺內正毅, 「經學院職員竝に講師に對する總督の訓示」, 『朝鮮總督府官報』 472호, 1912. 3. 27, 241쪽.

하고 있었던 일제로서는 자연스러운 일이었을 것이다. 이렇게 볼 때, 일제가 주장하는 식민지 지배 합리화 근거로서의 '문명화'라는 것은 물질적 측면 외의 자유와 평등과 같은 보편적인 가치를 구비하지 못한 것이었으며, 따라서 식민지 피지배민을 설득하는 데는 한계가 따랐다. 뒤에서 살펴볼 바와 같이 한국에서는 개항 이래의 문명개화 운동의 추세 속에서 서구의 그러한 가치를 알고, 이미 자신들의 힘으로 그러한 원리가 지배하는 사회를 지향하는 운동을 벌이고 있었기 때문이다. 더구나 일제가 강조하였던 충효와 같은 유교적 덕목은 천황제에 순종하는 신민을 양성하기 위한 것으로서, 조선시대의 지배이념이었던 성리학의 극히 협소한 한 측면에 지나지 않았던 것이다.[39]

이상에서 살핀 바와 같이 일본의 근대라는 것은 '인간의 해방'의 측면이 미약했고, 일본 자체가 천황제 내 군부가 막강한 영향력을 행사하여 군정(軍政)의 요소가 강하게 남아 있던 사회였으므로 그 식민지였던 조선의 상황은 더욱 열악하지 않을 수 없었다. 일제가 추진한 '문명화 사업'은 사회의 합리성 · 효율성을 높이는 것이었겠지만, 피지배민의 참정권이 전면적으로 배제되었던 식민지에서 그것은 예속민에 대한 지배와 수탈의 효율성을 높이고, 억압을 가중시키는 역할을 하게 되었다.

---

38. 박찬승(1992), 앞의 책, 130~131쪽 참조. 한편 이러한 논의와는 별도로 당시 그들이 그토록 '문명', '동화'를 내세우면서도 그를 위해 가장 시급했을 교육에 대한 투자는 지극히 인색했던 사실을 지적할 필요가 있다. 1910년대 적령 아동의 취학률은 10%를 넘지 못하였다. 요란한 선전에도 불구하고 당시 일제에게는 그럴 의도도, 능력도 없었던 것이다.

39. 통감부 시절, 이미 "통감이 유교주의에 입각한 조선교육 방침을 언명했지만 일본 유교는 공맹의 그것과 다르다. 일본에서는 충효인의를 유교의 최대 덕목으로 생각하지만 중국은 그렇지 않다. 충은 誠의 의미이다. 일본의 천황에 대한 충과는 다른 의미이다. 따라서 유교주의 불가"하다는 지적이 있었다. 三土忠造, 「朝鮮人の教育」, 『教育界』 9~12(1910. 10. 3), 『教育認識 · 資料篇 第二巻, 第一部 — 韓國の部(2)』, 255쪽 참조. 또한 정통 유학에 있어서 천자가 천자인 것은 덕을 갖추었기 때문이며, 일본 천황제에서의 '萬世一系'라는 말이 상징하는 혈연에 있지 않음은 상식이라고 하겠다.

3. '문명화'론의 용도와 그 선전

1) 문명화론의 기능

1910년대 '문명적' 제도의 도입은 당연히 일제의 제국적 목표를 성취하기 위한 것이었다. 그러나 그 결과 도입된 제도나 변화들이 근대적, 문명적인 것이었으므로 이를 조선인을 위한 문명화, 문명의 도입으로 합리화할 수 있었다. 또한 그러한 문명적 제도들이 한말부터 지식인들이 갈망하고 하루빨리 이룰 것을 주장하던 것들이었으므로 그에 대한 한국인들의 기대도 없지는 않았을 것이다. 그러나 그것이 일제의 이해를 앞세운 것으로서 한국인들의 이해관계를 배려한 것이 아님은 물론 심지어 그 이해에 반하는 것도 있었으므로 불평이나 저항은 필연적이었다. 따라서 일제는 강제적이고 폭력적 수단들을 동원하지 않을 수 없었다.

그러나 강요에 의한 협조는 한계가 있으므로 자신의 시정을 '문명화'로 합리화하는 논리가 필요했다. 문명화론은 이에서 더 나아가 조선인들의 차별대우 시정 요구라든가 정치적 권리 요구를 거부하는 반대논리로서도 기능하게 되었다. 더 나아가서 일제는 자신들을 문명화의 화신으로서 그려내는 작업도 진행하였다.

일제는 조선의 합병으로 양국이 한 집안이 되고 한국인도 일본인들과 똑같이 천황의 신민이 되어 천황의 일시동인(一視同仁)하는 은덕을 입을 것이라고 선언하였지만, 실제로 한국은 일본 헌법이 적용되지 않는 법적 이역(異域)으로 남겨졌다. 병합 직전에 이와 관련한 문제를 검토한 총독부 측 비밀자료는,

> 제국(=일본)이 한국을 합병하여 제국 영토의 일부로 하는 경우에도 한반도의 사정은 처음부터 제국 내지와 같지 않다. 그 문화도 역시 용이하게 내국인과 같은 정도에 도달할 수 없기 때문에, 제국 내지에 있어서 일체의 법률규칙

> 을 합병과 동시에 이를 적용할 수 없음은 물론 동 반도에 대해서는 그 민정 풍속 습관 등에 비추어, 문화의 정도에 따라, 주민의 행복을 증진하고 그 지식을 개발하여 점차 내지인에 동화시킬 수 있는 적절한 법제를 펼쳐, 내지와 동화할 때까지는 제국 내지와는 특수한 통치를 할 필요가 있음은 말을 기다리지 않는다.[40]

라고 하여, 조선의 민정·풍속·습관 등이 일본과 다르다는 것과 함께 그 문화의 수준이 떨어진다는 것(즉, 문명 수준이 떨어진다는 것)을 이유로 식민지 조선에서 일본과 동일한 법률을 시행할 수 없다고 말하고 있다. 여기에서 문명론이 식민지 주민에 대한 차별 대우를 합리화하는 논리, 나아가서는 보다 나은 대우를 요구하는 식민지 주민들의 요구를 거부하는 논리로 동원되는 것을 볼 수 있다.

> 오호라 금일 우리 동포 중에 자기의 의무를 다했는지 아닌지는 돌보지 않고 헛되이 권리의 없음만 원망하는 자가 있으니 생각 없음이 어찌 그리 심한고. 기왕에는 우리들의 의무가 어떤 것인지 권리가 어떠한지 몰랐거니와 지금은 대국(大局)이 일변하여 일한 합병이 단행된 이후에는 우리 민족이 마땅히 동화를 도모하여 문명의 학문을 학습하여 문명의 농법 이를 모방하며 문명의 상법 이를 모방하며 문명의 공법 이를 모방하며 기타 천백 가지 사업을 아울러 모방하여 나의 실력이 내지(=일본) 동포와 동일한 후에 나의 부담한 제반 의무가 내지 동포와 동일한 즉 나의 누리는 상당한 권리는 구하지 않아도 스스로 올 것이로다.[41]

즉 '내지 동포'에 비교하여 모든 면에서 뒤떨어져 있어 동일한 의무를 부담하고 있지 못한 조선 사람들은 동등한 권리를 주장할 자격이 없다

---

40. 山本四郎 편, 「(秘) 合併後半島統治ト帝國憲法トノ關係」, 『京都女子大學研究叢刊9 寺內正毅關係文書(首相以前)』, 1984, 63쪽. 이 문서의 작성자는 확실치 않으나 寺內正毅 관계문서에 합철되어 있는 것으로 보아 그의 참모에 의해 작성되었을 가능성이 높다.
41. 社說 「義務와 權利」, 『每日申報』, 1910. 12. 14.

는 것이었다. 뒤집어 말하면 조선인들이 일본인들과 똑같은 문명 수준에 도달하기 전까지는 차별 대우를 감수하라는 것이었다. 한편 조선총독부의 어용지였던 『매일신보』는 다음과 같은 사설로 일본어 습득의 필요성을 논하였다.

> 오호라~ 하나는 잘나고 하나는 못나도 동화(同化)치 못 할지오 하나는 지혜롭고 하나는 어리석어도 동화치 못 할지오 하나는 강하고 하나는 약해도 동화치 못할지니 마땅히 언어를 먼저 강구하여 내지의 사물과 내지의 지식을 통일(統一)하여 누가 잘나고 못나고가 없으며, 누가 지혜롭고 어리석음이 없고, 누가 약하고 강하고가 없은 연후에야 동화의 행복을 얻을지라.[42]

여기서는 동화라는 것이 문명화와 거의 같은 의미로 쓰이고 있는데, 한국인들이 일본어를 습득하여 일본인들을 본받아 배워, 똑같은 실력과 자질을 갖추어야, 즉 문명화되어야 동화라는 '행복'을 누릴 수 있으리라는 것이다.[43] 이 말은 뒤집어 생각하면 그런 자격을 갖추기 전에는 '동화의 행복'을 기대하지 말라는 뜻이니, 여기에서도 문명화론이 차별의 논리로서 작용하고 있는 것을 발견할 수 있다. 이러한 담론에 뒤따라오는 이야기는 그러한 차별 대우를 벗어나기 위해서는 조선인들은 일본의 문명적 시정을 따라야 한다는 것이다. 1914년 총독 데라우치는

> 제국(=일본)이 열성(列聖)의 덕화로 빨리 융성했음에 반하여 조선은 불행히

42. 社說「國語硏究의 必要」,『每日申報』(1), 1911. 2. 23.

43. '日本文明에 同化' (社說「朝鮮敎育 革正論(1)」朝鮮敎育 革正의 過渡期『每日申報』1917. 3. 27)라는 말도 같은 의미일 것이다. 이와 비슷하게 '계발동화(啓發同化)', '문명에 동화'라는 말이 사용되었다. 전자는「各道長官に對する訓示」(1913. 4. 26),『朝鮮統治三年間成績』(朝鮮總督府, 1913), 附錄 總督諭告及訓示 71쪽 참조. 후자는「朝鮮開發의 急務는 道路修築에 있음」, 波多野勝五郎氏 演說,『每日申報』, 1911. 3. 8. 참조. 이 밖에 "조선과 대만을 영유한 이상 동화할 '기회'를 주어야 한다는 의견을 표명한 사설이 있었는데, 같은 생각을 바탕에 깔고 있는 것으로 생각된다.「社說 國民統一과 國語」,『每日申報』, 1917. 2. 28. 참조.

> 시세의 진운에 뒤떨어져 위미조령(萎靡凋零)에 빠져 양국이 서로 합해 한 집안이 된 오늘날에 있어서도 그 간에 스스로 선각 후진의 차가 없을 수 없다. 고로 양자가 융합의 열매를 구하고자 한다면 마땅히 하나는 힘을 제시보도(提撕輔導)에 쏟고 다른 하나는 마음을 갈고 닦아 새롭게 태어나는 데 기울이지 않으면 안 된다. 총독부는 신영토 동화의 목적을 이루기 위해 조선인의 지도계발을 도모함에 유감없도록 노력하고 있지만 그 완전한 효과를 거둠에는 각지에 산재하여 일상 토착 인민과 접촉하는 내지인의 협력 알선을 기다리지 않을 수 없다.[44]

고 하였는데, 조선이 일본에 동화할 수 있기 위해서는 일본과 같은 수준에 도달해야 하는데, 그러기 위해 일본(인)은 조선(인)을 손잡아 좋은 데로 이끌고[提撕輔導], 조선(인)은 이를 따라 마음을 갈고 닦아 새롭게 태어나야 한다는 것이었다. 총독부의 통치는 '조선인을 지도계발'하는 것이지만 혼자만의 힘으로는 모자라므로 될 수 있으면 많은 일본인들이 이주해 와야 하겠다는 뜻이다. 이 밖에도 "내지인은 겸손한 태도로 교도의 책임을 자임해야 하며, 조선인은 순량한 태도로 학습의 성실함을 다" 해야 할 것이 촉구되고,[45] "내지인은 조선인을 스승이 학생을 대하듯이, 형이 동생을 대하듯이 해야 할 것이며, 조선인은 일본인 대하기를 학생이 스승을 대하듯, 동생이 형을 대하듯이 해야 할 것"이라는[46] 것이 기회 있을 때마다 강조되었다.[47] 이러한 선전에 세뇌된 어떤 조선인 면서기는 일본인들에 향해 "내지인은 자만하지 말고 성심과 예양(禮讓)으

---

44. 『朝鮮統治三年間成績』, 朝鮮總督府, 1914, 10~11쪽.
45. 「論說 廣義的 團合」, 『每日申報』, 1911. 9. 20, 1쪽.
46. 「社說 國民統一과 國語」, 『每日申報』, 1917. 2. 28, 1쪽.
47. "그 요는 내지인과 동일한 자격 평등의 정도를 구하기에 급급할지오 내지인을 父兄師友급 종족 친척과 같이 간주하여 異體同心으로 아름다운 말과 착한 행동의 모범될 자를 취하고 … 단 조선인이 바라는 것은 先進된 내지인으로서 역시 조선인을 보되 친우 族戚과 같이 하여 이의 指導誘掖을 일상에 긴요한 것으로 인정하고 불원한 장래에 조선인으로 하여금 동일한 자격 평등의 정도에 오르게 함이 당면의 급무니…" 「社說 內鮮人 協同의 要」, 『每日申報』, 1916. 11. 11.

로 미개한 조선인을 지도하는 것이 선각자 된 책임이며 의무이다. 또한 내지인과 접견의 기회가 적으면 안 되니 가급적 내지인의 이주를 장려해야 할 것"이라고 건의하기까지 하였다.[48]

이렇게 해서 전체적으로 일본(인)은 아직 야만 상태에 있는 조선(인)을 유액(誘掖), 제시보도, 교화, 덕화하는 위치에 서게 되고, 조선(인)들은 이에 순종해야 하는 위치에 서게 되었다.[49] 이러한 위계질서 속에서 일본 천황이나 총독은 자비로운 군주로서, '적자(赤子)', '사민(斯民)'으로 표현되는 어리석은 식민지 백성들에게 문명의 선정을 베풀어 줌으로써 그 복리를 향상시켜 주신다는 도식은 상투적으로 동원되는 방식이었다. 한 예로 총독 데라우치(寺內正毅)는 지방순찰을 자주 하였는데, 이와 관련하여 어용지 『매일신보』는 다음과 같이 묘사하였다.

> 과거 5, 6년간에 총독이 지방을 순찰한 사적을 살펴보건대 … 지방의 관리는 총독을 보되 사부(師傅)와 같이 하고 지방의 적자(赤子)는 총독을 보되 자모(慈母)와 같이 하여 일언일구의 간유(懇諭)가 행정상의 양모(良謨)를 만들고 일동일정의 거지(擧止)가 무육(撫育)상의 표준을 만들어 발자취가 도달하는 곳에 그 덕이 바람과 같으니 13도의 수려한 산하와 천여 만의 유유(蠕蠕)하는 민족은 총독의 광대무변한 화육권(化育圈)에 도야 되어 지금 행정사법 경찰 재정 식산흥업 교육 위생 교통기관 및 경제 무역이 모두 완미의 역에 달하여 유의유식의 유맹(莠氓)은 자취를 감추고 항심항산의 양민은 배를 두들기며 격양가를 부르니 이는 유래의 위정이 그 마땅함을 얻음에만 말미암은 것이 아니라 왕왕 지방을 스스로 순행(巡幸)하여 인도하는 표범을 보인 효력이 또

---

48. 柳鍾石, 「新年文藝當選(乙等) 日鮮同化論」, 『每日申報』, 1917. 1. 24. 1쪽.
49. 한편 민족대표 33인의 한 사람이었던 이승훈은 3·1운동 후 체포되어 검사의 심문을 받는 중 1910년대 한국 시대보다 산업이 발흥했지만 총독부에서 조선인을 일본인과 같이 指導啓發하고 있지 않아 불만이라고 했다. 검사의 신문에 대한 답인 점을 감안해야겠지만, 한국의 지도자들 중 일부는 일본이 한발 앞서 있으며 그 지도를 받아 발전하기를 기대하고 있던 것을 알 수 있다. 「78 李寅煥地方法院豫審訊問調書」, 市川正明 편, 『三·一獨立運動 1 朝鮮獨立運動·別卷』, 原書房, 1983, 297쪽 참조.

한 다대한 소이라 말하지 아니치 못 할지로다.[50]

라고 하여, 데라우치 총독의 지방 시찰을 중세 군주의 순행(巡幸)에 비유하고, 그 선정에 벌레같이 꾸물대던 양민들이 교화를 입고 생활이 안정되어 배를 두드리며 격양가를 부른다고 묘사하였다. 또 그의 선정 아래 행정, 사법, 경찰, 재정, 식산흥업 그 밖에 사회의 모든 분야가 완미의 경지에 도달하였다고 하였다. 그러므로 금일의 통치는 조선민족이 생긴 이래 처음 보는 '문명한 법률과 인선(仁善)한 정령(政令)'이라는[51] 것이었다.

교화의 임무는 총독만이 아니라 경찰 및 일반 관리에게도 부과되었다. 경찰은 한일인 간의 화친을 증진시키기 위해, "한민을 계발적으로 지도"할 것이 요구되었고,[52] 일반 관리들도 "현금 조선에 있어서는 행정 속에 교육이라고 하는 의미를 가미해 두지 않으면 안 된다. 우리들은 행정관이지만, 그와 동시에 항상 교육가라는 생각으로서 일에 임하지 않으면 안 된다"는[53] 내무부장관 우사미 가쓰오(宇佐美勝夫)의 말과 같이 일반 민중을 교화하는 입장에 설 것이 요구되었다. 신문은 흔히 '사회의 목탁'이라고 하여 원래 그 교화적 기능이 강조되기도 하지만, 당시 총독부의 어용지 『매일신보』의 사설에는 총독부 시책의 선전과 함께 조선인들의 생활 전반에 걸친 개량 및 문명 생활로의 전환을 촉구하는 글들이 다수 실려 있어 특히 그 계몽적 성격이 두드러진다.[54]

---

50. 「總督의 地方巡察」, 『每日申報』, 1916. 5. 17.
51. 「朝鮮의 國體와 政體」, 『每日申報』, 1914. 11. 21~12. 12.
52. 韓國內部 警務局編, 『韓國警察一斑』, 1910. 3, 1~6쪽 참조.
53. 「宇佐美內務部長官訓示(閉會式にて)」, 『朝鮮總督府道郡島書記講習會講演集』, 朝鮮總督府 內務部, 1918. 3, 37~38쪽.
54. 張錫興, 「일제의 식민지 언론정책과 총독부 기관지 「每日申報」의 성격」, 『한국독립운동사연구』 제6집, 독립기념관 한국독립운동사연구소, 1992; 수요역사연구회 편, 부록 6 「1910년대 사설」, 『식민지 조선과 매일신보 1910년대』, 신서원, 2003, 287~307쪽 참조.

이렇게 볼 때 총독부 통치에 반항하는 조선인들의 행동은 시세를 파악하지 못한 무지몽매의 표현일 따름이었다. 데라우치(寺內正毅)는 재임 기간에 구관을 존중하여 동화를 비롯한 사업들을 서서히 진행시키겠다고 하였지만, 그의 재임 기간은 식민지 통치의 초창기였던 만큼 많은 변화가 있을 수밖에 없었다. 그래서 당시의 새로운 법령이 수없이 발포되는 형상을 마치 비가 오는 것 같다고 표현한 경우가 많았다.[55] 또한 그것이 조선인들의 관습에 어긋난 것이 많았으므로 불평과 저항은 필연적인 것이었다. 그래서 당시의 관리들은 총독부 시정을 옹호하기에 바빴다. 중추원 서기관장(書記官長)이었던 고마쓰 미도리(小松綠)는 농업, 어업, 광업, 무역에서의 발전을 통계 숫자를 들어서 말하고 또 합병 이후 조선인들의 '정신적 발달'이 현저했음을 든 후, 묘지령 산림령 등 조선인들의 불만을 산 법령들을 예로 들면서 총독의 시정에 대해 불평을 말하는 자들이 있는데, 이는 단지 감정상의 문제이며,

> 야만으로부터 반개, 반개로부터 문명으로 점점 세상이 진보하면 종종 귀찮은 일이 많아진다. 지극히 복잡하고 옹색함이 천만 가지다. 그러나 이 문명의 갑갑 옹색함은 문명의 행복으로 타개, 소멸됨을 생각하며 참지 않으면 안 된다. 반개시대의 자기 맘대로 하는 자유에는 참담한 해악이 따르는 것을 잊어서는 안 된다. 폭정은 호랑이보다 더 무섭다고 하지 않는가. 이 폭정시대를 지나 금일 총독 정치의 은택을 입는 자는 복잡한 제도로부터 오는 갑갑함 귀찮음을 참지 않으면 안 된다. 이에 대해 불평을 말하는 자는 야만시대가 그립다고 하는 것에 귀착된다.[56]

라고 하여, 총독 정치에 불평을 말하는 것은 야만시대를 그리워하는 것이라고 매도하였다. 그래서 그는 개선 진보가 너무 급하다고 해서는 안

---

55. 阿部薰, 『朝鮮問題論集』, 民衆時論社, 1932, 5쪽.
56. 小松綠, 「朝鮮施政の眞義」, 『朝鮮彙報』 9호, 1916, 15쪽.

되며, 오히려 그 충분치 못함을 걱정해야 한다고 다그쳤던 것이다.[57]

결국 1910년대 조선총독부가 그려내고 있는 식민지 지배자 일본과 피지배자 조선의 관계는 '문명화'를 담당하는 '교화주(敎化主)'와 그에 순종하여 교화되어야 할 뒤떨어진 '반개'의 존재였다. 일제의 교화, 문명화에 대한 반발이란 시세를 파악하지 못한 아둔함에 불과했다.

'교화주 일본'과 이에 '순종하는 조선인'이란 구도를 유지하기 위해 학생들 교육부터 차이를 두었다. 이 시기 일제가 조선과 일본 생도를 분리시켜 교육하면서 그 이유로서 조선의 시세 민도를 들었는데,[58] 교육 대상이 어린 학생임을 생각하면 설득력이 부족하다. 보다 솔직한 이유는 지배민족과 피지배민족을 엄격히 구별하여, 각각에게 그와 맞는 가치관을 심어 주기 위한 것에 지나지 않았다. 즉, 일본 생도들을 위해서는 지도자, 보다 정확히는 식민지 지배자로 양성하기 위한 교육이 행해졌으며, 조선 생도들에 대해서는 '일본화' 교육이자, 일제의 지배를 감수할 것을 가르치는 노예교육이 행해졌던 것이다. 이러한 생각은 대구 공립보통학교 교장이었던 하나다(花田金之助)의

> 양자(소학교와 보통학교 — 역주)는 모두 일본인과 조선인간의 융화를 목적으로 설립되었다. 즉, (일본인을 위한) 소학교에서는 조선인을 지도할 만한 자질과 품성을 아동기에서부터 길러주고, (조선인을 위한) 보통학교에서는 황은의 지극함을 강조하면서 국어(=일본어)의 보급과 덕성의 함양에 노력하여 제국신민으로서의 자질과 품성을 갖추게 함으로써, 조선인을 부지불식간에 개화시키는 것이 그 목적[59]

이라는 말에 잘 드러나 있다. 즉, 일본 생도는 조선인을 지도할 자질과

---

57. 「朝鮮統治の本意」, 『朝鮮彙報』, 1915. 3, 14~15쪽.
58. 「序言」, 『朝鮮教育要覽』, 1919, 1쪽 참조.
59. 花田金之助, 「內鮮人の融和と教育」, 『朝鮮教育研究會雜誌』 42호, 1919. 3, 45~46쪽 참조.

품성을 길러주고, 조선 생도는 일본어를 가르치고 천황제 윤리를 주입하여 순종하는 제국신민으로 키우겠다는 것이다. 조선인 학생이나 일본인 학생 모두에게 천황제 윤리가 주입되는 것은 마찬가지겠지만, 일본인 학생들에게는 '조선인을 지도할 지배자로서의 사명의식'을 추가로 주입하겠다는 것이다. 또한 조선인 생도들에게 강조할 덕목에도 주의가 요구되었다. 1911년 학제 제정 당시 학무국장이었던 세키야(關屋貞三郎)는 강습회에 참가한 보통학교 교장들에게

> 같은 교육칙어의 사람을 양성함에 있어서도 역사, 인정을 달리하고 민속 관습을 같이 하지 않는 국민에게 이를 철저하게 관철코자 할 때는 주도한 사려와 공부를 필요로 한다. 같은 교육칙어의 취지를 실행하고자 해도 먼저 어떤 점에 주력할 것인가 생각하지 않으면 안 된다. 예를 들면 가르쳐야 할 덕목의 선택 같은 것은 민정에 응해 완급이 마땅함을 얻어야 한다. 저 독립 자치 용감 등과 같은 덕목은 진실로 이것을 키우지 않으면 안 되지만, 준법, 규율, 절제, 공덕(公德) 등은 이에 앞서 함양해야만 되는 것이 아닐까?[60]

라고 하여, 교장들의 재고를 촉구하였던 것이다. 한마디로 조선인 학생들을 식민지 피지배, 식민지 주민으로서 현실에 만족하며, 일제의 지배에 순종하는 사람으로 키우라는 것이었다. 독립 자치 용감과 같은 자유인의 덕목은 조선인에게 당장 필요 없다는 것이었으니, 그들에게 문명화된 조선인이란 자신들이 식민지 지배를 위해 만들어 놓은 법과 제도에 노예적으로 순종하는 인간이었던 것이다.[61]

결국 1910년대의 문명화론이란 지배자 일본을 '교화주'로 그려내면서,

---

60. 弓削幸太郎 著·細井肇 編, 『朝鮮の教育』, 自由討究社, 1923, 123쪽 참조.
61. 일본 본토와 조선의 修身科 교수취지를 비교·분석해 보면 대동소이하지만, 전자는 주체적 지배자로서 열성·견인·관대의 덕과 주체적 역할을 요구한 반면, 후자는 충성과 순량, 근면의 자질을 요구하고 있다고 한다. 정해정·배영희, 「일제 강점기 보통학교 교육정책 연구 — 1910년대 '每日申報'를 중심으로」, 『교육사학연구』 14, 2004, 184쪽 참조.

그 식민지배에 저항하는 것을 문명을 습득하지 못한 조선인들의 '주제 넘은 짓'으로 꾸짖는 근거로서 기능했던 것을 볼 수 있다. 문명을 조선인들에 대한 차별을 합리화할 수 있는 한 근거가 되었던 것이다.

2) 문명화론의 선전 — 시정5년기념조선물산공진회

일제는 여러 가지 수단을 동원하여 자신들의 식민지 지배를 '문명화'로 선전하였다. 조선의 '야만적 악정'에 대신할 일본의 '문명적 시정'은 이미 통감부 시절부터 표방되었던 것인데 이후 조선총독부의 간행물들은 자신들의 통치가 이룬 문명적 성취에 대한 찬양으로 가득 차게 되었다. 그것은 총독을 위시한 총독부 관리들의 훈시, 총독부 발행 간행물 또는 총독부의 기관지였던 『매일신보』에 사설을 비롯한 다양한 양식의 글로 나타났다. 이 밖에도 『조선총독부시정연보(朝鮮總督府施政年報)』를 발간하여 그 치적을 선전하고, 아울러 영문판도 발행하여 선진 열강에도 자신의 치적을 선전하기에도 힘썼다.[62]

1910년대 조선총독부의 어용지였던 『매일신보』의 구독 부수는 2만을 넘지 못했는데, 그것도 일반인들의 구독보다는 주로 행정관청의 의무적인 구독에 의한 것이었다. 행정관청에서는 일정 부수를 할당받아 각 면 및 동에 배포하여 그 열람을 장려하기도 하였다.[63]

조선총독부의 문명화 사업의 선전은 1915년 시정5년기념조선물산공진회에서 정점에 달했다. 1915년 9월 11일부터 10월 31일까지 개최된 공진회는 첫째, 자신의 식민통치 5년간의 실적을 과시하는 것,[64] 둘째,

---

62. 이와 관련하여 『每日申報』, 『朝鮮總督府月報』, 『朝鮮彙報』 등에는 서구인들이 일본 식민 선정을 칭찬하는 글을 다수 수록하고 있어 그들의 평가에 신경 쓰고 있는 일본인들의 모습을 보여 준다. 그런데 이들 서양인들은 대개 이 영문 시정연보에 바탕해서 그러한 글들을 쓰고 있었다.

63. 張錫興(1992), 앞의 논문, 421쪽 참조. 반면 전은경은 1913년 7월 23일의 광고에 기초하여 하루 10만 부 이상 찍었을 것으로 추정하고 있다. 전은경, 「조일재 신문연재소설에 나타난 근대적 여성관 — 1910년대 신문·작가·독자의 상호소통성을 중심으로」, 『현대소설연구』 23, 2004, 346쪽 참조.

조선인들에게 문명의 실체를 보이고 아울러 자신이 그러한 문명의 실현자임을 보이는 것, 셋째, 일본 자본가에게 조선의 실상을 알려 투자를 촉구하는 것 등의 목적을 가졌다. 이 중에서 첫째와 둘째는 밀접하게 관련되어 있었으니, 5년간 시정(施政)의 실적을 보여 식민지 지배가 시혜이자 문명의 진보라는 것을 알게 하여[65] 조선인들의 이해와 자발적 협조를 구하기 위한 것이었다. 나아가서 조선인들의 근로의식을 불러일으키고 그 나아갈 방향을 보이기 위한 것이었다. 이런 일제 당국의 의도는 "헛되이 초가집 온돌 안에서 취생몽사하여 문명의 실제에 접촉하지 못하는 조선 인민으로 하여금 오랜 세월의 묵은 꿈을 깨기를 바란다면 천언만어로 힘들여 지도유액하는 것보다 오히려 실물을 저들의 면전에 전시하여 스스로 기왕이 잘못된 것임을 깨닫게"하는[66] 것이 훨씬 효과적이라거나, "오늘과 지난날 어떻게 여러 가지 일들이 변화했는가를 명확히 하고 싶다. 공진회 전체로 말하면 … 종합적으로 사물의 질서 있는 발전을 도모하는 한편, 사치 나타의 기풍을 경계하여 조선은 이와 같이 나아가지 않으면 안 된다고 하는 것을 힘써 보여 주고 싶다"고 말한 데서도 잘 드러나고 있다.

그리하여 일제는 우선 "시정 5년간 조선 산업의 진보를 전시하고 신구 시정의 성적 여하를 비교 대조"[67]하여 보여 주기 위하여 각종 시설 현황, 통계자료와 함께 사진과 각종 모형을 전시하였다(제2호관). 여기는 토지조사사업을 비롯하여 의료보건 시설의 발전, 교육시설의 확충, 구제(救濟) 사업 등 일제의 통치를 미화하는 내용으로 채워졌다.[68] 또 총

---

64. "그 명칭은 물산공진회라고 하지만 그 내용은 총독정치 各般의 성과를 총괄 진열하여 천하에 公示하는 것으로서…" 조선총독부, 『施政二十五年史』, 1935, 14쪽.
65. 김태웅, 「1915년 京城府 物産共進會와 日帝의 政治宣傳」, 『서울학연구』 18, 2002, 142쪽 참조.
66. 黑田甲子郎, 『元帥寺內伯爵傳』, 1920, 773쪽.
67. 조선총독부, 「總說」, 『施政五年記念朝鮮物産共進會報告書』 1권, 1915.
68. 김태웅(2002), 앞의 논문, 149쪽 참조.

독부 당국은 조선 각 도의 단체 및 개인들로 하여금 합병 이후 생산한 물품들을 출품케 하여 산업발달의 실상을 내외에 보여 주는 한편, 이들 중 우수한 것을 선정하여 상을 주었다.

또한 "내지의 문명을 조선인에게 요해케"[69]하기 위해 '참고관급기계관'에는 내지의 제품들을 제출케 하여 전시하였는데, "아직 유치한 지경을 벗어나지 못한 반도 공업에 비해 (일본의 그것이) 다 제작이 정치하고 교가(巧佳)를 다하여, 조선의 산업개발에 도움을 줄 바 적지 않은 것을 깨닫게"[70]하기 위한 것이었다. 여기에는 조선총독부가 대표하는 일본제국의 발달된 문명을 보여, 문명의 실현자로서의 제국의 모습을 실감케 하여 자신의 위상을 높이기 위한 의도도 숨어 있었을 것이다. 이와 함께 미술관을 설치하여 고려자기 등 한국의 고미술품을 정리하여 전시한 것은 역시 문명국 일본의 위상과 한국의 예술도 정리해 주는 문명적 제국주의자의 풍모를 보이기 위한 것이었다.

이 밖에 일제는 '공진회' 개최 기간 중 가정박람회, 신문기자대회, 조선철도1천리기념축하식, 조선금융업자대회 등 각종 대회를 개최하여 '근대 문명'의 전시장이자 한바탕 굿판을 벌여 식민지 민중들로 하여금 자신들이 바야흐로 일본에 의한 근대 문명이라는 축복이자 거대한 흐름에 몸을 담갔음을 깨닫게 하고자 하였다. 용의주도한 준비 끝에 공진회가 열리는 기간 동안 기차운임 할인 혜택을 제공하고, 여러 가지 행사를 개최하고, 그 밖에 기생이나 일본 게이샤의 공연을 열거나 복권을 파는 등, 여러 가지 놀잇거리, 볼거리를 제공하는 한편, 총독부와 그 어용지 『매일신보』를 통한 대대적인 선전과 대중 동원에 힘입어 입장객이 100만 명을 초과하였다 한다.[71]

그 역시 공진회를 위한 대중 동원일 수도 있지만 동시에 일제의 선정

69. 위와 같은 곳 참조.
70. 조선총독부, 『施政五年記念朝鮮物産供進會報告書』 제1권, 1916, 160~163쪽 참조.
71. 김태웅(2002), 앞의 논문 참조.

(善政)을 구가하는 친일 여론을 조성하기 위한 여러 행사도 열렸다. '공진회의 月'이란 제목으로 시가(詩歌)를 현상 모집한 결과 "구추황국삼오야(九秋黃菊三五夜)에 경회루(慶會樓) 발근 달아 문명세계 공진회는 져와 갓치 원만ᄒᆞ다"가 1등으로 뽑혔으며, 『매일신보』에 게재된 「축공진회」란 제목의 시에서 전남 광주의 동호생은

> 時維大正四年兮여 總督施政五載로다 乾坤을 俯仰ᄒᆞ니 堯日舜月明朗ᄒᆞ고 東西ᄅᆞᆯ 顧瞻ᄒᆞ니 雨順風調年豐이라 … 瑞色은 凝空ᄒᆞ고 和氣ᄂᆞᆫ 滿地한데 旭日旗와 紅白幕은 光風에 나부겨셔 世界가 燦爛ᄒᆞ고 瓦斯火와 電氣燈은 黃昏에 繡를 노아 道場이 玲瓏ᄒᆞᆫ데 景福宮不夜城에 鸞歌鳳吹是何處오 雲宵에 소ᄉᆞᆫ 瑤臺 共進會館 分明ᄒᆞ다 巧妙ᄒᆞᆫ 機械館과 奇拔ᄒᆞᆫ 美術館은 技倆을 喚起ᄒᆞ고 輻臻한 物産場과 嶄新ᄒᆞᆫ 陳列場은 實業을 範示ᄒᆞ니 人智의 導火線과 文明의 指南路라 地方에 觀光團은 一夢醉睡 民族의게 知識會得시키려고 … 康衢에 져 童謠ᄂᆞᆫ 帝力何有 노래ᄒᆞ고 南山에 松柏은 聖壽無疆츅수ᄒᆞ니…[72]

라고 하여 공진회가 성대히 열리고 있는 모습을 묘사하는 한편, 당시를 요순시대와 같은 태평성대로 칭송하면서, 일본 천황의 만수무강을 빌었다. 또한 공진회가 아직도 꿈에서 깨어나고 있지 못한 조선인들을 깨워 인지를 개발하고 문명으로 나아가게 하기 위한 것이라 하여, 당국자들의 선전에 화답하고 있었다. 물론 총독부 당국자들의 의도에 맞아떨어지는 이런 종류의 글들만이 신문에 게재될 수 있었던 것이고 반대하는 글은 수록될 수 없었던 것이겠지만, 장지연·안국선과 같이 한말 애국계몽인사들 중에서도 공진회가 열리는 기간 동안 산업발달로 대변되는 일제의 치적을 감탄하고 있었던 인사들이 없지 않았던 것으로 보아[73] 총독부의 의도에 호응하는 목소리가 희귀한 것은 아니었을 것이다.

---

72. 「祝共進會」, 『每日申報』, 1915. 9. 19, 1쪽 5단.
73. 이에 대해서는 김태웅(2002), 앞의 논문, 155~157쪽 참조.

한편 공진회가 열렸던 그 장소가 바로 대한제국의 궁전인 경복궁이었으며, 거기에 있었던 수많은 전각이 전시관 건설을 위해 파괴되고 해체되었다는 것은 의미심장한 일이었다. 그것은 대한제국을 대신한 새로운 지배자가, 또 퇴락한 구시대의 유물을 대신하여 찬란한 '문명'이 자리 잡았다는 것, 한마디로 새로운 시대가 시작되었다는 것을 눈앞에 구체적인 물건으로 보여 주기 위한 것이었다. 여기에는 일반 대중들에게 남아 있을 왕조에 대한 향수 또는 민족으로서의 정체성을 파괴하려는 의도도 있었을 것이다.

이와 함께 서구 제국주의 문명국가들의 시선을 의식하는 일제의 자세는 이 시기에도 이어졌다. "열국이 환시"하고 있다는 것이 통감부 설치기 일본인들이 쓴 글에 흔히 나오는 구절이었던바, 이 시기에 와서도 그들은 여전히 서구의 반응에 대해 신경을 곤두세웠다. 예를 들면, 데라우치(寺內正毅) 총독의 시정에 대한 회고에서

> 특히 그(식민통치 — 역주) 시초에는 구한국정부의 시설이 상존하고 통감부의 손에 의해 행해졌던 것 역시 적지 않게 있었기 때문에 여러 정사가 자못 착종을 극하여 민심이 약간 가라앉기는 했으나 아직 충분히 병합의 취지를 이해 못 한 바 있고, 또 반도의 산하는 다년간의 비정의 결과 황폐를 다해, 이의 기사회생을 재촉하는 것은 결코 일조일석에 할 수 있는 바 아니었다. 이때를 당해 능히 제국의 위신을 지키고 민심을 안도시키고 민중의 복리를 증진하고 이로써 병합조칙의 취지를 도와 받들어 굉모(宏謨)의 실현을 기하고, 세계 열국환시 아래 신영토의 통치를 온전히 하는 것은 실로 지난한 사업이라고 하지 않을 수 없다.[74]

라고 하여, 1910년대 구한국시대의 제도의 정리가 끝나지 않았고 민심도 가라앉지 않은 상황에서, 오랜 세월 동안 악정 아래 피폐한 조선을

---

74. 조선총독부, 『施政二十五年史』, 제1기 寺內總督時代, 1935, 13쪽.

기사회생시켜, 열국이 환시하는 아래 제국의 위신을 지키는 것이 쉽지 않았다는 것을 말하고 있다. 그래서 일제는 이 시기에도 서구 열강에 자신의 식민통치의 치적을 알리기에 힘썼다. 일제는 통감부 시기와 마찬가지로 영문판 시정연보를 발간하였는데, 이 출판물은 그 제목과 내용에서 일본어판과 비교된다. 우선 일본어판의 제목은 단순하게 『조선총독부시정연보』인데 비해 영문판의 표제는 *Annual Report on Reforms and Progress in Chosen(Korea)*이다.[75] 표제의 '개혁'과 '진보'는 바로 외국인들에게 한국에서의 자신들의 통치의 성격을 규정하는 것이었다. 또한 내용도 전자는 의외로 무미건조하여, 숫자를 동원하여 자신들의 업적을 나열하고 있는데, 영문판에는 서문(Introduction)을 두어 자신들의 정치가 '문명화'이며, 식민지 조선의 문명을 진전시켰다는 점을 강조하고 있다. 이 밖에도 『매일신보』나 조선총독부에서 발간하는 잡지들에는 간간히 외국인들이 일제의 조선통치를 칭송하는 글들이나, 그러한 사실을 전하는 글들이 수록되고 있다.[76]

통감부 시기와 마찬가지로 일본 '내지'로의 시찰단도 기회가 있을 때마다 꾸려져 보내졌다. 그 주체는 경성일보사, 매일신보사, 동양척식주식회사 등이며, 그 대상자는 일반 신사, 농민, 경학원 강사 등 다양하다. 그들의 시찰 감상문 등은 『매일신보』, 『조선휘보』, 『조선농회보』 등 조선총독부 관련 간행물에 수록되거나 단행본으로 간행되어 일반에 대한 선전용으로 활용되었다. 『경성일보』와 『매일신보』는 '내지' 시찰단을 모집하는 글에서 "황차 내지는 문명의 연수(淵藪)라 동양 사람으로 이에

75. 이 출간물의 표제는 1920년대에 들어오면서 *Annual Report on Administration of Chosen*으로 바뀌었다. 농업 관련 시험 및 장려 시설들에 붙은 '模範'이란 어휘가 탈락되는 것과 같은 맥락이다.

76. 한 예로 『朝鮮彙報』(1915. 12)에는 「外國人の見たる朝鮮」이란 글이 수록되어 있는데, 조선인의 평화와 번영이 더해짐에도 불구하고 옛날의 자기 나라 왕자의 치세를 그리워하여 지금의 시혜자에 대한 감사의 마음이 적다, 이는 인도나 애급의 인민과도 비슷한 현상이다 운운하는 내용의 글을 수록하고 있다.

유력(遊歷)이 없으면 족히 견문을 자과(自誇)치 못할지니"라고 하여 동양 문명의 본산인 '내지'를 보아야만 한다는 점을 강조하고 있다. 결국 현지에서 식민통치를 담당하고 있는 조선총독부의 배후에 있는, 제국 통치의 본거지인 '내지'를 시찰하게 하여, 그 압도적인 문명을 보게 함으로써 자신의 위신을 덩달아 높이고자 하는 일제 당국의 의도가 반영된 것으로 보아야 할 것이다. 시찰이라고 하는 것이 아무래도 짧은 기간 동안, 눈에 잘 띄는 인상적인 시설물들을 '시찰'하거나 관람하는 것이 주된 내용일 것이므로, 서양 문명을 주로 물질적인 면에서 받아들인 일본이 업적을 자랑하는데 적절한 방식이었을 것이다.[77]

결국 이 시기 일제의 '문명화' 선전은 조선의 군사거점화, 경제적 예속화를 추구하면서도, 조선인들에게도 그것이 '문명화'이며 복지의 향상을 가져오는 것임을 설득시켜야 했고, 동시에 조선 식민지화를 인정하기는 했지만 일제가 자신의 반열에 낄 자격이 있나 항상 의심의 눈길을 보내고 있었던 서구 제국주의 국가들에게도 자신의 능력을 증명해야 하는 역할을 담당했던 것이다.

77. 1910년대 내지 시찰에 대해서는 조성운(2011), 앞의 책 참조.

IV. 일제의 문명화 사업에 대한 한국인들의 인식과 대응

1. 개항~1910년

제국주의가 횡행하던 시기 '문명화'론은 제국주의 국가들의 식민지 쟁탈과 지배를 정당화하는 논리로 작용하였다. 일본도 조선을 침범하면서 이 논리를 차용, 모방하였다. 조선을 자신의 식민지로 만들기 위해 취했던 여러 시책을 문명화(=시정개선·선정)로 합리화했던 것이다. '문명화'론이 힘을 발휘할 수 있었던 것은 침략하는 자와 침략당하는 자 사이에 사회적 발달 수준의 차이가 있었기 때문이다. 침략을 원활히 하기 위한 제도의 정비, 도로나 철도의 건설 등이 모두 문명화로 포장될 수 있었다. 침략을 당하는 쪽이 침략과 그에 이은 지배를 물리칠 수 있는 가능성은 우선 '문명화론으로 분식한 침략'이라는 본질을 파악하고 적절한 수단을 택해 저항할 때 비로소 생겨날 수 있었을 것이다. 그러나 문제는 그것이 침략인지 문명의 시혜인지 쉽게 분간할 수 없었다는 점이다. 양자는 결합되어 있는 경우가 대부분이었다.

조선왕조는 개항 이후 약육강식이라는 제국주의의 원리를 깨닫고 이 새로운 질서 속에서 살아남기 위해 부국강병을 이루고자 하였다. 그러기 위해서는 하루바삐 서구 문명을 배워 와야 했는데, 그것을 당장 직접 파악하고 배워 올 능력이 없었다. 특히 그 일을 담당할 인력을 양성하는 것은 시간이 걸리는 일이었다. 반면 내외의 정세는 급박하게 돌아가고 있었다. 그래서 결국 청과 일본을 통해 간접적으로 수용할 수밖에 없었는데, 그 창구는 점차 동아시아의 패권을 차지하고 급속하게 '문명개화'되어 가고 있었던 일본으로 집중될 수밖에 없었다. 한편 일본은 '문명개화'를 열망하는 세력을 이용하여 조선에 자신의 세력을 심고자 노리고 있는 참이었다. 말하자면 당시 조선에게 문명이란 '양날의 칼'과 같은 것이었다. 그러나 그 본질의 파악은 물론, 이를 앞세워 침략하는 세력에 대처하는 방법이 불명했던 당시 국내의 각 집단은 자신의 현실적 이해관계와도 관련하여 다양한 대응 양상을 보일 수밖에 없었다.

19세기 후반으로 접어들어 서세동점이 점차 위협으로 느껴지기 시작하면서 이에 적절히 대응하는 것이 조선왕조의 중요한 현안이 되었다. 서학의 수입에서 비롯된 천주교의 유입은 조선왕조의 성립 기반인 유교적 지배질서를 흔드는 것이었고, 이양선의 출몰은 구체적인 군사적 위협이었다. 이와 같이 주변 정세가 불안하게 돌아가던 중에 일어난 아편전쟁에서 청의 패배와 그에 따른 불평등조약의 체결은 조선 정부에게 커다란 충격이 아닐 수 없었다. 또한 1811년을 마지막으로 통신사행이 중단되어 공식적인 교류가 끊긴 일본의 심상치 않은 움직임에 관한 정보도 조선 정부의 우려를 자아내고 있었다.

당시 동양으로 세력을 넓혀 오고 있던 서구 세력의 관심이 중국에 집중되어 있었고, 태평양 항로에서도 벗어나 있어 서구 세력의 시야에서 일단 벗어나 있었던 조선도 결국 1866년 병인양요를 시작으로 마침내 서양의 무력 도발, 개항 요구에 시달리게 되었다. 이에 대하여 조선의 유림은 화이론에 입각하여 서양을 오랑캐만도 못한 금수(禽獸)로 보고, 그와의 통교(通交)는 바로 '문명'의 소멸로 귀결된다고 하여 대원군에게 내수외양(內修外攘)할 것을 건의하였다. 하지만 월등한 군사력을 앞세워 제국주의적 확장을 시도하는 국가들 앞에서 군사적 배경 없는 관념적 배척이 현실적 의미를 가질 수 없었다. 조선 정부는 결국, 서구 제국주의 국가들을 모방하여 미국에게 당한 방식대로 무력시위를 앞세워 개국을 강요한 일본과 불평등조약을 맺고 개국하게 되었다. 이후 해외와의 교섭을 확대해 가면서 외교적 실무를 담당할 수 있는 지식 및 인재의 필요성, 근대적 문물의 도입을 통한 '개화'의 필요성에 대한 인식은 점점 더 널리 퍼지게 되었다.

재야 유생들을 중심으로 한 척사위정적인 통교 반대 및 서구 문물 배척 풍조가 여전히 강하게 남아 있었지만, 눈앞에 전개되는 현실에 대한 대응 능력의 부족 때문에 그것은 점차 역사의 뒤안길로 물러날 수밖에 없었다. 이와는 반대로 서양 문명 수용이 필요하다는 인식이 점차 퍼져 나가면서, 동양의 도덕은 지키되 서양의 물질문명은 수용하자는 동도서기론을 거쳐 점차 그 수용의 범위를 넓혀, 유교적 가치관의 일정한 양보 및 비판을 전제로 하는 개화론으로 옮겨갈 수밖에 없었다.

조선 정부도 개혁사업의 필요성을 느끼고 이를 추진하고자 했는데, 이때 실무 지식과 능력을 갖춘 인재 부족이 문제였다. 이제까지 중화문명 중심의 화이질서, 그 의례적 표현인 사대관계를 맺고, 중국을 통해 서양 관련 정보를 얻어 오고 있었던 조선에게 서양과 접촉하여 필요한 지식을 직접 배워 올 능력이 없었던 것이다. 당시 앞서 가고 있었던 서양 과학 지식을 배워 올 수 있는 창구는 1801년 신유사옥 이후 보수 세력이 집권하면서 막혀 버리고 말았다. 그리하여 서양 문물의 도입을 위해 1881년 조사시찰단과 영선사를 각각 일본과 청으로 파견하게 되었는데, 중점은 역시 전자에 있었다. 전자가 '조사' 시찰단이라고 불리듯이 64명의 중견관료를 중심으로 꾸려진 데 비해, 후자는 '학도' 파견에 불과했다. 또 전자가 명치 일본의 서구화된 문물제도를 전반적으로 시찰·파악하기 위한 것이었던 반면, 후자는 '군계학조(軍械學造)'라는 말로 상징되듯이 청의 양무운동을 모방하여 서양 근대 무기의 제조 및 사용방법을 배우기 위한 것이었다. 전통적인 사대관계는 물론 같은 중화문화권 안에서의 상호 왕래라는 오랜 전통을 바탕으로 조선의 지식인들은 서양 문명에 대한 지식을 청을 통해 획득해 왔던 것이지만, 당면 급무인 '부국강병'에서는 메이지유신 이후 일본이 빠르게 앞서 나아가고 있었으므로 중점이 자연히 일본에 두어질 수밖에 없었던 것이다.[1] 그러나 동시에 청에도 학도를 보냈던 사실은 조선이 처해 있었던 상황과 함께 개혁사업을 둘러싸고 청일 양국 간에 조선에서의 영향력 확대를 둘러싼 경쟁을 암시하는 것이기도 했다. 그러므로 조선은 자신이 원하는 개혁사업을 진행하되 이와 관련해 조선에 자신의 세력을 부식하려는 청일 두 나라의 기도를 어떻게 막아낼 것인가 하는 어려운 문제를 안게 되었던 것이다.

일단 개국한 조선 정부는 그 문호를 넓혀 1882년 4월 미국과 통상조약을 체결하고, 8월 5일 만국공법 공인 및 척화비 철거 교서를 반포하였다. 이는 전통적 중화체제를 벗어나 만국공법적 국제질서에 가담하겠다는 의지를 대내외에 공포한 것이자,[2] 그에 필요한 개혁을 하겠다는 의지를 표명한 것이었다. 그러나 임오군란을 진압하고, 조선 정부와 조청상민수륙장정(朝淸商民水陸章程)을 체결한(1882. 8) 청은 "내치외교는 자유"라고 인정했던 자신의 종전 입장을 바꾸어, '조공국' 조선을 근대적인 '속국'으로 새롭게 규정하면서 내정 간섭을 강화하고, 조선 정부의 자주적 개혁사업에 제동을 걸었다. 그러나 청의 방해로 개혁의 속도는 늦추어졌을망정, 근대 문물을 받아들여 개혁사업을 벌여야 하겠다는 조선 정부의 기본적 입장은 변함이 없었다. 그럴 때 모범으로 삼을 것은 역시 일본밖에 없었는데, 문제는 앞에서 살펴본 바와 같이, 조선 정부가 배우고자 했던 일본은 바로 이 한발 앞선 근대 문명을 전해 준다는 구실 아래 조선에 자신의 세력을 침투시키고, 나아가 내정에 간섭하고자

---

1. 許東賢, 「1881년 朝士視察團 硏究 — 日本 見聞報告書의 內容을 中心으로」, 고려대학교 대학원 박사논문, 1998, 18쪽, 35쪽 및 197쪽 참조.
2. 오영섭, 「개항 후 만국공법 인식의 추이」, 『東方學志』 124, 2004, 449쪽 참조.

했다는 점이다.[3]

이미 1880년대 초 김옥균, 박영효를 비롯한 개화파들은 일본을 왕래하면서 후쿠자와 유키치(福澤諭吉)와 접촉하면서 개화사상을 배우고, 그 영향 아래 '문명개화'를 내세우게 되었다. 윤치호와 유길준은 이때 게이오의숙(慶應義塾)에 입학하여 그에게 직접 지도를 받았는데 이것이 이후 미국으로의 유학 경험과 함께 이들이 1890년대 후반 대표적 문명개화론자로 성장하는 기반이 되었다. 개화파들은 1883년 『한성순보』를 창간하여 전통적 지식인들을 대상으로 하여 근대적 개혁의 필요성을 계몽하고자 하였는데, 이를 지원하기 위해서 후쿠자와(福澤)는 자신의 제자인 우시바(牛場卓藏), 다카하시(高橋正信), 이노우에(井上角五郎) 등을 추천해 보냈다.[4] 조선을 둘러싼 청일 양국의 경쟁은 결국 1894년 갑오농민전쟁을 구실로 청일전쟁으로 폭발하였는데, 여기서 승리한 일본이 청에 대신하여 동아시아의 패권을 장악하게 되었고, 이로써 조선에 대한 청의 영향력은 급속히 약화되고 이후 조선의 근대 문명을 도입하는 창구도 일본이 될 수밖에 없었다.

한편 개항 이후 큰 폭으로 늘어난 쌀 수출로 쌀값이 올라가면서 촉발된 물가상승, 쌀 수출과 관련하여 벌어진 일상(日商)들의 고리대 등으로 농민층의 몰락은 가속화되었다. 이에 더하여 개혁사업의 재원을 마련하기 위한 정부의 수탈도 가중되어 갔으므로 농민층의 현실에 대한 불만은 커져갈 수밖에 없었다. 그러므로 농민층 간에는 일본에 대한 저항감이 생겨날 수밖에 없었고, 그와 연결되어 세력을 끌어들이고 있다고 판

---

3. 위 조사시찰단의 경우에도, 조선 정부가 조사시찰단의 파견을 결정하고 일본 정부에 협조를 요청할 때, 조선에 와 있었던 일본 관리들은 이들이 "장차 조선 정부 내에서 반드시 권력을 장악할 세력"이라고 하거나, "이번 시찰단 일행은 종종 조선국 개화의 근간을 형성할 세력이므로 가능한 우대하여 그들로 하여금 개안하도록 후원해야 한다"고 건의하였다 한다. 최덕수, 「개항 이후 일본의 조선정책」, 『1894년 농민전쟁 연구(3) — 농민전쟁의 정치 · 사상적 배경』, 역사비평사, 1993, 78쪽 참조. 이는 조선 조정에 개화파를 양성하여 이들을 통해 자국의 세력을 침투시키기 위한 것이었다.
4. 崔埈, 『한국신문사』(증보판), 일조각, 1992, 15~16쪽 참조.

단된 개화파에 대해서도 호의적이지 않았다. 이것이 1894년 갑오농민전쟁 때 농민군이 개화파를 "개화간당(開化奸黨)"으로 지칭한 배경이었다.

청일전쟁이 진행되는 중에 일본의 간섭 아래 진행된, 근대화를 지향하는 갑오개혁을 거치면서 '문명개화'는 점차 피할 수 없는 대세로 인식되었다. 서구, 근대라는 새로운 세계에 대한 경이감(驚異感)을 '문명'이란 말로 집약하면서, 새 시대의 지향적 가치를 표상하는 '문명' 담론의 진전과 확산이 『독립신문』, 『ᄆᆡ일신문』 등의 매체를 통해 시도되었고,[5] 정부도 1895년 3월 10일 내무아문을 통해 각도에 "우리나라의 고유한 독립기초를 세우며 모든 제도를 혁신한 날카로운 기세가 인민들과 함께 다시 시작해서 문명한 경지에로 나가려고 … 온갖 폐단을 제거하여 선비와 백성의 안녕과 행복을 바란다"고 훈시하면서, 88개 항목의 개혁 사항을 예시하기도 하였다.[6] 이러한 시대적 분위기는 문명개화의 필요성을 고취하기 위한 의도도 들어가 있는 『독립신문』의 다음 기사에 잘 나타나 있다. 즉,

> 문명이란 것이 지구상에 항신풍(恒信風)과 해양 중에 조류와 같은지라 항신풍은 정한 시절에 정한 방향으로 불고 조류는 적도 아래서 일어나 정한 방향으로 흐르니 아무리 큰 배라도 이것을 역행함이 대단히 어려운 일이오 만일 약한 선척을 타고 역행할 지경이면 복몰함을 면치 못할 터이라 문명은 세계에 대세니 천하를 온통 삼키자 하는 영웅이나 세계의 반을 보존하자는 강국이라도 자못 막지 못하거늘 … 황상 폐하께옵서 일찍 세계 문명의 대세를 용람하옵시고 중흥의 업을 건립하옵시니 … 국내에 생긴 문명은 촌(寸)이 물러

---

5. 길진숙, 「『독립신문』·『ᄆᆡ일신문』에 수용된 '문명/야만' 담론의 의미 층위」, 『근대계몽기 지식 개념의 수용과 그 변용』, 이화여자대학교 한국문화원, 2004, 60쪽.

6. 『이조실록』, 392책, 여강출판사, 1993, 27~28쪽. 『고종실록』 33 고종 32년(1895) 3월 10일. 당시는 이른바 갑오·을미개혁이 한창 진행되던 시기로, 내무아문의 이러한 훈시에는 분명히 일제의 개입이 있었을 것이다. 마지막 87조가 "백성들에게 일본이 우리의 자주독립을 도와주는 형편을 깨우쳐줄 것"으로 되어 있는 것도 시사적이다. 그렇다고 해도 당시 조정의 개화 의욕은 부정할 수 없을 것이다.

가면 척(尺)이 나아와 인민의 사상을 일신하니 병정과 순검 등의 세력을 가지고는 초멸할 수가 없으리라.[7]

라는 것이었다. 즉, 문명은 '지구상의 항신풍과 해양중의 조류'와 같아서 어떤 영웅이나 강국도 거스를 수 없는 세계의 대세라는 것이었다. 이와 같이 문명개화가 거스를 수 없는 시대적 과제로 인식되던 상황에서 메이지유신 이후 서양 문명을 전폭적으로 받아들여 눈앞에서 급속하게 발전해 가고 있었던 일본은 그렇지 않아도 선망의 대상이 될 수밖에 없었는데, 거기에 더하여 조선의 문명화를 돕겠다고 나설 때 이를 환영하고 그에 기대를 걸게 되는 것은 어쩔 수 없는 일이었을지도 모른다.[8]

한편 갑오농민전쟁, 그에 이은 청일전쟁, 갑오개혁, 일본에 의한 야만적인 명성황후 시해(을미사변)를 겪으면서 땅에 떨어진 국위를 회복하고자 하는 조야의 열망을 배경으로 등장한 대한제국과 그 중심인 고종은 만국공법의 원리에 입각하여 1897년 10월 5일 황제칭호를 채택했고, 1899년 8월 17일에는 일종의 헌법인 「대한국국제」를 반포하였다. 이러한 일련의 조치는 만국공법체제에 적극 참여하겠다는 의도를 보이는[9] 동시에 문명국으로서의 체제를 갖추었다는 것을 내외에 과시하기 위한 것이었다.[10]

---

7. 「문명은 세계 바람과 조수」, 『독립신문』 제3권 제187호, 1쪽. 광무2년(1898) 11월 11일. (『독립신문』 자료는 甲乙出版社의 1981년 영인본임) 당시 문명개화를 해야 한다는 것이 여론의 대세였다는 것은 다음과 같은 다른 신문기사가 잘 전해 주고 있다. "수년 이래로 우리나라에 개화란 말이 대치하여 사람마다 개화 개화하여 婦女老少兄弟와 遐鄕僻村까지 개화 두 글자가 귀에 젖어서 言必稱 개화…" 「논설」, 『믜일신문』 1899. 3. 9.

8. 그러나 일본의 침투로 인한 폐해를 몸으로 겪고 있었던 농민층은 비록 농민전쟁에서의 패배로 꺾이긴 했지만 그 반일의식은 여전히 밑바닥에 깔려 있었을 것이다.

9. 현광호, 「대한제국은 어떻게 중립화를 실현하려 했나?」, 『내일을 여는 역사』 17호, 2004, 209쪽.

10. 이때를 전후한 법령 정비는 모두 이와 관련 있는 조치였다. 한편 이정옥에 의하면 아관파천 이후 한성 도로정비사업도 "재한 외국인들의 요구와 '문명국'이라는 이미지를 창출하고자 했던 조선 정부의 필요가 함께 작용한 합작품"이었다고 한다. 이정옥,

그럼 여기서 당시 한국인들이 '문명'을 어떤 맥락에서 거론하고, 또 이해했던가를 살펴보기로 하자. 우선 한국이 처해 있던 상황에 대해서 『황성신문』은 당시의 "국세의 위급함이 맹인이 말을 타고 깜깜한 밤에 천 길 깊은 연못을 만났는데, 겸하여 호랑이가 울부짖고 원숭이가 울어 사람을 놀라고 겁먹게"[11] 하는 상황이라고 하였다. 말하자면 사방에 국가의 운명을 좌우할 위험 요소들이 깔려 있는 중에, 깜깜한 밤과 같아 나아갈 방향도 알 수 없고 자칫하면 천길 연못으로 떨어질 수 있는 위기라는 것이었다. 이제까지 익숙했던 화이질서는 이미 무너졌고, 제국주의 세력의 침략에 대한 소식이 들려오던 중, 왕조 말기의 문제점들이 그 모습을 드러내고 있었으므로, 하루빨리 '부국강병'을 이룩하는 것이 절체절명의 과제였다. '문명'의 도입 및 실현이란 것도 바로 이 과제 해결을 위한 것일 따름이었다.

사정이 이와 같이 급박했으므로 이 시기에는 주요 문제에 관한 깊이 있는 논의를 기대하기는 힘든 상황이었고, '문명'에 관해서도 마찬가지였다. '문명' 관련 담론은 사상적, 학술적으로 재구성된 것이 아니라 인상적이고 대중적 표상들로 조합된 것에 지나지 않았다.[12] 1880년대 『한성순보』, 『한성주보』에서 문명은 주로 서양의 발전된 제도와 문물을 함축하는 의미로 쓰이는데, 가장 핵심인 과학기술 습득을 통해 '야만'이 문명으로 변할 수 있다고 보았다. 이후 윤치호나 유길준과 같은 미국 유학 체험자들에 의해 문명에 대한 인식이 유포, 확산되어 갔는데, 이들은 미국 유럽을 문명의 모델로 생각하면서, 그 나라의 부국강병, 발달된

「갑오개혁 이후 한성 도로정비사업과 府民의 반응」, 『향토서울』 78, 2011, 168쪽 참조.

11. "국세의 岌嶪함이 맹인이 *馬를 騎하고 黑夜에 天仗深淵을 當하매 兼하여 虎嘯猿啼가 사람을 驚怖케~" 「論說」, 『황성신문』 광무2년(1898) 9월 12일 제1권 6호.

12. 길진숙(2004), 앞의 논문 참조. 여기서 필자는 『독립신문』, 『믹일신문』에 나오는 문명담론에 대하여 사상적 학술적으로 재구된 것이 아니라 인상적이고 대중적 표상들로 조합된 것, 논리적 정합성이나 철학적 입장은 생각할 여지도, 필요도 없었으며 당위였다고 평가하고 있다.

문물, 새로운 학문, 의식주, 위생, 정치와 법률의 공정함, 정직함 등의 덕목, 권리 등을 '문명'으로 인식하였다. 여기서 주목되는 것은 문명이라고 해도 그것이 단순히 물질적인 풍요, 군사력의 강성 만에 그치는 것이 아니라 그것을 뒷받침하는 발달된 문물, 공정한 정치제도, 학문, 사회 구성원들의 도덕적 우월성 같은 것이 포함되어 있다는 것을 알았다는 점이다. 그러나 그것은 지식의 차원에서였고, 급박하게 전개되는 세계정세 속에서 생존을 위한 방안으로 제시된 후진국의 문명론이었기에, 문명이라는 말은 거의 전적으로 부국강병이라는 의미로 통일되는 경향이 강했다. 문명이란 곧 생존의 수단을 의미하는 까닭에 '개명'은 흔히 '부강'과 함께 언급되었고, '강약지분(强弱之分)'과 '문야지별(文野之別)'은 거의 동의어처럼 쓰였다.[13] 이와 함께 '문명부강'이란 말이 자주 쓰였던 것도 역시 같은 사정을 반영하는 것이었다.[14] 이는 이 단계에서 문명을 말할 때 서구 사회 '문명'의 기초이자 그 중요 구성 부분인 인권이나 민권 문제는 깊이 다루어질 수 없었다는 것을 의미한다. 독립협회가 입헌군주제를 주장하였지만, 반대파에 의해 공화정을 지향한다고 무고 받아 고종의 탄압을 받아 곧 해산되었다는 사실에서도 짐작할 수 있듯이 당시 한국사회에서 민권을 주장할 만한 부르주아 세력의 존재는 약했다.

---

13. 류준필, 「'문명'·'문화' 관념의 형성과 '국문학'의 발생 ― '국문학'이라는 이데올로기 서설」, 『민족문학사연구』 18, 2001, 14~16쪽 참조. 또 길진숙(2004), 앞의 논문에 의하면 당시 "문명한 나라의 모델은 구라파·미국이었고, 그 나라의 부국강병, 발달된 문물, 새로운 학문, 의식주, 위생, 정치와 법률의 공정함, 정직함 등의 덕목, 권리 등이 모두 열거되면서 이것이 모두 '문명'으로 인식되었다"고 하는데, 그중에서도 특히 부국강병이 강조되었다고 할 수 있을 것이다.

14. '문명부강'이란 용어가 사용된 예로서는, 金振聲, 「立憲世界」, 『大韓興學報』 4, 1909. 6, 23쪽의 "입헌은 문명부강의 主物이요 문명부강은 입헌의 從物"이라는 말이나, 鄭雲復이 일본인 실업가들을 향해, "제군이 선진국민의 의무로 아국인을 잘 지도하며 잘 계발하여 문명부강의 지경에 달하면" 운운이라(大韓民報, 1909. 6. 17, 3쪽)한 것 등에서 볼 수 있다. 이 밖에 박찬승, 앞의 책(1992), 61쪽에 나오는 김광제가 보호정치에 대해서, "서로 문명부강의 경지에 이르도록 권하고 이끌어서 서양세력을 막으려는 '협력책'에서 나온 것"으로 이해했다는 것 참조. 이와 직접 관련된 서술은 노대환, 『문명』, 소화, 2010, 137~148쪽 참조.

그러한 상황에서 오랜 세월 사회를 지배해 온 유교적 원리 아래, 감히 부정할 수 없었던 군주가 엄연히 존재하고 있는 상황에서, 군주를 부정하고 민권을 강하게 내세우기는 쉽지 않았다. 그러므로 이 단계에서는 민권에 대한 주장도 국권의 신장을 위한 것일 경우가 많았다. 말하자면 '민권이 국권에 종속'되어 있는 상황이었다.[15] 이 시기의 문명론은 부국강병을 위주로 하는 것이었으며 그 내용도 주로 물질문명의 발달을 위한 것이었다. 일본이 조선에 문명을 가르쳐 준다고 할 때의 문명도 바로 이러한 의미에 불과했다.

이와 같이 부국강병과 같은 물리적 능력을 중시하는 입장을 부추긴 것은 당시 진리라고 받아들여진 사회진화론이었다. 유길준, 윤치호 등 일본 미국 유학생들을 통해 처음 소개된 사회진화론은 『독립신문』을 통해서도 널리 알려졌다. 이후 양계초의 『음빙실문집(飮氷室文集)』을 통해 널리 유림들에게까지 유포되어 거의 절대적인 영향력을 가지게 되었다. 사회진화론에 의하면 적자생존·약육강식의 원리는 어쩔 수 없는 철칙이었으므로, 이 세상에서 살아남기 위해서는 무엇보다 먼저 강해지는 것이 중요하였다. 반면에 약자가 강자의 지배를 받는 것은 피할 수 없는 것이라는 인식이 생기게 되었다.[16] 따라서 약육강식의 현실에서

---

15. "식민지화가 결정적인 국면으로 되었던 국권회복 운동의 단계에서는 쟁웅주의에 대한 회의·비판이 싹터 민족 보존의 문제가 제기되면서 민족 결집의 과제가 인식되고, 투쟁방법으로서의 문화주의가 지양되며, 민족 결집의 과정·방법에 연결되면서 인권·민권의 문제가 제기된 것이 아니었던가 하는 인상이 짙다." 정창렬, 「한말 문명 개화 사학의 역사인식」, 『마당』, 1981. 11, 206쪽. 한편 주진오는 이보다 앞선 독립협회의 민권사상에 대해서 "민권의 확대는 국권의 강화를 위한 수단"이라고 파악하고 있다. 주진오, 「독립협회의 개화론과 민족주의」, 『현상과인식』, 20－1, 34쪽 참조. 한편 정숭교는 민권운동이 한말 계몽운동의 "실체적인 기반이자 본질적인 성격"이라고 파악하고 있다. 정숭교, 「한말 民權論의 전개와 國粹論의 대두」, 서울대학교 대학원 박사학위논문, 2004, 7쪽 참조.
16. 박찬승(1992), 앞의 책, 37쪽 참조. 이에 따르면 사회진화론은 한말 자강운동론의 이론적 기둥이며, 자강운동론자들은 아무런 의심 없이 사회진화론의 '優勝劣敗는 天然의 公例'라든가, '생존경쟁은 진화이 원동력'이라는 주장을 받아들였다. 따라서 그들은 '오인의 경쟁력이 다른 민족을 이기지 못하면 자연도태를 당하야 消盡, 멸망하는

경쟁과 진화는 물질문명의 진화를 의미할 수밖에 없었으며 그 목표는 부강이었다.[17]

1904년 러일전쟁이 일어나고, 결국 일본이 승리하는 것을 보면서, 일본을 본받아 서양 문명을 받아들여 부국강병을 이룩해야 하겠다는 인식은 더욱 널리 퍼지게 되었다. 서양 문명을 전폭적으로 수용하여 부국강병을 이룩하고, 세계 최강이라는 백인종 러시아의 육군을 물리친 황인종 국가인 일본의 승승장구하는 모습은 놀라움과 선망의 대상이었다. 이승만은 1904년 서양 학문과 문명을 적극 받아들여 흥왕한 일본을 다음과 같이 부러워하였다.

> 다행히 지금 명치황제의 총명과 단합으로 … 헌법을 세워 상하 의원을 설시하고 백성을 허락하여 나라 일을 의론하는 권리를 얻게 하매 외국에 가서 공부하는 자 날마다 늘어 사람이 다 누구든지 학문만 닦으면 못할 것이 없을 줄로 알고 집과 솥이라도 팔아 경비를 작만하여 영·미국에 건너가서 졸업하고 돌아오는 대로 그 재주를 따라 권리와 직업을 맡기매 점점 새 학문 공부하기를 자기의 목숨 구하듯 하여 2, 30된 자들은 남녀를 물론하고 그 성질과 모양이 다 서양 사람 같이 됨에 전후 40년 동안에 전국에 하나도 변치 않는 것이 없어 세상 사람들이 이르기를 일본은 다만 그 나라 이름 두 글자 외에 변치 않

것은 당연한 理勢'라고 생각하였다. 대한제국의 관원이자 유학자였던 鄭萬朝는 1909년 관광단원으로 일본에 다녀온 후, 나주에서 학자, 유지자, 면장, 기타 약 100명을 모아 놓고 벌인 유세에서, "일본인이 들어와 장사하여 자기의 사업을 뺏는다고 분개하는 자 많으나 이는 생존경쟁, 우승열패의 도리를 깨닫지 못해 그런 것"이라고 하여, 조선인들이 약자이기 때문에 강자인 일본 상인이 진출하여 자기 사업을 빼앗아도 어쩔 수 없는 일이라고 설득하고자 하였다. 「憲機 第1635號 日本觀光團員ノ遊說」(1909. 8. 11. 나주분견소장 보), 『統監府文書』 6, 국사편찬위원회, 1999, 320쪽 참조. 한말 우국적 유생으로 유명한 매천 황현도 "나는 강한 자가 약자를 삼키는 것을 원망하지 않습니다. 약자가 강자에게 먹히는 것이 서러울 따름입니다"라고 하였다. 閔泳珪, 「西餘文存 其一」, 『강화학 최후의 광경』, 1994, 26쪽. 당시 사회진화론이 발휘하고 있었던 영향력이 실상을 알 수 있는데, 이는 바로 제국주의자들이 노리는 바였을 것이다.

17. 정숭교(2004), 앞의 논문, 58~59쪽 참조.

는 것이 없다 하나니 이렇듯 속히 변혁함은 세계 사기에 드문 일이라, 나라에 신민 된 자들로 하여금 족히 부러운 마음을 이기지 못 하리로다.[18]

이승만은 일본이 서구 문명을 전폭적으로 받아들여 '나라 이름 두 글자 외에 변치 않는 것이 없'는 것과 같이 된 것을 '나라에 신민 된 자'로서 부러워하지 않을 수 없는 일이라고 칭송하였던 것이다.

러일전쟁에서 일본이 승리한 결과 그 보호국으로 전락하여 국권이 제약되는 상황을 맞이하게 되면서, 우리도 하루빨리 부국강병을 이루어 국권을 회복해야겠다는 생각이 더욱 널리 퍼지게 되었고, 이후 식산흥업과 교육을 강조하는 '애국계몽운동'이 서울을 시발점으로 해서 점차 전국적으로 확산되어 갔다. 보수적인 유생 중에서도 스스로 단발하고 서울로 진출하여 운동에 참여하거나 지방에서 운동을 벌이는 사람들이 등장하였다.[19] 뿐만 아니라 갑오농민전쟁에서 패하여 후일을 도모하면서 살 길을 모색하고 있었던 동학의 최고 지도자 손병희는 일본에 피신해 있으면서 일본의 발전한 모습을 직접 보면서 삼전론(三戰論)을 발표하여 근대적 문명을 받아들이는 쪽으로 방향을 틀었다.[20] 이제 여론 주도층에 있어 문명개화를 할 것인가 말 것인가는 더 이상 문제가 되지 않았고, 다만 방법과 내용이 문제였다.

---

18. 이승만, 『독립정신』, 正東出版社(1993 재간), 1904, 142~143쪽. 윤치호도 1894년 "만일 내가 살 집을 마음대로 선택할 수만 있다면 일본이 바로 그 나라일 것이다. 나는 지독하게 냄새나는 청국에서도, 인종적 편견과 차별이 무섭게 지배하는 미국에서도, 극악한 정부가 계속되는 조선에서도 살기를 원치 않는다. 오, 축복받을 일본이여! 동양의 파라다이스여! 세계의 정원이여!"라며 일본을 선망하는 마음을 일기에 적은 바 있었다.
19. 대표적으로 안동 유생 이상룡·유인식, 성주 유생 곽종석·이승희를 들 수 있다. 김도형, 『大韓帝國期의 政治思想研究』, 지식산업사, 1994, 283~289쪽 참조. 이상룡, 유인식은 계몽운동으로 전향하기 전 의병항쟁을 벌이기도 한 인물이었다. 이에 관해서는 조동걸, 「한말계몽주의의 구조와 독립운동상의 위치」, 『한국민족주의의 성립과 독립운동사 연구』, 지식산업사, 1989, 107쪽 참조.
20. 손병희의 문명론 채택에 대해서는 고건호, 「한말 신종교의 문명론: 동학·천도교를 중심으로」, 서울대학교 철학 박사학위 논문, 2002, 21~28쪽, 68~74쪽 참조.

이상이 당시의 여론을 주도하고 있었던 지식인층, 또는 정부의 동향이라고 하면, 그 반대편에는 전통 사회 지도이념 담지자였던 유림층, 개항 이후 일제의 경제적 침투 속에서 몰락해 갔던 농민층, 중소상공인층들이 있었다. 이들에게 급격한 변화, 그것을 주도하고 있었던 일제의 진출은 적대의 대상이 아닐 수 없었다. 이들은 이미 시대의 필요에 응할 수 있는 지식이나 능력이 없어 뒤에 물러나 있거나, 합법적인 의사 표현 및 자신의 뜻을 실제 정치에 반영시킬 수 있는 수단을 가지지 못하였기 때문에 잠복해 있기는 하였지만, 적당한 계기를 만나면 그 불만은 터져 나올 수밖에 없었다.

1904년, 1905년 두 차례의 조약을 강요한 뒤 실시하게 된 '시정개선'이란 이러한 상황에서 진행된 것이었다. 일제의 문명화를 표방한 '시정개선' 사업이 앞장에서 살펴본 것처럼 일제의 국가적 목표, 즉 조선을 식민화하기 위한 것이었으므로, 이때 말하자면 문명은 받아들이되, 이를 이용하여 자신의 세력을 조선에 확고하게 뿌리내리고자 하는 일제의 의도를 정확하게 파악하여 이를 격퇴하고 독립된 자주 국가를 이루어야 한다는 개항 이래의 한국사회의 과제가 전면화되는 시기였다. 그러나 사회 각 계층들이 지향하는 '문명화'된 세상에 대한 구상이 달랐고, 일제의 정책들이 각 계층에 미치는 영향이 달랐으므로, 그에 대한 반응도 다를 수밖에 없었다. 이에 따라 사회 각 계층들은 일제의 '시정개선'에 대한 대응에서 서로 동조하기도 하고 갈등하기도 하였다.

일제는 이미 1904년 2월 한일의정서를 강요한 후 전쟁 수행에 필요한 조치를 취하는 한편, 8월에는 「한일 외국인 고문 용빙에 관한 협정서」를 맺게 하여 메가타(目賀田)를 용빙하여 재정개혁을 담당케 하는 등 한국의 내정을 개혁하기 시작했는데, 이에 대해 『대한매일신보』, 『황성신문』과 같이 자강운동에 앞장섰던 신문들은[21] 일정한 기대를 표명하고

21. 정숭교는 『황성신문』의 박은식, 장지연, 『대한매일신보』의 신채호를 개신유학자로

있었다.

> 일본 외교관 중 교섭에 능란하며 재예가 통민(通敏)한 사람이 하나만 있더라도 가히 취지를 세워 한국의 완고한 구습으로 간사한 무리들을 다 없이 하고 정부에 부패함을 생각하야 실효가 있게 할 만하거늘 우금껏 아무것도 성취되게 한 것이 없은, 즉 (『대한매일신보』, 1904. 9. 7)

> 지금 우리 재정이 밑바닥까지 문란하여 거의 나라가 나라가 아닌 지경에 달했으되 우리 정부의 역량으로는 과연 정리할 여망이 없으니 부득불 외국의 고명한 선비를 고빙하여 정리의 책임을 전담케 한 연후에야 재정을 부지할 수 있을 것이니, 우리들은 실로 메가타(目賀田) 씨가 신속히 착수하여 화폐를 고치고 재무를 정리하여 도탄에 빠진 생령을 건지고 위태한 국세를 만회하는 것이 오직 우리가 고대하는 바이로되… (『황성신문』, 1904. 10. 13)

이 중 앞의 경우는 일본인들 중 보다 통민한 자를 내세우면 정부의 부패함을 고칠 수 있을 터인데, 몇 달이 지나도록 그러지 못한다는 것이고, 후자는 대한제국 정부가 부패하여 재정 문란을 자신의 힘으로 고칠 능력이 없으니 메가타(目賀田)가 화폐개혁과 재정개혁을 잘해 주어서 국세를 만회하기 바란다는 것이었다. 모두 대한제국 정부의 부패를 지적하면서 일제의 '시정개선'에 기대를 걸고 있었던 것이다.[22]

이와 같이 일제의 '시정개선' 표방이 한국인들의 기대를 불러일으킬 수 있었던 것은 대한제국의 국정이 문란했기 때문이다. 대한제국과 그

구분하고 있다. 정숭교(2004), 앞의 논문, 14~15쪽. 이 당시 두 신문의 언론활동에 대해서는 유영렬, 「한말 애국계몽언론의 일본인식」, 『아세아연구』 통권 제101호, 1999 참조.

22. 『대한매일신보』는 『황성신문』에 비해 일제의 '시정개선'에 대해 상대적으로 더 비판적이었고, 끝까지 의심의 눈초리를 거두지 않았다. 위 인용문과 같이 말하기 전 『대한매일신보』는 "일본의 한국 시정개선은 허명무실할 뿐만 아니라, 일본의 개혁안은 한국을 일본에 넘겨주는 것"이라고 날카롭게 지적했다. 이 시기 『황성신문』과 『대한매일신보』의 논조에 대해서는 유영렬(1999), 앞의 논문 참조.

중심에 있던 고종이 국권수호에 대한 강한 의지를 가지고, 구본신참의 원칙 아래 광범위한 개혁을 단행했던 사실은 부정할 수 없다.[23] 하지만 그 결과는 지지부진했고, 국민들의 반일역량을 한군데로 모을 수 있는 계기도 부족하였다. 일본으로 대표되는 외세의 침략이 급박하게 진행되던 당시 상황에서 근대화를 추진하기 위해서는 국가기구와 경제제도 등의 근본적인 변혁이 요청되었지만,[24] 뚜렷한 성과를 거두지는 못하였다. 「대한국국제」에서 정한 대로 무한한 전제권을 행사한 고종은 "세도가문 출신의 유생 관료들이 퇴조를 보이는 가운데 명문가문 출신이 아닌 실무형 관료들과 서자·역관·무관 등을 다수 기용하는 등, 관료 선발에 있어 봉건적 신분제를 탈피하는 발전적 모습"을 보여 준 것은 사실이지만 개혁을 추진할 뚜렷한 주도세력을 만들어 내지는 못했다. 대신 "빈번한 인사이동을 통해 이들 정치세력을 조종하고 상호 견제시키면서 전제권력을 구축"하는 방식을 취한 결과, 정부의 효율성은 악화되고 행정은 난맥상을 보이게 되었다.[25] 황제가 국가기구를 사유(私有)한 정치구조하에서, 국가가 지녀야 할 공공적 성격은 황제 권력 강화가 곧 자주독립이라는 명분하에서 사라지고 황제의 의향에 따라 통치 권력과 재정권, 인사권이 행사되고 있었다.[26] 그 결과 서양인들에 의해 '한국 정부와 그 관리들의 무능, 부패는 전제적 동양에서도 최악의 상태'라고 비난받는 형편이었다.[27] 한편 근대화 사업을 위해서는 막대한 자금이 필요했고, 세원 발굴과 세금 징수에 있어 투명성과 공정성을 유지·관리할 수 있는 체계가 갖추어야 했는데 그러지 못했고, 문란한 재정제도가 오히

23. 고종을 중심한 대한제국의 근대적 개혁 노력에 대해서는 이태진, 『고종시대의 재조명』, 태학사, 2000 참조.
24. 이헌창, 『韓國經濟通史』, 法文社, 1999, 244~245쪽, 274쪽 참조.
25. 도면회, 「대한국국제」와 대한제국의 정치구조」(사실, 이렇게 본다 2), 『내일을 여는 역사』 Vol. 17, 2004, 198~201쪽 참조.
26. 도면회, 위의 논문, 201~202쪽 참조.
27. 구대열, 「일본의 초기 대한식민정책 형성과정」, 『대한제국연구』 4, 1986, 9쪽 참조.

려 부정과 부패의 원천이 되었다. 한정된 재원을 합리적으로 관리하여 근대국가 형성에 필요한 자금을 마련하고, 그것을 정책의 우선순위에 따라 효율적으로 투자할 수 있는 제도, 근대국가 형성에 필요한 경제적 기초를 확립하는 데 실패했던 것이다.[28] 사정이 이러했으므로 일제가 '시정개선'을 내세우고 한국의 국정을 개혁한다고 할 때 국민 일반이 일단 기대를 거는 것은 당연했다.

러일전쟁에 앞서 일본 군대가 주둔하게 되자 이를 환영하는 분위기도 있었다. 러일전쟁 발발과 일본군의 한국 주둔, 이어지는 '보호국화'는 국가 존망의 위기였지만, 일부 세력에게는 전제군주정을 극복하고 새로운 국가를 만들 수 있는 기회로 인식되기도 하였다. 일본군의 주둔으로 대한제국의 권력이 제약되면서 일진회, 진보회(1904. 12. 2. 일진회로 통합), 공진회 등이 나타나 민회운동을 개시하는데, 이 단체들은 정부 개선정치와 함께 인민의 생명·재산 보호, 군정·재정 정리를 강령으로 제시하였다.[29] 앞의 두 단체는 바로 독립협회와 지방의 동학교도들이 중심이 되어 만든 것이었는데, 특히 후자의 조직에는 손병희의 입김이 강하게 작용하고 있었다.[30] 이들은 물론 당시의 계몽운동론자들 중에서도 근대화 지상주의에 가깝다고 할 인사들이었지만, 일본을 통해 근대 문명을 접하고, 다양한 경로를 통해 메이지유신 이후의 눈부신 발전에 대한 정

28. 대한제국기의 근대적 개혁 노력에 대한 필자의 이런 평가는 그렇다고 해서 일제에 의한 제국주의적 침략, 한국 합병을 정당화하는 것은 아니다. 다만 당시는 폭력적이고 침략적인 '제국주의'가 판치는 상황이었고, 대한제국의 개혁이 이를 막을 만큼 충분히 신속하게 이루어지지 못했다는 것이다. 이헌창은 "…2차 세계대전 이전에는 강대국이 후진 약소국을 침략하고 주권을 탈취했다. 1870년대 이래 본격화된 제국주의는 후진 약소국이 우여곡절을 겪으면서 서서히 근대화의 길로 나아가도록 내버려두지 않았다"라는 말로 이러한 상황을 설명했는데 필자도 이에 동의한다. 이헌창, 「개항기 근대화 정책은 소중한 경험」, 『고종황제역사청문회』, 푸른역사, 2005, 179쪽 참조.

29. 維新會는 1904년 8월 20일 一進會로 개칭하고 4대 강령을 내세웠는데, 그것은 一, 황실을 존중체 하고 국가 기초를 공고케 할 사 一, 인민의 생명재산을 보호케 할 사, 一, 정부 개선정치를 실시케 할 사 一, 군정 재정을 정리케 할 사였다.

30. 이상 한말 민권운동에 대해서는 정승교(2004), 앞의 논문, 제1장 참조.

보를 얻고 있었던 당시의 지식인들은 거의 모두 일본을 선망하고, 그를 모범 삼아 한국도 문명개화를 달성하자는 생각을 갖고 있었다. 사회진화론을 수용한 입장에서, 한발 앞서 문명을 이룩한 일본의 지도에 의한 '문명화'를 수용하는 입장이었고, 그래서 통감부의 시정개선에 대해서도 일정한 기대를 가지고 있었던 것이다.

그러나 눈앞에 전개되는 '시정개선'은 실망스러운 것이었다. 앞서 기대감을 표명했던 『대한매일신보』와 『황성신문』은 실망 속에서 비판을 서슴지 않게 되었다. 이들은 우선 일제가 벌인 사업의 약탈성에 대해 비판했다. 개신유학자들을 중심으로 한 변법론자들의 의견을 대변하던[31] 『황성신문』은 1904년 일본의 황무지 개척권 요구를 비판하면서, 만약 한인들의 능력이 부족하다면 일본의 '문명'을 수입하고, 고명한 일본인 전문가를 고빙하여 '개선의 모범'을 보이면 일본의 거의(擧義: 러일전쟁 개전)한 명예도 떨칠 것이고 동양평화도 반석에 놓이게 될 터인데 왜 하필이면 일본인에게 차여(借與)하려는가 지적하면서,

> 이제 충고니, 보존이니 하던 말은 헛소리로 돌리고, 비록 아주 사소한 이익[一利半益]이라도 다만 빼앗아 점탈하니 야매한 우리가 이해관계를 모른다고

31. 김도형은 한말의 '근대화를 위한 사회개혁론'을 ① 유교를 기반으로 서양의 기술문명만을 수용하고자 했던 양무론, ② 서양의 정치론, 민권론까지 수용하려는 '改新 儒學者'들의 變法論, ③ 유교의 절대성을 부정하고 기독교까지 수용하여 서구화를 지향하던 문명개화론으로 나누고, 이 중에서 ②부류에 속하는 인사들이 『황성신문』에 모였다고 보았다. 이에 대해서는 김도형, 「大韓帝國 초기 文明開化論의 발전」, 『한국사연구』 121, 2003, 173쪽, 주1 참조. 한편 정숭교는 위의 ②, ③에 속하는 인사들이 민권사상을 공유하고 있다고 보면서도 ②를 "舊本新參의 입장에 서서 변법론을 주장한 개신유학자"와 ③을 "문명개화론의 입장에서 자유민권론을 부르짖은 개화지식인"으로 부르고 있어 커다란 차이는 없어 보인다. 정숭교, 「한말 民權論의 전개와 國粹論의 대두」, 서울대학교 대학원 박사학위논문, 2004, 제2장 참조. 이에 기대어 여기서는 ②에 속하는 인사/사상을 개신유학자/변법론, ③은 문명개화론자/문명개화론으로 부르고자 한다. 한편 정숭교는 ②에 속하는 인사들로서 羅寅永, 吳基鎬, 李沂, 洪弼周, 박은식, 장지연, 신채호, 이상룡, 柳寅植 등을 들고 있다. 정숭교(2004), 앞의 논문, 14~15쪽 참조.

생각하는 까닭인가? 어찌 우리를 속이는 것이 그렇게 태심한가. 만약 조약이 없고, 국체를 돌보지 않고 단지 위협 압박과 공갈 겸제(箝制)로써 제멋대로 거리낌 없이 행하고자 한다면 왜 러시아를 정벌한다는 군사를 옮겨 먼저 이 땅을 점령하여 맘대로 하지 않고 다만 그 가죽만을 남겨두고 고혈을 다 빨아 먹으려 하는가?[32]

라고 격렬하게 항의하였다. 또한 『대한매일신보』도 한일 양국이 서로 보완관계에 있다고 한 뒤,

… 일인이 한인을 대하면 언필칭 문명을 개도한다 하며 독립을 부식한다 하며 동양에 평화를 유지한다 하고, 한인도 또한 시국을 관념하여 부득불 동주동종지국(同洲同種之國)과 형제같이 친애하며 순치(脣齒)같이 상엄(相揜)할지라 하더니, 작년 일로 개전할 때 일본 군사가 입경하니 한국 남녀노유가 다투어 환영하고 제반 군수 운송의 일을 모두 어려움을 잊고 응하였는데 … 일본이 과연 이때에 시정개선을 실심으로 충고하며 문명진보를 실심 권도(勸導)하였으면 한인들이 심열성복(心悅誠服)하기를 큰 가뭄에 단비를 만난 사람처럼 할 터인데 … 일본이 그런 일은 하지 않고 급급히 착수하는 것은 전국에 이권을 빼앗으며 일체 권세를 차례로 점취하며 간세한 자들을 이용하고 정직한 자를 쫓아내고 국민의 가옥과 토지를 늑수강취(勒收强取)하며 심지어 인명을 참살하는 것도 거리끼지 않으며 재정을 고갈케 하니 생맥이 돈절하고 학무를 감축케 하니 교육이 더욱 쇠퇴라 ….[33]

라고 하여, 일본인들이 문명, 독립, 동양평화를 내세우면서 실제로는 한국의 이권을 빼앗아 가고 있으며, 시정개선이 약속과는 달리 자신들의

---

32. 「韓日國交之憾情所由」, 『황성신문』, 1904. 6. 28, 논설.

33. 「論說 危哉韓日關係」, 『대한매일신보』 83호, 1905. 11. 22. 이 밖에 논설 「告統監伊藤侯閣下」, 『황성신문』 2287호, 1906. 9. 19(20일 속편이 실림), 김익수 등 이 1907년 伊藤博文에게 보낸 편지에도 비슷한 내용의 고발이 있다. 『大韓季年史(下)』 권8, 1907. 8. 2. (국사편찬회 편, 『한국사론총서』 5, 287~289쪽)

이권 채우기에 바빠 오히려 한국인들의 생활을 위협하고 있다고 비판하였다.

> 한국에 지금 개량할 일이 많은 것은 말을 기다릴 것이 없으나 한국의 행정사무도 혼잡하지마는 일본 사람이 쓸 만한 것도 모두 없애고 세계에 향하여 저희들이 무슨 일이던지 바로 잡기는 천하제일인 듯이 하며, 경계가 상접하니 이익이 상동하니 그 외에도 여러 가지 까닭을 말하여 가면서 일본 사람이 이 독립제국에 와서 청하지 아니하고 원하지 아니하는 찬조를 하는지라 … 한국에서 일본인의 행위가 사사이 심원한 것이 무슨 권고를 하던지 목전에는 얼마쯤 한국을 위하야 인후한듯한 일이라도 필경은 한국의 재정으로 일본에게 이익이 있게 하는 목적에로 돌아가는 지라 … 아직까지는 목하전씨가 수세권을 일본인의 장중에 넣지 못하였지마는 전쟁이 일본에게 좋게만 되어가는 동안은 의심 없이 그 목적을 달하려고 진력할 것이오, 그리 한 후에는 일본이 잠시라도 한국을 개량하였다고 서로 치하할 줄로 우리는 예탁하노라.[34]

> 한국정부에 대하여 일본인의 행위가 진실로 시정 개선할 마음이 있으면 잠시라도 지체하지 아니하는 것이 옳거니와 사실상으로 보면 허명무실이오, 제반 행동이 저의 욕심만 채우고 한국의 이익은 생각도 아니 하니…[35]

언론의 이런 반응은 일본의 한국에서의 사업을 생각하면 당연한 것이었다. 통감부의 정책만이 아니라 그 비호를 받아 밀려들어 오고 있던 일본 자본으로 인한 피해도 점차 피부로 느껴지기 시작했다. 그리하여 『황성신문』은 이미 이보다 앞선 시기에 일본 이민이 한국에 도움이 되리라는 『조선신보』의 주장에 대해 일본인들이 자기 이익을 위해 오는데 한국에 무슨 이익이 되겠느냐, 일본의 경우도 서양인이 내지에 들어

---

34. 「론셜 한국의 일년 개량」, 『대한매일신보』 2권 33호, 1905. 2. 14.
35. 「론셜 한국의 희망」, 『대한매일신보』 2권 25호, 1905. 2. 2. 이 밖에 약탈은 아니더라도 시정개선이 일본인 위주라는 점도 비판의 대상이 되었다.

와 잡거해서 발전한 것이 아니고 내정개혁을 했기 때문에 부강해졌다고 반박한 바 있었다. 일본인 이민이 들어오면 자본, 기술 등이 함께 들어올 것이라 하지만 저들은 적수공권이고, 개항 이래 한인들이 피해를 보고 있다고 하였다.[36] 이러한 사정은 『대한매일신보』도 지적하고 있었고, 일본 헌병대는 이로 인해 한국인들의 인심이 악화되고 있다고 보고하였다.[37]

그러나 이러한 반대 여론 속에서도 통감부의 시정개선에 기대를 거는 세력도 여전히 존재했다. 전남 보성(寶城) 군수 오재영(吳在永)은 독자적으로 개발 문명할 힘이 없어 이웃 일본에 기대야 하는 우리나라 현실은 부끄럽지만, 이 일은 일본의 힘을 빌어서라도 기필코 달성해야 한다고 생각했는데, 왜냐하면 "우승열패 · 생존경쟁의 세계 대세 속에서" 살아남는 것이 무엇보다도 중요하기 때문이라는 것이다. 그는 일본의 지원을 받아 신교육, 신사상을 보급하고 식산흥업하여 민부국강(民富國强)을 꾀해야 하며, 이를 위해서는 의병 토벌로 지방사회를 안정시킨 후 지주층이 토지자본에 기초하여 지주적 입장에서 일본을 모델로 한 근대화를 추진해야 한다고 믿었다.[38]

윤효정(尹孝定)은 한말 자강운동의 중심적 이론가였는데, 대한협회 창립 직후 제1회 총회에서 연설을 통해 보호정치와 그 아래에서의 한국민

---

36. 「論說 辨朝鮮新報辨妄之謬」續二」, 『황성신문』 1902. 1. 29. (續三) 1. 30.
37. 「民失其業」, 『대한매일신보』 146호, 1906. 2. 15, 雜報 (영인본 2책 1574쪽)에서는 "상황 무역, 흥공작사와 개간진황과 광산채굴과 어업 잠업 방직 등 산업을 일본인이 먼저 차지하여, 한국인들은 일본인들에게 아첨하거나 아니면 10분의 1이나 차지할 뿐"이라고 하여 일본 자본의 진출로 인한 한국인들의 피해 상황을 지적하였다. 일본 헌병대도 "일본인이 이주하여 상업에 개간에 종종의 사업에 착수하는 자가 많으므로 일본은 입으로는 한국의 지도 계발을 말하면서 뒤로는 한국인의 동화를 도모하여 이로써 한국병탄의 야심을 달성코자 하는 자"라는 지방 인심을 보고하고 있다. 「憲機 제2130호 伊藤公遭難ニ民心ノ傾向等ニ關スル件(10월 31일 開城管區長內報)」, 『통감부문서』 7(국사편찬위원회, 1998) 별지 「韓國現時ニ於ケル地方人心ノ狀況」(1909. 11. 1. 인쇄), 3. 「官民ノ日本政府ニ對スル感情其他信賴ノ程度」, 105~106쪽 참조.
38. 洪性讚, 「한말 일제초 향리층의 변동과 문명개화론 — 寶城 군수 吳在永의 경우를 중심으로」, 『한국사연구』 90, 1995. 9. 참조.

이 나아갈 길에 대해

> 오호라 우리나라는 아세아 대륙 동편 구석에 처박혀 있어 세계문명에 진보가 실시(失時)함으로 이제는 선진문명국(=일본)의 지도에 의하야 국사를 정리하고 인문을 장려하여 자금 이후로 국민이 협동 일치하여 문명을 흡수하고 시정을 개선하여 능히 국부국강(國富國强)을 증진하며 열국과 어깨를 나란히 하기를 날짜를 기약하여 기다릴 수 있을 것인데…[39]

라고 하여 일제의 보호정치를 '선진문명국의 지도'로 인식하고 그에 따라 국민이 협동일치하여 힘쓰면 부국강병을 이루어 열강과 어깨를 나란히 할 수 있을 것이라고 하였다. 국채보상운동 제창자로 알려진 김광제(金光濟)는 보호정치를 "서로 문명부강의 경지에 이르도록 권하고 이끌어서 서양세력을 막으려는 '협력책'에서 나온 것"으로 인식하고 있었다.[40] 천도교 기관지 『만세보』도 "아국은 마땅히 저 일본의 보호력을 이용하여 고고(孜孜)히 국가 실력을 키워 후일의 자강력을 얻으면 저 보호하던 자는 반동의 힘으로 스스로 물러날 것"이라면서 내정을 스스로 닦아 나라의 실력을 키우는 것이 최상책이라고 주장하였다.[41]

오세창은 손병희와 연결된 천도교 계열 인사였는데, 그도 통감정치를 문명개화를 위한 '신정(新政)'으로 받아들였다.[42] 『서유견문』을 저술하고 갑오개혁의 이념적 기반을 제공하였다고 평가받는 유길준도 고종이 물러나고 순종이 즉위한 1907년, 일본이 조선과 관련해 취한 일련의 조치, 조약들이 모두 조선을 위한 것이었으며, 우리의 국권이 침해되는 것은 일본의 지도를 제대로 따르지 않은 우리에게 잘못이 있고, 우리가 부강

---

39. 박찬승(1992), 앞의 책 61쪽에서 재인용. 또 그의 위치에 대해서는 같은 책 37쪽 참조.
40. 박찬승(1992), 앞의 책 61쪽 참조.
41. 박찬승(1992), 앞의 책, 64쪽 참조.
42. 김경택, 「한말 중인층의 개화활동과 친일개화론」, 『역사비평』, 여름 21호, 1993, 258쪽 참조.

의 실질을 갖추면 일본은 신의가 있는 나라이므로 을사조약에서 약속한 대로 물러갈 것이라고, 일제의 침략 합리화 논리를 그대로 수용한 내용의 상소를 올렸다.[43]

이렇게 일제 통감부의 시정개선에 기대를 거는 인사들 중에는 '문명 지상주의'에 빠져 '시정개선'의 침략성, 약탈성에 눈먼 사람들도 있었겠지만, 대부분의 개신유학자, 문명개화론자들의 입장은 '문명화'를 제대로 해 달라는 것이 아니었을까 한다. '문명'이 시대적 화두가 된 상황에서, 일제의 '시정개선'이 그를 실현해 줄 것을 기대했지만 그 실상이 일제의 자기 잇속 차리기, 자기 세력의 부식이라는 것을 깨닫고는, 그것을 당초의 표방대로, 제대로 해 달라는 입장이라고 할 수 있다. 말하자면 시정개선에 대한 '조건부 승인'이라 불릴 만한 것이었다. 문명의 수용을 통한 부국강병은 추구하되 그에 편승한 일제의 국권 침탈에는 반대하는 입장이었던 것이다.

그리하여 그들은 일제의 '시정개선'을 내세운 '제 욕심 채우기'에 대해 비판하면서도 부국강병과 관련되었다고 판단되는 시책에 대해서는 환영을 표시하였다. 예를 들면 앞서 본 바와 같이 일본의 조선면화협회 회원들이 일본 면방적 자본을 위해 조선에서 면화종자 개량 사업의 일환으로 육지면재배 사업을 벌이려 할 때 그들을 천사(天使)라고 지칭하면서 환영하였다. 또 『황성신문』은 일제의 국권침탈 정도가 심해져 가던 1908년에도

43. 『이조실록 400 순종실록 제1권』 정미년 융희 1년 10월 23일(사회과학원 민족고전연구소 번역, 여강출판사, 1993) 89~101쪽. 이원영은 유길준에 대하여 "계몽주의 논리에 경도하여 서양 문명을 상대화하고 대항하는 논리에 빈곤"했다고 하고, 또한 "서양과 일본을 산업력, 군사력이라는 힘의 차원에서 파악하지는 못했으며, 결국 그들의 권력정치에 대해 긴장감 내지 대항의식을 갖기 어려웠다"고 비판했다. 이원영, 「문명사관과 문명사회론 — 유길준의 『서유견문』을 중심으로」, 『韓國政治學會報』 30-4, 1996 참조.

> 근일 농상공부에서 … 공업전습소를 13도에 배치하기로 협의하였다니, 이는 금일 실업계의 필요한 급무요, 부강문명의 요소니 우리들은 농상공부에서 이를 열심히 실시하여 10분 확장키를 희망 찬성하며…[44]

라고 하여, 통감부기 농상공부의 공업전습소 설치를 부국강병을 위한 '문명' 사업으로서 칭송하고 있었다. 최남선은 1908년 「경부철도가」라는 노래를 지었는데, 여기에서 그는 "일본에 대한 반감을 가지고 있으면서도 일본에 의해 부설된 철도를 기쁘게 이용"[45]하고 있는 모습을 보여 주고 있었다.

이와 같이 여러 가지 문제점과 그 약탈성에도 불구하고 일제의 시정에 대해 기대를 거는 집단이 있었다는 것은 아무래도 부정할 수 없는 '시정개선'의 문명성 또는 보편성 때문일 것이다. 한국인들의 문명을 향한 열망에 대해 학부 고문으로 와 있었던 시데하라 타이라(幣原坦)는

> 한국 쪽을 보면 근래 배일운동이 치열하다고 한다. 그러나 문명에 접촉함에 따라 오히려 그 문명에 반대한다는 의미는 아니다. 지배하고 있는 일본인이 싫다고 하는 것일 것이다. 가장 완고한 축들 중에는 신교육을 보고 부박하다고 하여 반대하는 자도 있지만 대체로 신문명을 환영하고 있는 것은 인정하기 어렵지 않다.[46]

---

44. 「論說 工業傳習所」, 『황성신문』 2825호, 1908. 7. 10, 17책 242쪽.
45. 이주열, 「「경부철도노래」에 나타난 긍정의식 연구」, 『우리어문연구』 35집, 2009. 그의 문명에 대한 열망은 "夜光珠보담도 明輝하고 金剛石보담도 燦爛한 눈이 부신 文明進步"라는 말에 상징적으로 나타나고 있다. 최남선, 「海上大韓史(4)」 公6 『소년』 제2년 제2권 1909. 2. 1, 13쪽. 기차가 문명의 상징으로서 찬탄의 대상이 되기도 하였지만 농민들은 "運輸往來 便利키로 汽차搭乘 爭頭ᄒᆞᆫ다 三處鐵路 볼작시면 良田美土 盡入이라 目前小利 貪取ᄒᆞ야 心腸大患 不知ᄒᆞ니 乘차客의 醉夢이오"라고 하여, 기차로 인한 피해의식을 토로하고 있다. 김동식, 「철도의 근대성」, 『돈암어문학』 15, 2002, 51쪽에서 재인용.
46. 幣原坦, 「論說 教育方面より觀たる埃圾と韓國」 『教育界』 『教育認識·資料篇 第2巻 — 第1部 韓國の部(2)』, 1909, 235쪽.

라고 하였다. 즉, 당시 한국의 지식계의 전반적 분위기는 문명 수용에 대해서는 반대가 없고 다만 그것을 내세워 한국을 지배하는 일본을 싫어할 뿐이라고 진단하였다.

이렇게 본다면 당시 '문명'의 실현을 바라던 변법론자들은 시정개선의 문제점을 간파하고 이를 비판하면서도 이를 계기로 부국강병을 달성할 수 있지 않을까 기대하고 있었던 것이 아니었나 판단된다. 일제가 무력을 바탕으로 권력을 장악하고, 한국인들 자신이 열망하고 있었던 문명화 사업을 강력히 추진해 나가고 있었던 상황에서, 이를 막을 수 있는 것은 아무것도 없었고, 한국인들이 할 수 있는 것은 그 과정에서 드러나는 침략성, 약탈성에 의구심과 분노를 표명하면서도, 그러한 시정개선을 제대로 시행해 달라는 것, 그들이 선전하는 대로 한인 위주로 해 달라고 '요청'하는 것밖에 없었던 것이다.[47]

한편 대한제국의 재판제도의 불비와도 관련하여, 이토 히로부미(伊藤博文)가 주도한 재판제도 개선이 한국 인민들의 일제의 보호통치에 대한 '심복'을 끌어내고 있다는 일제의 보고가 있다. 사실 이토는 보호통치의 성패가 사법제도, 그중에서도 재판제도의 개혁에 있다고 보고 여기에 심혈을 기울였고, 다른 부분은 몰라도 사법제도개혁은 비교적 성공적이었다고 자체 판단하고 있었다는 것은 잘 알려져 있다. 즉, 『황성신문』은

---

47. 한편, 『대한매일신보』는 『황성신문』에 비해 일제 시정개선에 대해 더 비판적이었다. 『대한매일신보』는 1908년 "구식의 최악의 정부라도 30년 동안에 끼칠 손해를 일인은 3년 내에 이미 可했다"라고 일제의 정책을 비판했다. 유영렬, 「한말 애국계몽언론의 일본인식」, 『아세아연구』 통권 제101호, 1999, 14쪽 참조. 그러나 전반적으로 볼 때 당시의 문명개화론이나 변법론은 '문명 대 야만'이라는 논의의 틀에 갇혀 일제 정책의 문제점을 제대로 파악하지 못하였고, 점차 이런 문제점을 깨닫게 되면서 國粹論으로 옮겨가게 되지 않았을까 추측된다. 한말의 국수론에 대해서는 박찬승(1992), 앞의 책, 정숭교(2004), 앞의 박사학위 논문 및 이지원, 『한국 근대 문화사상사 연구』, 혜안, 2007 참조.

각 지방 군수가 민사 및 태형 이하의 범죄사건은 재판권을 가졌더니 사법권 독립 이후로 그 권능이 소멸되어 군수 군리(郡吏) 등이 그 부정재원이 감소한 고로 악감정을 갖는 자가 있고, 일반인민은 재판권이 독립됨을 아는 자가 얼마 없지만 그중에는 구(區) 재판소가 설치되어 군수에게 재판권이 없는 고로 사법권이 독립되었다 칭하고 인민이 문명한 판결을 받아 권리가 보호되겠다고 환영한다더라.[48]

라고 하여, 정미조약과 그에 이어진 조치로 행정과 사법이 분리되면서 군수나 아전들이 재판에 간여하여 이득을 얻을 수 없게 되어 불만을 품게 된 반면, 일반 인민은 '문명한 판결'을 받아 권리가 보호받을 수 있게 되어 환영했다는 것이다. 결국 대한제국 행정의 난맥상, 제도의 봉건성이 극복되지 못한 상황에서 무권리 상태에 놓여 있었던 하층민들은 일제 시정의 근대성을 환영하고 이를 이용하여 지배층의 전횡에 저항했던 것으로 보인다. 국외인 미주에서 발간되고 있었던 『신한민보』는 "악한 관리의 탁란(濁亂)하던 폐단이 없어지고 재판을 공평히 하는 고로, 지방 인민들은 도리어 다행으로 알고 일본에 복종하는 마음이 점점 생긴다고 하니 적은 이익을 달게 하(알?)고 큰 의리를 모르는 저 노예를 다 어찌할꼬"[49]라며 안타까워했지만, 그것은 지배층 자신이 쌓은 업보라고 할 것이다.

한편 개항 이후 활발해진 대일 쌀 수출로 새로운 성장의 기회를 맞은 지주층은 전반적으로 일제의 세력 침투에 덜 저항적이었을 가능성이 높다. 이들 중에는 전과 달리 농업 경영에 적극적으로 참여하는 사람들이 등장했는데, 이들은 소작농에 대한 수탈을 강화하고, 소유 토지를 늘려 가고 있었고, 이는 필연적으로 지주 전호(佃戶) 농민 간의 모순을 심화

48. 「雜報 民法의 歡迎」, 『황성신문』, 1908. 9. 16.
49. 『신한민보』, 1910. 2. 9. 문준영, 『법원과 검찰의 탄생 — 사법의 역사로 읽는 대한민국』, 역사비평사, 2010, 433쪽에서 재인용.

시켰다. 이는 결국 농민항쟁으로 폭발되어 나타났는데, 이때 지주층들이 일제가 제공하는 치안질서라는 우산 아래로 찾아 들어오게 되는 것은 당연한 일이었다. 그 한 예로 일제시기 『동아일보』 계열의 민족주의 집단의 대표자격인 김성수 집안은 1909년 줄포(茁浦)로 이주하였는데, 그곳에는 일병이 파견되어 있어 그 보호를 기대할 수 있었기 때문이다.[50]

일제는 시정개선에 대한 한국인들의 평가에 관심을 가지고 여론의 추이를 지켜보고 있었는데, 일제는 자신들의 시정에 기대를 거는 계층으로서 상층 또는 중간층을 지목하고 있다.[51] 윤효정은 1908년 12월 대한협회의 구성원을 신저작가, 번역가, 신문가, 잡지가, 소설가 등 문필가, 유학생, 망명정치가, 사립학교 설립자 및 교사, 상사 은행의 주무자, 척식회사, 위원, 주주 등 학문이 유하며 자산이 유할 뿐만 아니라 덧붙여 경험이 많은 신사며 학사며 지사들이라고 설명하였다.[52] 일제의 통감부치하의 보호국 상태에서 이를 인정하고, 자신을 정당으로서 위치 지우고, 권력분점까지도 생각했던 대한협회는 그 사회적 기반을 신지식층, 구 개화파 계열의 정치인, 지주 및 신흥부르주아 층에 두고 있었다.[53] 김가진(金嘉鎭)은 그러한 계층으로서 일반인과 구별되는 '유식자'를 언급하였는데 이것도 비슷한 의미였을 것이다.[54] 아마도 당시 신문물을 접

50. 김용섭, 「古阜 金氏家의 地主經營과 資本轉換」, 『한국근현대농업사연구 — 한말·일제하의 지주제와 농업문제』, 일조각, 1992, 177쪽 참조.

51. "The middle class Koreans, we are informed, are slowly but surely beginning to put confidence in Marquis Ito's integrity of purpose." The Korean Situation and the Japanese Opinion, *The Seoul Press*, May 5th, 1907, p. 3.

52. 박찬승(1992), 앞의 책, 68쪽 참조.

53. 위와 같음.

54. 김가진은 국민 다수가 배일사상을 갖게 된 원인으로 ① 일본인 일반의 한국인 모욕, ② 일본인 증가로 인한 경제적 침탈, ③ 처음 약속과 달리 국권을 침탈하고 있으며 마침내 병탄할지 모른다는 생각 때문이라고 지적하였다. 그러나 '有識人'은 이를 일본의 본의를 오해한 것이라고 지적하였다. 金嘉鎭, 「我國有識者의 日本에 對한 感念」, 『大韓協會會報』, 6号, 1908. 9, 1쪽 참조.

할 수 있었던 계층, 또는 도시에 거주하면서[55] '문명'에 접할 기회가 많았던 계층이 아니었을까 추측된다. 일제의 시정에 대해 긍정적으로 생각하고 있었던 계층은 대략 여기에 해당하는 사람들이었을 것이다.

이상이 통감부의 시정개선에 기대를 걸고 있던 계층들의 입장이라면, 이에 반대하는 계층도 있었다. 우선 전통적 유림을 들 수 있다. 조선왕조 500년을 이끌어 온 성리학이라는 지도이념을 담당했던 계층으로서 개항을 전후해서는 화이관에 입각하여, 서양을 금수로 보면서 통상을 거부한 바 있었다. 이처럼 초기에는 이른바 척사위정 사상에 입각한 집단이 유림의 주류를 형성하고 있었다. 이후 '만국공법'에 대한 지식이 생기면서 화이관을 탈피하여 서구 국가들을 대등한 하나의 국가로 인정하고, 그에 기초한 국제관계, 외교관계를 중시하게 되는 발전적 모습을 보여 주기에 이르렀다. 그러나 '화이관의 봉건적 명분'을 탈피하기는 쉬운 일이 아니었다.[56] 병인양요 당시 내수외양을 주장하며 서양과의 통교를 반대했던 이항로의 적통을 이어받아 초기 의병운동을 대표했던 유인석(柳麟錫)은 시종 철저한 '화이인수지별(華夷人獸之別)'에 입각하여, 서양과 일본을 금수로 규정하였다.[57] 일제의 제국주의적 세력 침투에 대한 저항은 이미 갑오개혁 및 단발령 을미사변 직후인 1895년부터 일어났지만 1905년 을사조약을 계기로 전국으로 번지게 되었다. 이에 앞장선 사람들은 유림들이었고 일본을 비판하는 시각의 바탕에는 화이관의 영향이 깔려 있었다. 최익현(崔益鉉)은 1905년 태인에서 의병항쟁을 시작할 때 발표한 약조에는 "일본 놈들이 우리에게 검은 옷을 입히고 우리의 머리를 깎으려 하니 중화가 되느냐 오랑캐가 되느냐, 사람이 되느냐 짐승이 되느냐 하는 판가름이 여기에 있다"고 말했다 한다.[58] 이러한

---

55. 서영희, 「광무정권의 국정운영과 일제의 국권침탈에 대한 대응」, 서울대학교 박사학위 논문, 1998, 287쪽 참조.
56. 김도형(1994), 앞의 책, 234~236쪽 및 주 38 참조.
57. 김도형(1994), 앞의 책, 237~238쪽 참조.
58. 김도형(1994), 앞의 책, 236쪽 주 38 참조.

유림들에게 일제의 '시정개선'에 대한 평가를 묻는다는 것 자체가 무의미한 일일 것이다.

그러나 이와 같이 화이론자의 체취가 물씬 풍겨나는 유림들은 격문에서도 일제 정책을 그 약탈적인 성격에 기초하여 지탄하는 경우가 대부분이었다. 최익현은 일본 및 열강의 이권침탈을 지적하여, "온 나라의 재원과 이권이 저들에게 탈취당한 것으로 말한다면 금 · 은 · 구리 · 쇠 · 탄광과 삼포(蔘圃) · 삼림 · 철도 · 어업의 이권에서 배, 비단, 기구 등에 이르기까지 국가재정을 보충할 수 있는 것과 민생의 생활에 기여할 수 있는 것이 모두 저들의 손아귀에 돌아가 남은 이권이라고는 없다"고 비판하였다. 그 밖에 철도부설 용지와 군용지 강제 점탈, 내정간섭도 반대하였고, "각부에 일본인 고문관을 배치하여 우리나라 전복(顚覆)을 전담하게 하고, 군경을 감축하고 부세를 착취한 일", "차관을 강제로 시켜 재정정리라 명칭하고 신화(新貨)의 가치를 배로 올려 많은 이익을 취하면서 나라의 재정을 고갈"시킨 화폐정리사업을 강도 높게 부정하였다.[59]

1907년 군대 해산 이후 의병항쟁을 보면 평민의병장이 등장하고 양반유생 출신 의병장의 경우에도 전국적인 명망을 갖춘 자는 드물게 되는 등 그 구성에도 변화가 생기고, 해산된 군인이 참여하고 게릴라전 형태를 띠면서 전투력도 상승하였다.[60] 이에 따라 그 격문에서도 현실에 대한 비판이 보다 구체성을 띠게 되었다.

> … 하늘이 우리나라에 경고를 보내, 우리의 예의지방으로 하여금 갑자기 피 냄새가 나는 소굴로 만들었다. 그 결과 음류(陰類)가 번성하여 시랑(豺狼)의 마음으로 우리 태조가 세운 강산을 저들이 감히 자기의 물건으로 만들어 동서남북을 임의로 차지하고 있다. 무인년(1878년)에 싹이 터 갑오년엔 금수가 들어오고 지난 을사년 시금 정미년에 나라는 이미 어육(魚肉)이 되었다. 전차

59. 김도형(1994), 앞의 책, 241~242쪽 참조.
60. 박성수, 『독립운동사연구』, 창작과비평사, 1980, 제2장 제3절 참조.

철로로 지맥이 단절되고, 우편전신으로 선왕의 필도(蹕道)가 태반이 폐장되고 선인의 무덤이 도처에서 씻겨나가 붉은 흙이 드러났다. 고택이 말라 생령이 고사하고, 교묘하게 그물질하여 선류(善類)가 일망타진되었다. 집집마다 오랑캐 말을 배우고, 서양 옷을 흉내 내니 검은 까마귀가 아님이 없다.[61]

위는 이석용(李錫庸)이란 의병장이 발표한 격문인데, 유교적 화이론의 영향이 강하게 남아 있지만 역시 철도, 우편 등의 이권침탈을 언급하면서, 일제의 '문명화 사업'의 상징이라 할 철도를 비판하고 있는 것을 볼 수 있다. 한편 의병장인 김봉기(金鳳基)는 다음과 같이 일본 자본의 침투로 인한 피해를 지적하면서 일본상품을 배척할 것을 고취하고 있었다.

내가 듣건대 현재 강포한 한 나라가 다른 나라를 멸함에 칼에 피를 묻히지 않고 그 국가를 망하게 하고 그 인종을 끊는다고 한다. 어떤 마술로 이렇게 하는가? 오직 공상(工商)의 정략을 의지할 뿐이다. 정미한 제조품으로써 그 나라의 재화의 원천을 모두 흡수하고 귀신을 울릴 만한 하늘이 내린 상업대(商業隊)로 하여금 그 나라의 이권을 뺏는다. 한 발짝씩 진출하여 마침내 인종을 섬멸코자 하는 것이다. 동포여, 눈이 있으면 보라. 목하 일본이 우리나라에서 행하는 바를. 우리나라의 지형은 물고기의 등뼈와 같은 것으로, 경부 경의 사이에 수천 리의 철도를 연장하여 기천의 잔상(殘商)의 피와 땀의 금전과 기만 여객의 돈지갑의 돈을 전부 흡수한다. 이것이 전국 제1의 미려굴(尾閭穴)이다. 또 지폐는 반드시 본위화가 있는 다음에 사용해야 하는데도 불구하고 한 장의 상표인 종이로써 우리나라에 산포하여 우리 제반의 이익을 흡수하기 위해 돈에 "단지 한국에서만 사용할 수 있다"고 특서하고 있다. 뿐만 아니라 백동화로써 우리 동화 2매를 교환하고, 우편 전신을 빼앗아 우표, 전신지로 전국의 금전을 망라해 간다. 기타 직물 및 실 종류, 도자기, 금속물, 성냥, 석유, 담배로 우리의 이익을 빼앗아 가는 것이다.[62]

---

61. 전라북도 호남창의소 李錫庸 격문. (창의대장 이석용) 1908월 4월. 한국정신문화연구원 한민족문화연구소 편, 『근현대사자료총서 8, 한말의병전쟁자료집 暴徒檄文』, 도서출판 선인, 84~99쪽(84~91쪽 원문, 91~99쪽 일역문).

이 격문은 유생이 쓴 것이지만 일제의 경제적 침투에 따른 폐해를 매우 예리하게 지적하고 있다. 이와 같이 일제 자본이 진출함에 따라 약자인 한국인들의 몰락이 가속화하면서, 일본의 문명화 선전이 먹혀들어갈 소지는 더욱 줄어들 것은 당연한 일이었다.[63]

이와 같이 양반 유림층이 앞장서서 대일 항쟁을 창도할 때 농민층은 그 군사력으로서 참여하였다. 만일 농민층의 호응과 참가가 없다면 의병투쟁은 성립할 수 없었다. 초기 단발령을 계기로 일어난 의병 부대는 농민층의 적극성이 부족해 전투력이 약했다는 것은 잘 알려진 사실인데, 이는 그 투쟁 목표가 농민층의 호응과 참여를 불러올 만큼 절실한 것이 못 되었기 때문이었다. 그러나 일제의 식민지화 사업과 이권침탈이 가속화되고, 그로 인해 몰락이 가속화되자 농민층의 호응도는 점차 높아지게 되었다. 1905년 이후 일어나는 의병의 경우에는 그 주도층인 유생층이 "민중 층에 광범하게 형성되고 있었던 반외세 분위기"를 파악하고 이들을 반외세의 기치 아래 묶어 냈다는 것이 지적되고 있는데,[64] 농민층이야말로 당시 일제 침투의 가장 큰 피해자였던 것이다.

후기로 갈수록, 특히 1907년 군대해산 이후 의병부대의 전투력을 담당한 계층에는 빈농층, 임노동층이 많아지는데, 이는 "(일본군의 행패로) 가옥이 모두 불타 없어진 자는 귀순하고 싶어도 이미 돌아갈 곳이 없고, 의식조차 부족하므로 폭도에서 돌아오지 않"았기 때문이었다.[65] 또 저명한 양반(유생) 의병장은 1905년 이후 초기에 탈락하고 이후에는 신돌석, 홍범도 같은 평민 의병장도 등장하게 되었다. 또 양반 의병장이라고 해도 그 사회적 지위가 농민층과 다를 바 없는 경우가 많았다고 하는데, 예를 들면 위의 이석용도 "천품이 본래 약한데 노동으로 말미암아 강"

62. 金鳳基, 「全國同胞ニ布告スル檄文」, 위의 책, 1907, 15~20쪽 참조.
63. 金嘉鎭도 한국 일반인들이 반일 감정을 갖는 이유의 하나로서 일본의 경제적 침탈을 들었다. 김가진(1908), 앞의 글 참조.
64. 김도형(1994), 앞의 책, 312~313쪽 참조.
65. 김도형(1994), 앞의 책, 327쪽 참조.

해졌다고 한 것으로 보아 경제적인 처지가 일반 농민층과 다르지 않았던 것을 알 수 있다.[66]

당시 인구의 절대다수를 차지하고 있었던 농민층에서는 일본에 대한 거부감이 컸다. 의병항쟁도 농민들의 지지와 참여가 있어서 가능했다. 일제는 하층민 일반이 자신들의 신시정에 열복하지 않는다고 파악하였다.

> 오랫동안 귀족의 폭정에 고통받아 왔던 국민 중 다수를 점하는 하층민에 이르러서는 표면상 신정의 공평함을 기뻐하고 경찰을 신뢰하고 나아가 호소하는 경향이 있지만 그들 역시 충심으로 이를 구가(謳歌)하지는 않는 것 같다. … 요컨대 한국 관민으로서 충심으로 일본 정부를 신뢰코자 하는 자는 극히 소수로서…[67]

즉, 한국민 중 다수를 점하는 하층민들의 경우에도 표면적으로는 신정의 공평함을 신뢰하는 듯하면서도, 마음속으로부터 칭송하지 않는다는 것이다. 또한

> 보라, 종래 일본인을 보면 권연초를 조르기도 하고, 일어로 고맙다고 인사하는 것을 낙으로 삼던 사립학교 학동도 독립 강의를 기뻐하고, 일본을 욕하는 것을 충군애국가로 안다. 막걸리와 보리밥에 배가 부르면 천하에 어떤 것도 더 구하는 바 없이 아리랑이라는 망국의 곡조를 흥얼거리며 태평을 즐기는 요보부인코(조선인들에 대한 멸칭?) 배(輩)도 무의식적으로 대한국(大韓國)을 외치고…[68]

---

66. 朴成壽(1980), 앞의 책, 218~219쪽 참조.
67. 「憲機 제2130호 伊藤公遭難ニ付民心ノ傾向等ニ關スル件(10월 31일 開城管區長內報)」, 『통감부문서』 7(국사편찬위원회, 1998) 별지 「韓國現時ニ於ケル地方人心ノ狀況」(1909. 11. 1. 인쇄), 3. 「官民ノ日本政府ニ對スル感情其他信頼ノ程度」, 105~106쪽 참조.
68. 釋尾旭邦, 「排日思想と排韓思想 (統監情致の副産物)」, 『朝鮮』 3-3, 1909. 5. 1. 『朝鮮認識』 3, 98~99쪽. 인용문 중 '요보부인코'의 의미는 확실치 않으나 한국인들에 대한 멸칭인 것은 분명하다.

라고 하여, 어린 학생들도 독립강의를 기뻐하고, 일본 욕하는 걸 충군애국가로 알며, 일반 하층민들도 '대한국(大韓國)'을 외친다는 것이다. 말하자면 한국민 일반의 민족의식, 국가의식 성장을 보여 주는 것인데, 이를 볼 때 일제가 자신의 신시정을 문명으로 선전하고, 자신이 한국을 문명화시켜 준다고 열심히 선전했음에도 불구하고 한국민 일반은 이에 수긍하지 않았던 것을 알 수 있다.

이상이 주로 일제의 시정개선과 직접 연관되어 나타난 반응이었다고 치면, 일본이 그러한 시정개선을 추진하는 태도, 그와 관련된 역사에서 유래하는 거부감도 강했다. 한국인들에 대해 '문명화'를 선전하고, 자국을 문명국으로 그려 보이려는 시도는 앞서 대륙의 문화를 일본에 전해 주었다는 자부심을 가지고 있었던 조선 지식인들의 자존심을 건드리는 것이었다. 당시 언론은 일본이 문명인 척, 그걸 내세워 한인들 앞에서 문명의 전파자로 나서고자 하는 모습을 다음과 같이 비웃었다.

> 저는 자신을 문명 고등국 우등인종으로 자칭하고 우리 한을 미개, 하등국 열등인종으로 욕을 하니 그 얼마나 오만함의 심함인가. 일본이 자고로 그 문학이며 기술 등을 우리 한(韓)으로부터 수입하여 그 어두움을 깨우쳤으므로 한(韓)의 일본의 선진됨은 저들 역시 알 것이거늘, 그 과장하는 바는 바로 메이지(明治) 이래 30여 년간에 그 정치를 개량하여 우리 한(韓)과 비교하면 약간 앞서 깨달은 차이가 있다 하겠거니와 어찌 나라의 등급, 인종의 고하우열로 망녕되이 욕을 더하는가. 소위 야랑(夜郎)의 스스로 잘난 체함이니…69

> 역사적으로 논하여도 한국이 4천 년여 년의 역사가 확립하여 인민 개개의 뇌리에 역사적 국가 이상이 뇌확(牢確)하였고 문명적으로 논하여도 한국이 왕고에 있어서는 항상 일본의 선진국이 되었으며 근래 한국의 신문명이 일시 저들에게 뒤지므로 금일의 현격을 지었으나 오히려 유전적 구문명은 왕왕 저

69. 「論說 辨朝鮮新報辨妄之謬」, 『皇城新聞』, 1902. 1. 29, 2쪽.

들을 능가할 자가 있으며…[70]

즉, 한국이 일본에 앞선 문화를 전해 준 선진국인 것은 분명한 사실인데 메이지유신 이후 고작 30년간 서양 문명을 받아들이는 데서 앞선 것을 가지고 잘난 체하고 있으며, 더구나 나라의 등급, 인종의 우열을 논하고 있으니 가증스럽다는 것이었다. 이와 같이 일본이 자랑하는 '신문명'이라는 것이 결국 서양을 모방한 것이었으므로, 한국인들을 설복시키기 힘들었다. 한국 학생들에게 일본 문명의 우수함을 보이기 위해 오사카 박람회에 데려갔더니 "멋지긴 하나 서양의 모방이 아니냐"라고 반문했던 것도 그 한 예이다. 일본이 중화 문명의 변방이며, 한국을 통해 대륙의 앞선 문명을 흡수했던 역사에서 유래하는 한국인들의 일본에 대한 우월감은 하루아침에 사라지기 어려운 것이었는데, 그러한 한국인들을 서구에서 배워온 문명을 내세워 멸시할 때 그에 대한 반발감은 커질 수밖에 없었을 것이다. 이러한 일본인에 대한 우월감은 한국인 관리들 사이에서도 있었다고 한다. 즉,

> 아직도 한국 관리 중에는 한국은 일본의 선진국이라고 자랑하는 자 있으며, 혹은 일본인이라고 해도 관리로서 한국인의 밑자리를 감수하는 것을 보고 멋대로 외경할 필요가 없다는 뜻으로 평하는 자 있다. 이같이 그 보는 바가 천차만별이라 해도 일본인 관리의 결점을 과장하여 평하려 한다.[71]

자신들보다 문명에서 뒤처졌다고 멸시하고 있었던 한인들이 오히려 자신을 얕보고 있다는 사실을 깨달았을 때 일본인들이 느꼈을 당혹감을 충분히 예상할 수 있다. 이에 더해 한인들의 일본인에 대한 멸시감을

---

70. 「論說 日本人의게」, 『대한매일신보』, 1909. 12. 28.

71. 「憲機 제2130호 伊藤公遭難ニ付民心ノ傾向等ニ關スル件(10월 31일 開城管區長內報)」, 『통감부문서』 7(국사편찬위원회, 1998) 별지 「韓國現時ニ於ケル地方人心ノ狀況」(1909. 11. 1. 인쇄), 3. 「官民ノ日本政府ニ對スル感情其他信頼ノ程度」, 105~106쪽 참조.

부추겼던 것은 재한 일본인들의 천박성이었다.

> 한인의 음일, 유타, 박혁(博奕), 음매(淫賣)의 악풍이 성행하여 사회가 타락한 것은 다시 말할 필요가 없다. 또 재한 구미인의 악속(惡俗) 누습(陋習)도 성행하여, 박혁, 음매, 사위(詐僞) 등 모든 악덕을 멋대로 하며 부끄러운 줄 모르는 것은 우리가 빈축하여 마지않는 것이다. 그런데 재한 방인(邦人: 일본인)의 악속은 이보다 더 심하다. … 가리는 것도 없는 길가에서 우리 부녀자들은 항상 공개적으로 목욕하여 한인들의 지소(指笑)를 사지만 태평스러운데 … 선진국민의 품위와 관계가 없는 것일까. 경성 인천 부산과 같이 정돈된 곳도 이러하니 한국 내지(內地) 소 일본인 거리에 가면 어떨 것인가.[72]

라는 것이었다. 당시 한국에 와 있었던 일본인들이 보여 주었던 품위 없는 생활풍속과 함께 또한 그들의 약탈적 행위가 한국인들로 하여금 일본인들을 문명인으로 받아들일 수 없게 하였다. 일본인들의 조선 진출은 1905년 이전에는 매우 미미했는데, 조선에 온 일본 거류민의 재산 축적 과정에서 중요했던 것은 고리대와 도매, 그중에서도 전자였다. 고리대는 개항 당시부터 일본이 패전할 때까지 일본인에게 나타난 일관된 특색이었다. 고리대의 목적은 이자의 징수 그 자체보다도 돈을 갚지 못한 사람에게서 담보로 잡아놓은 토지를 빼앗는 데 있었다. 이와 함께 창기들의 진출이 활발했던 것도 하나의 특징이었다.[73]

아무리 선진적 제국주의 국가라고 해도 식민지 침략의 하수인 역할을 하는 것은 그 사회의 하층민인 경우가 대부분이지만, 위의 모습들은 문명국으로 자처하던 일본 자신이 아직 문명화가 덜 된 상태로, 그 자신 '문명화'가 필요한 단계에 있었다는 것을 보여 준다. 비록 일본이 문명화라는 면에서 한발 앞장 앞장섰다 해도 월등한 것은 아니었던 것이다.

---

72. 釋尾旭邦, 「風紀の取締」, 『朝鮮認識』 3, 1909, 201~202쪽.
73. 다카사키 소지, 이규수 옮김, 『식민지 조선의 일본인들 — 군인에서 상인, 그리고 게이샤까지』, 역사비평사, 2006, 17~28쪽 참조.

음월생(吟月生)이란 필명의 한 일본인은 자신도 한국인을 만나면 무조건 '요보 요보'라고 부르는 등 경모(輕侮)하는데, 실제로는 한국에 와서 처음 전차나 전기를 보았다고 실토하면서, "한인이라고 하면 곧바로 비문명을 연상하게 되지만 저들의 일상생활에서 일본인인 우리가 배우는 것도 적지 않다. … 한인으로서 조금 이해력이 있는 자는 항상 문명을 자랑하는 일본인의 결점을 웃고 있"다고 현지의 사정을 전하였다.[74]

이와 함께 한국인들로 하여금 일본인들의 감언이설에 넘어가기 어렵게 만든 것은 과거 일본의 만행에 대한 대중적 집단 기억이었다. 허위(許蔿) 등 관리들이 1904년에 돌린 배일의거통유문(排日義擧通諭文)에서는 이를 "우리나라는 일본에 대해 전에는 二陵之辱[이릉지욕: 임진왜란 시 일본 군사들이 선릉(宣陵), 정릉(靖陵)을 파헤친 치욕적 사건]이 있으며 가까이는 을미사변의 원수가 있어 하늘을 같이 할 수 없음은 어린이나 부녀자도 다 안다"라고 표현하고 있다.[75] 이와 같이 일본이 과거에 저지른 죄

---

74. 吟月生, 「韓國下等の民情」, 『滿韓之實業』 43, 1909. 4, 『朝鮮認識』 3, 78~79쪽. 실제로 서울에 전차가 처음 개통된 것은 1899년으로 도쿄보다 앞섰다. 일본에서 영업용 전차가 처음 운행된 것은 1895년 1월 교토에서였고, 도쿄에서는 1903년 8월이었다. 이상에 대해서는 노인화, 「대한제국시대의 한성전기회사에 관한 연구」, 『이대사원』 17집, 1980; 이태진, 『고종시대의 재조명』, 태학사, 2000, 377쪽; 유모토 고이치, 연구공간 수유+너머 동아시아 근대 세미나팀 옮김, 『일본 근대의 풍경』, 그린비, 2004, 360~361쪽 참조.

75. 「平理院判事許蔿等 排日通諭文에 대한 調査要請」, 『駐韓日本公使館記錄』 24권. 발신자: 萩原 代理公使, 날짜: 1904. 6. 25(국사편찬위원회 한국사데이터베이스 제공); 萩原守一은 앞서 1897년 올린 보고서에서 을미사변이 조선인들의 일본에 대한 여론에 나쁜 영향을 끼치고 있다고 지적한 바 있다. 「朝鮮近時の情況幷に國民の對韓策」, 『國家學會雜誌』 120호 1897. 2. 15. 『教育認識 資料篇 第7巻 第1部 韓國の部(7)』, 340쪽 참조. 또 柵瀨軍之佐란 자도 이미 1894 "조선인 가운데 무지한 자들이 이 관계(고대에 일본이 조선에서 여러 가지 문물을 수입한 일)를 입에서 입으로 전달한 결과 우리를 보고 왜노라고 부르는 자가 적지 않다. 특히 임진전쟁에 깊은 원한을 품고서 일본은 함께 할 나라가 못 된다고 하면 심지어 外敵이라는 말까지도 쓰는 어리석고 우둔한 자들도 있다. 일본은 실로 호랑이나 이리와 같이 잔인한 자들이라고 조선인들은 속으로 생각하고 있다는 것은 최근의 동학당의 격문을 보아도 알 수 있다."라고 보고한 바 있다. 柵瀨軍之佐, 『朝鮮時事』, 1894. (한상일 해석 · 역, 『서울에 남겨둔 꿈』, 건국대학교출판부, 1993, 354쪽) 참조.

악으로 인한 한국인들의 반일감정에 대한 언급은 수없이 많아 일일이 매거할 수 없을 정도이다. 이러한 상황에서 일제에 의한 문명화 사업이나 그 선전이 한국인 일반 속에 널리 퍼져가기는 힘들었을 것이다. 일제 시정의 폭력성, 약탈성, 외래 침략자의 모멸적이고 문명이라고 우쭐대는 태도에 대한 반감, 역사적 경험에서 연유하는 광범위한 반일감정 — 이런 것들 위에서 일제의 선전이 생각만큼 일반에 호의적으로 받아들여지지 못했을 것은 충분히 짐작할 수 있다. 말하자면 군사적, 정치적, 경제적인 침탈에 더하여 양국 간에 얽히고설킨 역사적 문화적 관계가 시정개선의 평가에도 영향을 끼치고 있었던 것이다.

개항 이후 한국은 서구 문명에 대해 개방적이었다. 개항 초기에는 배타적인 태도도 보였지만, 점차 서구 문명의 우월성을 인정하고 적극적으로 수용하고자 하였다. 급격하게 변해 가는 정세 속에서 하루빨리 개혁을 추진해야 했는데, 그를 위한 지식이나 경험은 부족했다. 그래서 한발 앞서 가고 있었던 청·일의 도움을 청하게 되었는데, 일본은 이를 이용해서 자신의 세력을 침투시키고자 했다. 일제의 '문명화'를 내세운 침략이 전면화되는 것은 러일전쟁 개전 무렵부터였는데, 이때 내세운 구호가 바로 '시정개선'이었다. 고종이 주도하는 대한제국의 개혁사업이 가시적인 성과를 이루지 못하고 민심의 수렴에 실패한 상황에서 누구나 시급한 과제로 인식하고 있었던 악정의 개선을 구실로 내세운 것이었다. 그러나 그것이 실제에 있어서는 자신의 침략적 욕구를 달성하기 위한 것이었으므로, 일부 근대적인 요소가 있다고 해도 대다수 한국민의 호응을 받을 수는 없었다. 다만 서구 문명, 그를 모방한 일본의 메이지 유신의 성과에 현혹된 일부 문명개화론자들은 사회진화론의 일정한 영향 아래 국권이 침탈되더라도 문명화를 이루고자 하는 열망을 보여 주었다. 한편 변법론자들은 시정개선의 침략성, 약탈성은 알고 있었지만 문명을 수용해야 할 필요성은 절감하고 있었으므로 그에 대한 적극적 투쟁이나 이론적 극복은 할 수 없었다. 그 결과 일제의 침략에 소극적 저항, 나아가서는 방관적 태도에 머물렀다. 이들 지식인들이 당시 여론을 주도해 가던 사회지도층이었으므로 그 폐해는 적지 않았다고 할 것이다. 이렇게 볼 때 일제의 문명화론은 일제의 침략을 문명화로 분식하여, 결과적으로 한국인들의 그에 대한 저항력을 약화시키는 데 적지 않은 역할을 했다고 보아야 할 것이다.

그리하여 이들 중 일부는 문명에 현혹된 나머지 결국 나라가 망하고 일제의 식민지로 떨어지게 되리라는 것을 깨닫게 되면서, 일제의 국권 침탈이 심화되고, 병합의 위험이 눈앞에 다가오는 1907년 정미조약 이후 국수(國粹)를 내세워 일제에 대한 투쟁을 고취하게 되었다.[76] 말하자면 '문명 대 야만'이라는 논의의 틀에서 벗어나 민족 및 민족의 고유성을 내세우게 된 셈이다.

2. 1910년대

1910년 8월, 껍질만 남은 대한제국은 결국 일본의 식민지로 전락하였다. 대부분의 한국 사람들은, 보호국기 통감부가 내세운 '문명화'가 결코 한국인들을 위한 것이 아니라는 것을 분명히 깨달았지만 이제 싫든 좋든 일제의 식민지 지배를 몸으로 직접 겪을 수밖에 없다. 대한제국이 개혁정책을 제대로 추진하여 인심을 수렴하고, 부국강병을 이루어 독립을 유지하였더라면 좋았겠지만 그러지 못하였고, 결국 두 차례의 조약으로 그 주권은 심각한 제약을 받게 되었다. 민간에서는 그 멸망을 기정사실로 여기는 분위기조차 있어서,[77] 지방에서는 치열한 의병항쟁이

76. 박찬승(1992), 앞의 책, 86~99쪽; 정숭교(2004), 앞의 논문; 이지원(2007), 앞의 책 참조.

77. 「施政十五周年に際して」, 『朝鮮』 117호, 1925. 10. 참조. 여기에 수록된 有吉忠一의 말에 의하면 그 무렵 한국인들 사이에는 "병합은 하늘의 뜻이다"라는 말이 돌고 있었다고 한다.

전개되고 있었지만 합병이 발표되던 날, 서울 장안은 일본인들마저 의외로 생각할 정도로 별다른 소요 없이 조용했다고 한다.[78]

한편 일제로서는 이제는 말이 아닌 현실로 '문명'을 식민지 피지배민 일상에서 구현해 보여야 했다. 식민지배가 본질상 자신의 이해를 관철하기 위한 것이었던 만큼 조선인들의 여망을 충족시키기는 애초부터 힘든 것이었다. 그러나 이러저러한 제도개혁, 새로운 문물의 도입이 외형상 '근대화', '문명화'의 모습을 띠고 나타나게 되면서 일제의 식민통치에 대한 긍정적 반응이 생겨날 소지도 없지는 않았다.

그러면 1910년대 한국인들은 일본의 시정에 대해 어떻게 생각하고 있었을까? 사실 이를 보여 주는 자료는 많지 않다. 두말할 것도 없이 1910년대는 이른바 무단통치가 행해지던 시기로서 한국인들은 자신들의 생각을 표현할 수단을 가지지 못했기 때문이다. 1907년 7월에 발포된 「신문지법」으로 대표되는, 언론을 억압하고 검열하는 악법이 있었으나, 그러한 제한하에서나마 신문 잡지가 발행되어 자신들의 의사를 표현할 수 있었지만 1910년대에는 그런 신문 잡지나마 전부 폐간되고 말았던 것이다. 당시 신문으로서는 일제의 통제 아래 있었던 『경성일보(京城日報)』와 『매일신보(每日申報)』뿐이었고, 거기에 수록된 한국인의 글이란 대부분 조선총독부의 통치를 기리는 것이 될 수밖에 없었다. 다만 일본 유학생들에 의해 도쿄에서 『학지광(學之光)』이란 잡지가 발행되어, 역시 일제의 감시 아래 자유스럽지 못한 것은 마찬가지였지만 그나마 이를 통해 당시 젊은 엘리트 청년층의 생각을 볼 수 있을 뿐이다.

1910년대 사회 전반의 분위기는 망국의 충격이라는 여파 속에서 어두울 수밖에 없었을 것이다. 정치적 권리가 부정되고 일제의 폭압적이고 공포의 대상인 헌병경찰을 앞세운 무단정치가 기승을 부리는 속에서 망국민으로서, 식민지 피지배자로서 무력감, 좌절감, 자기혐오감을 느낄

---

78. 島田三郎, 「朝鮮統治策」, 『朝鮮』, 1910. 11, 9쪽 참조.

수밖에 없었던 시기였다. 자신의 문화와 역사에 어떠한 자부심도 있을 수 없는 형편이었으므로, 이를 기반으로 한 미래를 위한 설계나 구상도 있기 힘들었다.[79] 그런 속에서 문명은 더욱 절실한 것으로 떠오르고, 그것을 하루빨리 성취해야겠다는 당위성은 더욱 선명해졌을 것이다. 당시 한국의 신사상계의 영향력 있는 중요 인물들 중의 하나였던 최남선은

> 금일 오인의 요구는 천언만어로써 형용할지라도 귀결은 늘 문명진보의 한 점이니 이것 이상으로 어떠한 요구와 이것 이외의 어떠한 바람이나 기약이 없을지라. 만일 한층 높여 말할진대 문명상의 강자됨이 최고의 욕망이라 할지니라.[80]

라고 하였는데, 이 시기 신지식인들의 생각을 잘 전해 주고 있는 말이라고 생각된다. '문명'의 수용, '문명'의 실현에 실패하여 망국에 이른 상황에서 망국민이 선택할 수 있는 것은 '문명상의 강자'가 되고자 욕망하는 것밖에 다른 길이 없었던 것이다.

이러한 분위기에서 나올 수 있는 제안이나 주장이란 근대 문명을 받아들여 실력을 키우자든가 혹은 그 전제로서 개인적인 각성을 촉구하자는 것일 수밖에 없었다. 반대의 목소리를 낼 수 없는 상황, 그렇다고 일제의 식민지 지배를 부정하고 해외로 망명한 것이 아닌 이상 일제의 지

---

79. 권보드래는 1910년대 각종 관제 문화행사가 넘쳐났고 한국인들이 이에 참여함으로써 새로운 욕망을 발견하고 표현하는 방법을 학습하였다고 하였다. 또 이를 통해 "문화적 주체로서의 '대중', 경험", '문화적 집합'의 경험을 갖게 되었는바, 3·1운동의 바탕에는 이러한 경험들이 깔려 있었을지 모른다는 흥미로운 가설을 제시하고 있다. 권보드래, 「1910년대의 새로운 주체와 문화: 『매일신보』가 만든, 『매일신보』에 나타난 대중」, 『민족문학사연구』 36집, 2008 참조. 당시 한국사회 전반의 분위기를 파악한다는 것은 사실 쉽지 않은 일이겠지만, 새로운 세상이 왔음을 선전하기 위한 조선총독부와 그 어용지인 『매일신보』의 노력으로 경성과 같은 도시를 중심으로 해서 '쾌락'을 권장하고, 또 추구하는 분위기가 조성될 수도 있었을 것으로 보인다. 또 이것이 대중들에게 근대 문명이 가져온 새로운 문물로서 이해되었을 가능성도 있었을 것이다.
80. 류시현, 「1910년대 최남선의 문명·문화론과 조선불교 인식」, 『한국사연구』 155, 2011, 122쪽에 재인용.

배력이 미치는 공간에서 낼 수 있는 목소리는 극히 제한된 범위 안의 것이 될 수밖에 없었던 것이다.

이 시기 국내의 여론은 한마디로 신문명의 흡수를 통한 '실력양성론과 구사상·구관습 개혁론'이라 부를 수 있었다.[81] 최남선뿐만 아니라 한국사회를 이끌 선구자로 자임하고 있었던 도쿄 유학생들 사이에서도 신구참작, 신구절충의 입장에서 서구 문명을 받아들여 신문화, 신문명을 건설해야 한다는 입장이 다수를 점하고 있었다.[82] 이들은 구관습, 구사상을 타파할 것을 주장하면서, "서양 것을 받아들이되, 모든 사상과 제도를 일본화했"던 메이지유신기의 일본을 본받아 우리도 신문명을 조선화하여, 조선적 신문명을 건설할 것을 주장하였다.[83] 또한 일제의 엄혹한 감시 아래에서 반대의견을 말할 수 없기도 했겠지만, '문명'을 성취해야겠다는 것이 시대적 과제로 떠오른 상황에서, 효율적인 지배를 위한 광범위한 제도개혁을 단행하고 있었던 총독부의 '문명화' 사업에 반대하기도 힘들었을 것이다.

이들은 대체로 사회진화론의 영향 아래, 강자의 지배를 받는 것을 어쩔 수 없는 것으로 받아들이면서도 민족해방이라는 희망의 끈을 놓지 않고 있었던 부류라고 할 수 있겠는데, 그런 희망이나 전망 없이 일제의 식민지배를 문명의 실현으로서 칭송하는 부류도 있었다. 이러한 반응은 '문명화 지상주의자'라고 부를 수 있는 부류에서 나왔다. 이들은 그러한 문명화의 모델로 일본을 상정하였다. 그들에게 문명 또는 문명사회는 당연히 성취하기 위해 노력해야 할 것이었는데, 그 현실적 구현형태가 바로 일본이었던 것이다. 한말에 시작하여 1910년대에 걸쳐 3차례 일본에 유학한 경험을 가지고 있었던 이광수는 가장 확실한 목소리

81. 이 구절은 이 시기 한국사회의 사상에 대한 선구적 업적인 박찬승의 『한국근대정치사상사연구』(1992) 제2장의 표제어이다.

82. 박찬승, 「1910년대 도일유학생의 사상적 동향」, 김용덕·미야지마 히로시 공편, 『근대교류사와 상호인식 II — 일제강점기』, 아연출판부, 2007 참조.

83. 위와 같음.

로 일관되게 일본을 통한 문명개화를 주장하였다. 그에 의해 일본의 문명은 따라잡아야 할 절대적 대상으로 상정되었고, 조선은 이에 뒤떨어진 야만으로 재발견되었다.[84] 그는 『매일신보』에 "일찍 해외에 있어 격렬한 사상을 고취하던 자가 도쿄에 와서 2, 3년간 교육을 받노라면 번연(翻然) 인구몽(引舊夢)을 버려 이전 동지에게 부패하였다는 조소까지 듣게 되는 것"이라고 쓴 바 있었다.[85] 그에게 문명의 구체적 내용은 '과학의 세상, 경쟁의 세상' 더 구체적으로는 '도로, 자동차, 철갑선, 아카시아, 울창한 삼림, 관개, 수리조합, 농사 개량, 양잠, 육지면, 제사공장, 기계공장, 호소카와(細川) 농장, 신문, 은행, 전화, 전등, 수도, 위생조합, 공회당, 번쩍한 가옥, 후지(富士)방적회사, 근대 학교' 등이었다.[86] 이와 같이 서구 근대 사회를 특징짓는, 자유와 평등과 같은 '인간의 해방'이라는 측면이 사상된 물질적 문명이란, 바로 정치적 권리를 뺀 '선정'을 약속했던 조선총독부 시정의 찬양으로 쉽게 이어질 수 있는 것이었다. 그리하여 그는

> 조혼, 강제혼인, 불합리한 관혼상제의 예들, 관존민비, 남존여비, 자녀를 자기의 소유물로 아는 것, 부귀한 자의 무직업 한 것, 모든 미신, 양반상놈의 계급사상, 비경제적, 비위생적인 가옥, 의복제도, 실로 매거하기에 겨를이 없는 이 악 습속 ― 우리를 괴롭게 하고 망하게 한 것 같이 우리 자손을 괴롭게 하고 망하게 할 모든 이 악 습속을 우리 손으로 때려 부수지 아니하면 언제 누구를 기다리겠습니까. 들으니까 현금 여러 지방에 그 지방 관헌이 중심된 교풍회(矯風會)가 있다 하니 자기가 이 회에 참가하여도 좋고 따로 교풍회를 설립하여도 좋을 것

이라고 하면서,

---

84. 최주한, 「이광수와 식민지 문명화론」, 『서강인문논총』 27, 2010 참조.
85. 이준식, 「일제 강점기 친일 지식인의 현실 인식」, 『역사와 현실』 37호, 2009 참조.
86. 위와 같음.

> 그러한 운동을 하려면 당국이 좋아하지 않는다고 하지마는 이는 당국이 아직 우리의 의사의 소재(所在)를 충분히 이해하지 못하여 우리들을 일종 위험사상을 품은 자로 생각하는 까닭인 줄 압니다. 그러므로 성심성의로 활동만 하면 자연히 당국의 오해도 풀리고 풀릴뿐더러 오히려 우리들에게 찬조를 줄 줄 압니다. 당국이나 우리들이나 조선인에 교육을 주고 산업을 주고 모든 문명을 주는 데는 의사가 일치할 줄 믿음이외다. … 우선 당국의 오해를 풀어 전력으로 활동하실 기초를 세우심이 좋을듯합니다.[87]

라고 권고하였다. 그에게 보이는 것은 한국의 파괴되어야 할 전근대적인 관습과 제도들뿐이었고, 일제의 식민통치는 조선인들에게 문명을 가져다주기 위한 '시혜'였던 것이다.

이와 함께 앞서 서술한 바와 같이, 1915년 시정5년기념조선물산공진회 때, 한말에 '시일야방성대곡(是日也放聲大哭)'이란 논설로 을사보호조약을 통탄했던 장지연도 총독부 통치 아래에서 조선의 산업이 발전하고 있다고 칭송했던 사실에서도[88] 총독 정치의 '문명화' 현상이 많은 사람의 동의를 이끌어 내고 있었던 것을 알 수 있다. 앞의 최남선의 말에서 엿볼 수 있듯이 '문명'이라는 것이 1910년대에는 부정할 수 없는 당위였던 상황에서, 그 혜택을 누가 누리느냐, 그 목적이 무엇이냐 하는 문제와는 별도로, '문명'을 구현하고 있었던 총독부의 시책을 정면으로 부정하는 것은 쉬운 일이 아니었던 것이다. 특히 망국의 원인이 문명의 실현 실패, 그로 인한 부국강병의 실패라고 생각했다면 더욱 부정하기 어려웠을 것이다.

이것이 당시 지식인 사회의 일반적 입장이었다면 일반 민중들의 일제 시정에 대한 평가는 어떠한 것이었을까? 한국인들의 왜곡되지 않은 목소리를 들을 수 있는 자료가 태부족인 현 상황에서 『주막담총(酒幕談叢)』은

---

87. 이광수, 「卒業生 諸君에게 들이는 懇告」, 『學之光』 13, 1917. 6. 18, 7~9쪽.
88. 장지연은 1914년 12월 매일신보사의 객경(客卿)으로 초빙되었다고 한다. 권보드래(2008), 앞의 논문, 151쪽 참조.

매우 흥미로운 사실들을 알려준다. 이 자료는 1910년대 초반 일본 헌병대가 충청도 지역에서, "시장 장날 헌병 보조원, 조선인 순사, 순사보를 변장시켜 각 주막에 들어가게 하여 인민의 담화 중 정치, 경제, 종교, 교육, 징세, 농상공업 등에 관한 일, 기타 부설(浮說), 와언, 항설(巷說) 등에 이르기까지 들은 대로 문식을 가하지 않고 수록한 것"이었다.[89] '들은 대로 문식을 가하지 않고 수록한 것'이므로 당시의 민심을 비교적 잘 전하고 있으리라 판단된다. 여기서 주목되는 것은 당시 농민들이 일제의 시정에 대해 일면 긍정적인 반응을 보이고 있었다는 점이다. 그것은 주로 합병 이후로 관료와 양반의 수탈이 없어지고 치안이 안정되었다는 사실과 관련되어 있었다.

> 문명세계는 안심이고 편리하다. 수십, 수백 리라도 기차, 자전거로 왕복하고, 돈이 엄청 많아도 관리에게 주구(誅求)당하지 않고 도적에 대비해서는 은행에 맡길 수 있고, 토지의 소유권은 확실하게 인정된다. 이것들은 현 정부(조선총독부 — 역주)의 특징이리라 생각한다.[90]

> 양반 양반 하면서 옛날 위세를 부리면서 하민을 심하게 대했는데 이제는 양반도 상민도 차별 없이 되었다. 양반은 지금의 정치를 원망하고 있을 것이다.[91]

---

89. 공주헌병대본부 · 충청남도경무부, 『酒幕談叢』 제3권, 1914. 한편 이 자료를 최초로 발굴하여 분석한 연구는 松田利彦, 「『酒幕談叢』을 통해 본 1910년대 조선의 사회상황과 민중」, 김동노 편, 『일제 식민지 시기의 통치체제 형성』(혜안, 2006)이다. 본 논고도 이 연구의 분석에 많이 의존하고 있다. 위 자료는 국회도서관에 소장되어 있는데, 웹상에 올려져 있어 열람 가능하다.
90. 『酒幕談叢』 제3권 공주경찰서 관내(공주군) 35정. 다음과 같은 말도 비슷한 생각을 전하고 있다. "한국(대한제국) 시대에는 돈이 많은 사람이라도 양반이 아닌 사람은 그 돈을 지키고 있을 수 없었는데 지금은 어떤 침해도 없어 안심이다." 『酒幕談叢』 제3권 천안헌병대분대 관내 13정~13－1정.
91. 『酒幕談叢』 제3권 부여헌병분대 관내(부여군 · 정산군 · 남포군 · 청양군) 31정.

위와 같은 반응은 우선 대한제국 시대에 해결되지 못했던 '악정'이나 신분제 문제가 해소되어, '상민'들이었을 하층민들이 기뻐하고 있었음을 보여 준다. 이들은 "옛날 일이 생각나면 이가 갈린다"라고 표현할 정도로 조선시대의 봉건적 관행 및 악정에 반감을 가지고 있었으므로 일제 식민통치가 가져온 새로운 질서, '문명의 질서'를 환영하고 있었던 것을 알 수 있다. 또한 철도, 도로, 새로운 교통수단의 편리함, 금융기관과 토지소유권의 보장으로 재산권이 확실해져 안심할 수 있는 것을 다행으로 생각하고 있었음을 보여 준다. 이 밖에 학교가 세워지고 길이 닦여졌으며, 총독부에서 좋은 벼 종자를 배포한다고 칭송하는 소리도 있었다. 이러한 점은 충분히 있을 수 있는 반응이라고 할 수 있다. 즉 일제가 선전하던 '문명' 시정에 합당한 '문명적' 결과들에 대해서는 당연히 환영하고 동조하는 자세를 보였던 것이다. 마쓰다 도시히코(松田利彦)의 『주막담총』에 대한 분석을 보면 1912년 판의 경우 전체 채집된 424개의 담화 중 '조선시대와 총독정치와의 비교·문명화'에 관한 것이 12개, 1914년의 경우에는 381개 가운데 14개, 1915년의 경우에는 244개 가운데 2개 수록되어 있다.[92] 이는 아마도 총독정치를 칭송하는 것이었을 것이다.[93]

그러나 이러한 긍정적 평가와 병행해서 또는 그 이면에는 이에 대한 부정적 평가도 많았다. 일례로 양반의 횡포가 사라진 것에 대해서는 환영하면서도 유교적 가치관의 붕괴에 대해 한탄한다든가, 치안의 안정은 가져온 것은 좋지만, 일상생활의 구석구석을 폭력적으로 간섭하고 감시하는 헌병에 대한 불만과 같은 것은 긍정과 부정이 교착되어 있었다는 것을 보여 주는 예일 것이다. 부정적인 측면으로서는 민족차별, 생활고와 세금징수, 도로개수와 그에 따른 부담, 일상생활에 대한 간섭 등이

92. 松田利彦(2006), 앞의 논문, 365쪽 참조.

93. 松田利彦은 그의 논문의 <표 1>에서 '신분제·전통적 가치관의 해체'에 관련한 담화가 1912, 1914, 1915년 판에 각각 16개, 21개, 13개 수록되었다고 하는데, 이 중에도 일제의 합병 이래로 가속화된 신분제의 해체, 그 결과 무력화된 양반을 언급하면서 결과적으로 총독 정치를 칭송하는 것이 포함되었을 것으로 짐작된다.

거론되었다.[94]

그러나 일제의 식민통치에 대한 호의적 반응보다는 불만이 압도적으로 많았다는 것은 1919년의 3·1민족해방운동[95]으로 증명된다. 3·1운동에는 전국 211개 부군에서, 연인원 약 200만 명이 참여했는데, 이는 당시 인구가 1,670만 정도였음을 생각하면[96] '거족적'이란 말이 전혀 과장이 아닌 것을 알 수 있다. 3·1운동은 실로 민족 구성원의 거의 전부가 참여한 반일 저항운동으로서, 세계사에서 유례를 찾을 수 없는 것이다. 그러면 이와 같은 거족적인 저항운동을 가능케 했던 요인은 무엇이었을까? 일제가 선전하는 '문명의 시정'이 조선시대의 '악정'을 제거하고, 그래서 인민들의 환영을 받은 측면은 앞의 『주막담총』에서 분명히 볼 수 있었을 것이다. 그 대표적인 예로서 관리의 법외 수탈은 사라졌고, 양반의 향촌사회에서의 횡포나 양반에 대한 관의 특별대우 같은 것은 더 이상 존재하지 않게 되었고, 그런 측면이 환영을 받았던 것이다. 그러나 그러한 긍정적 평가를 무색하게 만들, 그래서 한국인 거의 대부분을 반일 운동의 투쟁 속으로 끌어들인 '새 시대 문명 시정'의 요소는 도대체 무엇이었을까? 이것을 정확히 가려낸다는 것은 쉬운 문제가 아니나, 일제 당국이 남긴 『비(秘) 대정8년조선소요사건상황(大正八年朝鮮騷擾事件狀況)』이란 자료를 중심으로 이 문제를 살피기로 한다.[97] 이 책자의 제목

---

94. 松田利彦(2006), 앞의 논문 참조.
95. 3·1민족해방운동은 이하 '3·1운동'으로 줄임.
96. 참가인원은 박은식, 『韓國獨立運動之血史』, 上海, 1920, 42~43쪽, 1919년 당시의 인구는 김철, 『韓國の人口と經濟』, 岩波書店, 1965, 13쪽 참조.
97. 이 책자 표지 제목 밑에는 괄호 안에, "大正八年六月憲兵隊長警務部長會議席上報告"라고 인쇄되어 있다. 3·1운동의 열기가 식기도 전에 각 도의 헌병대장 경무부장이 회의를 하고, 거기에서 보고된 각도의 상황이 종합되어 하나의 책자로 출판된 것을 알 수 있다. 표지에는 또한 '秘'라고 찍혀 있다. 당시 3·1운동에 참여한 사람들의 참가 이유를 보여 주는 자료로는 이 외에도 각지 헌병대에서 수시로 보고한 것도 있고, 특히 재판기록이 남아 있다. 보다 포괄적인 답을 얻기 위해서는 이러한 자료들도 종합적으로 검토해야 할 것이다. 그러나 재판기록보다는 본 자료가 당시의 여론을 보다 정확하게 전달해주는 강점을 갖고 있다고 판단되어 우선 이를 중심으로 분석하고자 한다. 이 자료는 전체 513쪽에 이르는 거질이나, 책자로서 완전하게 정리된 것은 아

아래에는 괄호 안에 "大正 8년 6월 헌병대장 경무부장 회의석상 보고"라고 쓰여 있는데 이를 봐서 이 자료가 3·1운동의 열기가 채 가라앉기도 전인 1919년 6월에 열린 각도 헌병대장, 경무부장 회의에 제출된 자료임을 알 수 있다. 따라서 식민 시정의 주체이자 탄압 당사자들의 눈으로 본 것이라는 한계는 있을지라도, 자기들 내부에서 비밀히 거족적 저항의 바탕에 깔려 있던 한국인들의 여론을 수집한 것이므로 당시의 인심을 비교적 잘 전달하고 있으리라 추측된다. 여기에 수집된 조선인들의 불만의 원인은 다양하고 또 지역에 따라 특징적인 것이 제시되기도 하지만 종합해서 말한다면, 이제까지의 생활방식, 관행을 부정하는 수많은 법령, 조치들이 갑자기 실시되고, 또 그것이 강제적 폭압적으로 추진되었다는 것이다. 당시 한국인들이 불평을 하면서 '법령이 비처럼 내린다(法令雨下)', '법령이 백출한다(法令百出)'란 말을 자주 썼는데, 바로 이러한 변화의 급격성을 지적한 것이었다. 말하자면 처음 경험하는 식민지라는 현실, 총독부의 시정이 가져온 급격한 변화, 또 그것이 매우 강압적, 폭압적, 약탈적으로 추진되었다는 데 문제가 있었던 것이다. 이러한 전반적 상황에 대한 이해를 바탕에 깐 다음, 한국인들이 제기한 불만을 원인별로 나누어 본다면 대체로 생활의 다양한 부면에서 맞부딪쳤던 민족차별과 모멸, 일제 시정의 문제점들(약탈성, 폭압성, 강제성, 번잡성), 그리고 정치적 자유에 대한 열망이었다.

니어서 서술 분량에 비해 쪽수가 많은 편이다. 내용 구성은 ① 소요발생 전 민심 상황, ② 관내 각지 소요발생의 동기 및 발생 당시 暴民의 心裏상태, ③ 소요의 경과, ④ 소요와 종교의 관계, ⑤ 鎭撫를 위해 취한 처치 특히 좋은 수단이라고 인정되는 사항 및 미연 방지를 위해 유효한 수단, ⑥ 현재 민심 일반 상태 및 장래의 예측, ⑦ 기독교, 천도교에 대한 민중의 감상 및 천도교도, 시천교도 각파 해외선교사의 태도, ⑧ 장래 경무기관의 인원 및 배치에 관한 의견, ⑨ 선인 간에 주장되는 불평 및 희망, ⑩ 소요가 재주 내지인에 미친 영향 및 내선인 상호 관계 상황, ⑪ 소요의 교육 산업 등에 끼친 영향 및 경찰상 이에 대해 취할 조치로 되어 있어 매우 종합적이다. 이 자료는 이하 『騷擾事件』(1919)으로 줄이고, 본고에서의 분석은 '⑨ 선인 간에 주장되는 불평 및 희망(383~420쪽)'을 주로 하며, 쪽수를 따로 표시하지 않았다.

민족차별 및 모욕 문제는 조선 13도 어디에서나 가장 조선인들의 불만을 산 문제였고 그 내용도 다양하다. 한마디로 그것은 "병합 이전에는 조선을 독립시키기 위해 보호한다고 하더니 감언이설로 병합하고, 병합 이후에는 내선인을 구별하여 선인을 항상 열등의 위치에 두"는 일에 대한 것이었다. 그리하여 일본인들은 관리나 일반인들을 막론하고 지배자로 군림하여 조선인들에 대해 오만하고 모욕적, 모멸적인 자세를 취하고, 노예시했다는 것이다. 관청의 경우, 전라북도에서 보고된 내용인, "우편국, 철도, 헌병순사 등 인민과 직접 대하는 관공리의 태도가 건방지기 짝이 없어 하등 간절한 지도적 태도가 없을 뿐만 아니라 단지 질책할 뿐"이라는 말에 잘 요약되어 있다. 일본 일반인들의 경우에는 '하등인' 조차도 상당한 조선인 유지인사에게도 '요보'라 부르면서 멸시하고, 시비곡직을 따지지 않고 우선 구타부터 한다는 것이었다.[98] 이런 경우에도 경찰이 오히려 이들 일인을 두둔한다는 점에서 더욱 조선인들의 분노를 사고 있었다. 한편 조선인 관리들의 경우에는 "높은 관직은 안 주고, 봉급에도 차이가 나는 것"이 불평의 대상이었다. 지방 관청의 경우에도 설사 조선인 군수가 있다고 해도, '내지인 주임서기가 군의 실권을 쥐고' 있는 상황이 지적되었다. 또한 일본인 관리들의 조선인 관리에 대한 모멸적 태도가 문제였다. 아래의 인용문은 위의 자료에 나오는 것은 아니지만 당시 같은 동포인 식민지 백성이 차별을 당하고 있는 것을 보고 지식인이 느끼는 분한 감정 및 무력감을 잘 표현하고 있다.

> (아파서 병원에 가보니) 주물러 만든 듯한 간호부가, 대강이를 깨딱 흔들면서, 공연한 암상에 소리를 빽빽 지르니, 보통 사람의 새끼들의 본능적 배외

98. 이와 관련하여, 『경성신보』가 1909. 8. 14에 보도한, 경성 거주 일본인 아동의 심리상태에 보이는 특이점 여섯 가지 중 세 번째로 "한국인에 대한 경멸적 풍조에서 유발되는 방만한 기풍"을 든 것은 암시하는 바가 크다. 이동훈, 「'경성'의 일본인 사회와 자녀교육 — 통감부 시기와 1910년대를 중심으로」, 『서울학연구』 45, 겨울, 2011, 109쪽 주 74 참조.

야만성이라, 그들의 의식적 악성(惡性)도 안인 줄 생각하오. 연발하는 모욕과 선입적 모멸에 대하여 감인(堪忍)하는 배달사람의 내구력도 위대하다 할런지! 생명을 추하게 집착하는 이네들을 어찌하나! … 어떤 날 저녁에 A군을 ○여관에서 상봉하니, 해음 없이 피곤한 두 얼굴이 딱 맞춰, 무언(無言)히 서로 응시하기를 수분(數分) 후에 "도교(도쿄)는 우리의 공상의 천국이오, 서울은 사실(事實)의 유리(牖里: 은나라 주왕이 주나라 문왕을 유폐한 곳)로구려!" 그 다음에 나오는 것은 한숨뿐입디다.[99]

아마도 일본인이었을 간호부가 젠체하며 병원에 온 한국 사람들에게 공연히 모욕적 태도를 보이는데, '생명에 추잡하게 집착'하여 이를 견디는 한국 사람들을 보면서, 자신이 유학하고 있는 문명의 얼굴을 한 도쿄와 어두운 식민지 조선의 현실 사이에서 한숨을 쉴 수밖에 없는 무력감을 토로하고 있는 것이다.

이러한 일반적 사례들과 비교되지 않을 정도의 폭력적인 차별대우로서, 합법의 형태를 띠고 나타난 것이 바로 태형이었는데, 이에 대한 한국인들의 불만도 매우 높았다. 이 태형은 "태를 맞으면 절대 행보(行步)할 수 없으며, 사람의 등에 업혀" 나올 수밖에 없을 정도로 잔혹한 것이었는데,[100] 정식 재판이 아니라 경관이 자의로 부과할 수 있었기 때문에 더 문제였다. 1910년에 제정된 「범죄즉결령」(제령 제10호)에 따르면 '경찰서장 또는 그 직무를 취급하는 자'는 '3월 이하의 징역, 구류 또는 100원 이하의 벌금 또는 과태료'를 즉결에 의해 부과할 수 있도록 되어 있었고, 이것을 다시 태형으로 환산하여 대신 부과할 수 있었기 때문이다.[101]

이와 함께 각도의 사례로서 자주 언급되었던 것이 교육에 있어서의

99. KS 생, 「低級의 生存慾 — 打作 마당에서, C군의게」, 『學之光』 4호 1915. 2. 28, 34쪽.
100. 김용덕, 「3·1운동 이전의 태형」, 『三·一運動50周年紀念論集』, 동아일보사, 1969 참조.
101. 이종민, 「식민지하 근대감옥을 통한 통제 메카니즘 연구 — 일본의 형사처벌 체계와의 비교」, 연세대학교 사회학과 박사학위 논문, 1998, 79~84쪽 참조.

민족차별에 대한 조선인들의 불평이었다. 그것은 한마디로 조선인들에게는 저급한 수준의 교육을 시행하며, 그를 위한 교육기관도 매우 부족하다는 점이었다. 이는 "내지에는 대학교, 고등학교를 많이 세워 문명교육을 행하면서 조선에는 열등한 보통학교뿐이다. 그 외에 중학교가 있어도 문명교육은 하지 않고 소사, 또는 농가의 고인(雇人)과 같이 똥지게나 지게 하는 등 내선인 구별하여 교육"한다는 말에 잘 요약되어 있다. 그리하여 교육기관 제도에 있어 한일인 사이의 차이를 두지 말고, 또 최소한 1면 1교의 수준으로 수를 늘릴 것이 요청되었다.

이에 더하여 '관청 주요 이권을 일본인에게만' 주는 등의 특혜 아래, 일본인들이 토지, 기타 이권을 독차지하는 것에 대한 불만, 일본인들의 진출로 인한 조선인들의 경제적 피해, 일본인들의 악질적인 고리대업에 대한 불평등이 채집, 보고되고 있었다. 이 역시 넓은 의미에서 민족적 차별에서 유래하는 결과라고 할 수 있을 것이다. 이상이 민족차별에서 유래하는 불만이었는데, 당국자들이 일시동인, 조선인들의 복지 향상을 입에 달고 살던 바로 그 이면에서 이러한 차별의 체계가 작동하고 있었으므로 배신감 및 불만은 더욱 컸을 것이다.

한편 일제의 식민지 시정과 관련된 다양한 불만이 제기되었다. 이 시기 일제의 시정은 약탈적, 강제적, 위압적, 간섭적, 관습부정적인 것이어서 식민지 피지배민들의 불만의 대상이 되었다. 그러한 시책들 중에서 가장 많이 거론되었던 것이 도로부역과 공동묘지제도와 관련된 것이었다. 도로부역 문제는 도로의 보수 및 개통과 관련된 것으로서, 앞의 『주막담총』에서도 한국인들의 불평의 대상이 되었던 것이다. 도로정비는 앞에서 본 바와 같이 일제가 10년대에 특히 신경을 많이 쓴 것이었는데, 예산이 부족했던 상황에서 이를 무리하게 강행했기 때문에 거기에 필요한 노동력을 부역을 이용해 해결하고자 했던 것이다. 그것도 농번기에 부과한다든가, 또는 부역을 위해 먼 거리까지 가야 한다든가, 과중한 점 등이 불만의 대상이 되었다. 그 밖에 더 심각한 것으로는 "인민

의 토지에 강제로 길을 낸 후 강제로 기부케"하는 사례가 종종 지적되었다.[102]

이에 못지않게 10년대 큰 불만의 대상이 되었던 것은 묘지규칙이었다. 이는 한정된 토지의 효율적 이용을 위한, 그 나름의 합리성을 가진 것이었을지 모르지만 문제는 그것이 너무나 관습을 거슬러 강제적으로 추진되었다는 것이었다. 길지를 택하여 죽은 조상을 편안하게 모신다는 관념은 한국의 전통적인 유교적 효 관념과 맞닿아 있는 것이다.[103] 이른바 '명당' 자리에 대한 관념은 21세기 현재에도 남아 있는 것인데, 이미 100년 전에 공동묘지제도를 강제로 시행하고, 어기면 처벌까지 했다면 그에 대한 불만이 어떠했으리라는 것은 쉽게 짐작할 수 있다. 경북 지역의 경우에는 묘지규칙에 대한 불평이 '심대(甚大)'하다고 보고되었는데, 공동묘지가 자금을 덜 필요로 하는 '불용 관유지', 즉 아마도 위치가 좋지 않아 내버려 두었던 장소에 설정되었기 때문에 더욱 불만이 더 컸다고 한다.

이와 함께 앞서 말했듯이 '법령우하(法令雨下), 법령백출(法令百出)'이란 성어가 생길 정도로 수많은 법령이 쏟아져 내리고 더구나 그것들이 이제껏 백성들의 익숙했던 생활 방식을 부정하고, 부담을 가중시킬 때, 그것은 당연히 불만의 대상이 될 수밖에 없었을 것이다. 이를테면 자가용 도축 금지(개, 돼지 등), 연초세, 주세, 인지세 등 세금이 과중하고 세목이 너무나 많은 것이 불만의 대상이었다. 그 밖에 "구한국시대에는 하차의 사용 혹은 제 영업의 허가, 감사, 임검은 모두 방임했는데 근래에는 일마다 간섭한다. 청결검사는 전혀 조선의 인정습관에 안 맞는 것"(황해도)이란 지적처럼, "모든 게 규칙투성이"에다가 이를 강제로 이행하고자 헌병경찰의 간섭과 압박이 심했던 것이다. 또한 당시 농촌 생활

---

102. 1910년대 조선총독부의 신작로 건설과 관련된 문제들에 대해서는 小林拓矢, 「일제하 도로 사업과 노동력 동원」, 『韓國史論』 56, 서울대학교 국사학과, 2010 참조.
103. 김경숙, 『조선의 묘지 소송』, 문학동네, 2012, 47~52쪽 참조.

에서 떼어 놓을 수 없는 산림의 경우, 산림단속을 엄격하게 하여 일반 농민들은 입회권을 잃어 고통을 받게 되는데, 그 산림은 다시 일인 부호에게 대하(貸下)되어 불만을 샀다.

일제의 강제적 산업정책 또한 백성들을 고통스럽게 만들고 있었다. 그 대표적인 것은 쌀, 면화 등의 우량종 강요, 기타 장려 정책에서의 강제성이었다. 즉 뽕나무 묘목(桑苗)을 강제로 배급하여 재배케 하고, 멍석이나 가마니를 강제로 수량을 정해 만들어 내게 해서 노동력이 부족한 사람은 돈으로 사서 내는 경우도 있었다 한다. 또한 연초나 면화의 경우에는 시가보다 낮은 가격으로 공동판매를 강요하고, 양귀비 재배 금지(경북) 같은 것도 불만의 대상이 되었다. 평안남도에서 보고된 다음과 같은 불만은 일제 시정의 문제점을 종합적으로 지적하고 있다.

> 현행 제 법규는 너무나 복잡하고 문명적이다. 지금 조금 단일하게 하고 또 민도 관습에 맞게 하지 않으면 하층민은 그 번잡함을 견디지 못할 것이다. 그 가장 고통으로 여기는 것은 ① 산업장려에 관한 제 법규, 가령 사유림 보육벌채규칙, 화전 정리에 관한 시설 등 ② 세제, 가령 간접세들, 지방비, 각종 조합비 및 부역과 부역대료(夫役代料)를 병과(倂課)하는 것 등 ③ 위생행정에 관한 제 시설, 가령 묘지에 관한 규칙, 변소의 개조, 양돈의 제한 ④ 인민과 직접 접촉하는 하급관리가 조선어를 알지 못해 친절을 결하고 또는 관습을 무시하는 경우가 많다 ⑤ 언론 출판의 제한이 심해 인민의 의사를 발표할 기회가 없는 것[104]

위 인용문의 ①~④는 위에서 언급한 불만의 원인들을 망라하고 있어, 당시 일제 시정이 전국적으로 비슷한 양상으로 전개되고 있었음을 보여 준다. 이 밖에 아마도 양반 계급과 같은 구래의 지배층이 토로한 불만이었으리라 짐작되지만, 양반 유생의 특권이 없어졌다든가, 순사

---

104. 『騷擾事件』(1919), 평안남도.

보, 헌병보조원은 "신분이 비천한 자가 많은데 불손한 태도를 보여 나무라면 복수"한다는 것도 지적되었다.

마지막으로 ⑤는 말하자면 정치적 무권리에 대한 항의일 터인데, 각 지방에서 주로 유식인 또는 상류층의 요구로 보고되고 있다. 한국인들은 이에 대해 "병합조칙에 일시동인이라고 되어 있"다든가(황해도), "조선인도 일본 제국의 신민(평북, 강원도)"이므로 일본인과 동일한 정치적 권리를 달라고 요구하였다. 또한 조선인은 문명인이므로 정치적 권리를 가져야 한다는 주장도 제시되었다.

> 조선인은 수천 년의 역사와 수천 년래 국가를 조직하여 생활해 온 문명국민으로서 각 국민과 그 자격에서 다를 바 없다. 그런데 일본 정부는 이런 자격과 역사를 무시하고 대만인과 같이 야만인과 동일하게 통치하려고 한다. 이는 민도에 맞지 않는 정치이다. 일본국 황제는 군림해도 그 정치는 마땅히 조선인을 해방하여 이에 자치권을 부여하여 조선인은 조선인으로 하여금 통치하게 한다면 2천만 동포는 일본을 사부(師父)로 우러러 그 덕을 사모함에 이를 것이다 운운(강원도)[105]

이는 조선인이 다른 나라 국민들과 다름없는 문명 국민이므로, 거기에 걸맞은 정치적 권리를 누릴 자격이 있다는 것이었다. 경남의 경우에는 "자기가 이상으로 삼는 정치를 행하는 것은 오인의 자유이다. 남의 지도를 받는 것은 가령 그 정치가 '문명'이라 해도 조선인의 역사관습에 반하는 것이다"라고 하여 조선인들이 문명국민들의 정치적 자기결정권을 갖는 것은 당연한 권리라는 논리 아래 '독립'을 요구하였다. 이와 같이 정치적 무권리에 항의하면서 조선인들이 요구한 것은 언론집회결사의 자유에서부터 시작하여, 참정권, 자치(또는 독립의 전 단계로서의 자치), 독립 등에 이르는 것이었는데, 대세는 독립보다는 자치나 참정권을 요

105. 『騷擾事件』(1919), 강원도.

구하는 것이었다.

이러한 불만과 요구조항 등을 살펴볼 때 우리는 1910년대 일제의 '문명적' 시정의 성격은 물론, 1919년에 그와 같이 광범한 저항이 일어날 수 있었던 원인이 무엇이었는가 짐작할 수 있다. 많은 연구자에 의해 주목되었던 것은 3·1운동이 대규모였다는 점, 특히 거족적이었다는 점이다. 이는 일제의 1910년대 정책에 대해 한국인들이 계층과 계급을 초월하여 공통분모로서 느끼는 불만을 가지고 있었다는 사실을 보여 준다. 그러한 불만과 관련하여 이제까지 주로 일제 식민지 정책의 수탈성, 폭력성, 차별성이 지적되어 왔지만 이는 그 이후에 비슷한 규모의 거족적인 민족운동이 다시 일어나지 못한 사실을 설명해 주지 못한다. 일제하 조선총독부의 통치는 식민지 기간 내내 약탈적, 폭력적이었다. 일제의 경제적 수탈성을 지적하면서도, 이 운동에 참여한 대다수 사람이 농민층이었음을 지적한 마부치(馬淵貞利)의 연구가 있다.[106] 그는 여기서 3·1운동에 대한 정밀한 분석을 하면서 결국 이것이 농민운동이고, 자본주의적 상품생산 농업에 좌절된 농민들의 불만이 폭발된 것으로 보았다. 이러한 분석 및 답은 상당한 설득력을 지녔음에도, 이 운동이 철도 연선의 도시 지역에서 시작되어 내륙지역으로 번져 갔던 점을 설명해 주지 못한다.

이에 대신하여 필자는 '문화적 충격론'을 하나의 가설로 제시하고자 한다. 우리가 너무나 당연한 것이어서 놓치고 있는 점은 한국인들이 이때 처음 식민지를 경험했다는 사실이다. 1910년대 일제 식민지 지배는, 헌병경찰제로 대표되는 폭력성을 차치하더라도, 한국인들에게 너무나도 낯선 것일 수밖에 없었다. 그렇다면 식민지로의 전락이 가져온 가장 큰 변화는 무엇이었을까? 그것은 아마도 "자기 나라에 있으면서, 자기

---

106. 馬淵貞利, 「第一次大戰期朝鮮農業の特質と三·一運動」, 『朝鮮史研究會論文集』 12, 1975, 129~173쪽.

나라 말로 일을 볼 수 없"[107]다는 말이 상징하듯이 결국 식민지 지배가 시작되면서 한국인들이 한국사회에서 객체로 전락했다는 사실일 것이다.[108] 한국인들을 밀쳐내고 지배자로 등장한 일본인들은, 지배자의 위치에서 모든 것을 결정하고, 일방적으로 일본 본국의 질서를 이식했던 것이다. 그 새로운 질서는 낯선 것일 수밖에 없었고, 그래서 조선인들은 관청에 가서 자기 나라 말을 가지고도 일을 처리할 수 없는 처지에 빠졌던 것이다. 이는 물론 과장이 섞인 것일 수도 있겠지만, 일본어가 공용어가 되고, 지배자의 언어가 되면서, 정도의 차이는 있지만 언제 어디서나 일어날 수 있는 상황이었다. 거기다가 새로운 지배자로 등장한 일본인들이 보여 주었던 오만함, 조선인에 대한 모욕적 언동, 노예시 하는 태도는 더욱 견디기 어려웠을 것이다. 더구나 그들이 한때는 우리에게서 앞선 문화를 배워간 '후진' 민족이었고, 임진왜란과 같은 피해를 입힌 원수 같은 민족이었던 것이다.

사태를 더 악화시킨 것은 그들이 새로 실시한 제도가 너무 많았고, 변화가 격심했으며, 게다가 조선의 관습과 어긋나는 것이었다는 사실이다. 그렇다면 거기에서 당연히 마찰이 생길 수밖에 없었는데, 그 좋은 예로 묘지규칙 같은 것은 너무나도 오래된 관습, 문화를 거스르는 것이었다. 주세나 연초세가 생겨나고, 도축제도가 바뀌면서 자신이 키우던 가축을 자가용으로도 잡을 수 없게 되는 것은 경제적 피해는 물론이고 생활 관습 자체를 간섭하는 것이었다. 말하자면 "모든 것이 간섭투성이"인 상황이 되었던 것이다. "전통국가가 간여하지 않았던 세밀한 일상생활에까지 국가의 권력과 통제가 확대"되었던 것이다.[109]

---

107. 『騷擾事件』(1919), 전라북도.
108. 이와 관련하여 "일본의 국어는 도처에서 모든 방법을 다하여 조선인에게 강제되고 있다"는 말이 주목된다. 山本四郎 편, 「寺內伯朝鮮施政ニ對スル外國新聞雜誌評」 중 16번째 글, 『京都女子大學研究叢刊9 寺內正毅關係文書 首相以前』 37장, 1984, 538쪽. 일상생활에서까지 일본말 사용이 강요되지는 않았지만 1910년대 한국인들이 관청 등에서 일본말을 몰라 당해야 했던 곤란을 상상할 수 있게 하여 준다.

이와 같이 갑자기 변화하는 제도들이 더 문제가 되었던 것은 그것이 약탈적이고, 강제적, 폭력적이었다는 점이다. 헌병경찰은 앞서 『주막담총』에서 나오듯이 일반 농민들이 무서워서 "얼굴도 제대로 바라 볼 수 없을 지경"으로 공포의 대상이었는데, 이들이 어디서나 모습을 나타내면서, 이것저것 간섭을 하고, 그에 따르지 않을 때에는 태형을 가한다고[110] 할 때 식민지 피지배민들이 느꼈을 고통은 상상하기 어렵지 않다. 조선시기에는 지방행정도 싫든 좋든 자율에 맡겨진 것이 많아 공동체 안에서 자체적으로 실행되는 경우가 많았다. 그런데 이제 그러한 일상생활이 새로운 지배자들의 항상적인 감시와 간섭에 노출되기에 이른 것이다. 이러한 변화는 결국 '문화적'인 것이고, 따라서 전 민족적인 저항을 불러일으키기에 충분했던 것이다. 이와 같이 기존의 질서, 그 바탕에 놓여 있는 역사와 전통을 무시하는 조치들이 갑자기 또 강제적으로 추진될 때 한국인들이 느꼈던 불만과 경악, 좌절감은 '문화적 충격'이라고 개념화할 수 있을 것이다.

이러한 충격 속에서도 일제의 식민통치가 가져온 변화의 문명성은 인정받고 환영받았다. 예를 들어 충청도 지역 담총 분석에 드러나듯이 조선인들도 도로부설이나 철도 개통으로 인한 교통의 발달, 우량종자의 보급 등은 환영하고 있었다. 합병 초기에는 많은 조선인이 향리로 내려가고, 또 일인들이 세운 보통학교에 가지 않으려고 했지만 이러한 현상은 곧 끝나고, 새로운 지식을 배우고자 학교로 몰려들 정도였다고 하듯이 조선인들은 근대 문명에 개방적이었다. 그러나 1910년대 일제의 식민통치가 가져온 문제점은 조선인들의 그러한 개방성을 말살하고도 남을 정도였던 것이다.

---

109. 이철우, 「일제하 한국의 근대성, 법치, 권력」, 『한국의 식민지 근대성』(신기욱·마이클 로빈슨 엮음, 도면회 옮김), 삼인, 2006, 67쪽 참조.

110. 1910년대 조선총독부의 태형 실시 실태에 관해서는 염복규, 「1910년대 일제의 태형제도 시행과 운용」, 『역사와 현실』 53호, 2004, 204~212쪽 참조.

이와 관련하여 3·1운동이 "서울과 의주로 연결되는 서북부에서 남부와 동북부로, 그리고 교통이 편리한 철도 연변에서 산간지역으로 파급되어 갔다"라는[111] 분석은 많은 시사점을 던져 주고 있다. 결국 3·1운동은 "도시 등 교통이 발달한 곳으로부터 차츰 농촌이나 산간벽촌으로 전파되는 형태"로 전개되었고, 또한 "시간이 갈수록 운동에 참가하는 계층과 숫자가 확대되면서 운동의 양상도 평화적 만세시위에서 폭력적 투쟁으로 발전"하였던 것이다.[112] 말하자면 '문명'에 다른 지역보다 먼저, 그리고 많이 노출되었던 경의선, 경부선 연변 지역에서 촉발되어 다시 그 옆의 지역으로 전개되는 현상을 보여 주었던 것이다. 경의선, 경부선 연선 지역은 동시에 일본인들의 군사적, 경제적 침투의 통로였음도 주목할 필요가 있을 것이다. 통감부 설치 이후, 일제가 강조해 왔던 '문명화'의 선전과 약속에 기대를 걸고, 또 일본의 한발 앞선 문명적 문물에 접촉이 많았던 이 지역의 주민들이, '문명을 앞세운 폭력'에 불과했던 식민통치의 실상에 분노하면서, 운동의 봉화를 올렸고 이에 자극받은 농민층들이 다시 여기에 참여하는데, 일상생활에서 몸으로 그 폭력을 겪고 있었던 그들인지라 그 투쟁은 더욱 거세어져 갔을 것이다.

그렇다면 이러한 식민지 민중의 분출하는 불만 앞에서, 앞서 본 일부 지식인들의 일제 식민지 지배를 수용하는 자세는 어떻게 평가해야 할 것인가? 결국 이것은 한말의 문명지상주의를 이어받은 것으로, 일제의 '문명화'의 논리에 말려든 모습 바로 그것이라고 할 것이다. 사회진화론의 주박(呪縛)에 묶인 그들은 문명과 야만의 이분법에 빠져들어 자신의 노예적 처지를 어쩔 수 없는 것으로 받아들이면서, 일제의 식민지배를 '문명화'로 인정했던 것이다. 이는 자신의 역사와 문화, 전통에 대한 이해와 애정 없이 앞선 문명에 대한 선망으로 일방적으로 기울 때 지식인

---

111. 김진봉, 「三·一運動과 民衆」, 『三·一運動50周年紀念論集』, 1969, 365쪽.
112. 이지원, 「3·1운동」, 『한국사 15 — 민족해방운동의 전개 (1)』, 한길사, 1994, 103쪽 참조.

일반이 빠질 수 있는 함정을 보여 주는 것이라고 할 수 있을 것이다. 대표적으로 이광수를 들 수 있을 터인데, 그는 이러한 치명적 실수와 함께 식민통치의 모순을 파악하고도 이와 적당히 타협하면서 안주하는 모습을 보여 주었다. 그는 2·8선언의 작성자였는데, 그 내용을 보면 그 역시 식민지 지배가 한국인, 한국문화, 한국사회의 정상적인 성장을 옥죄는 질곡임을 잘 알고 있었다. 이광수는 "문명은 어떤 의미로 보면 해방이라. 서양으로 보면 종교에 대한 개인의 영(靈)의 해방, 귀족에 대한 평민의 해방, 전제군주에 대한 신민의 해방, 노예의 해방"이라고 하여 근대 문명의 특징이 개인 또는 단체가 남에게 속박되어 있다가 해방되는 것이라는 걸 잘 인식하고 있었다. 그러한 그가 일본이 '문명'을 내세우면서 실시하고 있었던 식민지 통치가 문제가 있다는 것을 몰랐을 리가 없다. 그럼에도 불구하고, 총독부의 요구에 따른 것이긴 하겠지만, 총독정치가 진보이며 그 아래 조선이 개선되고 있음을 칭송하면서 그 질서를 받아들이고, 그런 조건 아래에서 문명을 획득할 것을 촉구하는 글을 그들의 어용지인 『매일신보』에 썼던 것이다. 이러한 사례를 볼 때 문명화론이 지식인 일반의 저항의식을 약화시킴은 물론 일부로 하여금 식민지배를 찬양하게 만들어, 결과적으로 식민지 지배에 대한 저항을 약화시켰다는 것을 알 수 있다.

V. 결론

이상에서 근대 제국주의 서구 열강이 '문명화'를 내세우고 식민지 쟁탈전 및 통치에 나서는 과정, 이를 모방하여 일제가 한국을 식민지로 만들 때 역시 '문명'을 내세웠던 점, 이러한 분위기에서 일부 지식인들이 근대화(=문명화) 지상주의에 빠져 일제의 이데올로기 공세에 넘어간 결과 일제의 침략에 저항하지 못하거나 심지어는 침묵하고 동조했던 모습, 그러나 대다수 한국인은 '문명화'의 결과에 만족하지 못하고, 결국 3·1운동이라는 거족적 항일 운동을 일으키게 되는 과정을 살펴보았다.

'문명화 사명'을 앞세운 식민지 침탈은 산업혁명을 통해 막강한 생산력을 갖춘 제국주의 국가들의 경제적 필요 및 영토 확장 욕구를 바탕에 깐 경우가 많았다. 이러한 욕구가 복음주의 기독교 신앙과 결부되고 상이한 문화적, 종교적 배경을 가진 국가들에 대한 '교화' 열망과 결합되어 이들 국가들로 하여금 침략의 길로 나서게 만들었던 것이다. 서구 국가들은 자신을 '문명'으로, 남들을 '야만', '미개'로 규정하고 그들을 '문명화'하는 것이 자신들의 사명이라고 하면서 침략 행위를 합리화하였다. 그 기만적 성격에도 불구하고 이러한 주장들이 먹혀들어갈 수 있었던 것은 제국주의 국가들과 그 침략 대상국의 생산력 발달 수준, 사회 발달 수준, 시민들의 정치적 권리 향유 수준 등에서 큰 차이가 났기 때문이다. 상대적으로 뒤떨어진 지역을 식민지 지배하려면 그 목적을 위해서라도 최소한의 정비가 필요했는데, 이것을 '문명화'로 분식할 수 있었던 것이다. 제국주의 국가들이 '문명화'라는 미명 아래 자신들의 이익을 추구해 갔던 것은 잘 알려진 사실이다.

서구 제국주의 열강이 동아시아에 진출해 왔을 때 한·중·일 3국은 정도의 차이는 있을지언정 모두 '반개(半開)'의 나라로 취급되어 대포와 기선의 위협 아래 불평등조약의 체결을 강요당했다. 3국은 모두 중국을 중심으로 하는 중화문화권에 속해 있었는데 그 중심가치인 유교문화의 사회적 규정력이 가장 약했던 일본이 제일 먼저 서구 문물을 수입, 학습하여 '문명화'되었다. 일본은 자신이 문명화되었다는 것을 보이기 위한 수단으로 조선에 대한 '문명화', 곧 식민지 지배를 선택하였다. 이제까지 같은 문화권에 속해 있었던, 그리고 이전 시기 대륙의 앞선 문화를 전해 주기까지 했던 문화적 선진국 조선을 디딤돌로 삼아 밟고 올라가 서구 국가들에게 자신이 문명국가임을 인정받고, 그리하여 그들과 맺은 불평등조약을 개정한 다음 그들이 형성한 '문명' 국가의 반열에 들고자 했던 것이다. 물론 조선을 발판 삼아 서구에의 예속상태를 벗어나고자 한 것은 중국도 마찬가지였다.

일본은 한국을 개항한 이후 줄곧 한국의 개화, 문명화를 돕는다는 명분을 내세우면서 자신의 세력을 심고자 부심했는데, 그러한 시도가 전면화하는 것은 러일전쟁을 전후한 1904년 경부터였다. 영국의 후원을 받아 러일전쟁에서 승리한 후 일제는 조선을 '보호국'으로 만들고, 이후 착착 식민화 작업을 진행시켜 나갔다. 이때 일제는 서구 제국주의 국가들을 모방하여 한국을 문명화한다는 걸 한국 보호국화의 명분으로 내세우고자 했다. 그러나 한국과의 과거 역사적, 문화적 관계 때문에 '문명화'를 전면적으로 내세울 수는 없었다. 과거 조선을 통해 대륙의 앞선 문명을 받아들였던 사실은 한일 양국 모두 잘 알고 있었기 때문이다.

또 일본이 자랑하는 문명이라는 것이 서구에서 수입한 것이었으므로 더욱 그러했다. 그리하여 일제가 표면에 내세운 것이 바로 '시정개선'이라는 '선정(善政)'의 약속이었다. 고종을 중심으로 하여 대한제국의 국권수호를 위한 개혁 시도가 이어졌지만, 그것이 볼 만한 성과를 이루지 못한 속에서 정부의 무능과 부패는 누구도 부정할 수 없는 사실이었다. 그것이 백성들의 원망을 사고 있었던 것을 잘 알고 있었던 일제는 바로 이점을 포착하고, '악정(惡政)'의 개혁을 침략의 구실로 삼았던 것이다.

1910년 한국을 합병한 일제는 조선을 자신의 영구한 세력권으로 만들고자 했다. 자신의 완전한 영토로 통합하고 이를 대륙진출의 교두보로 삼는다는 것이 일제의 꿈이었다. 이를 위해 일제는 조선 식민화 이후 '개발' 사업을 적극 추진해 나가기 시작했는데, 이러한 사업을 '문명화'로 분식하였다. 문제는 그 과정에서 한국인들로 하여금 '문명화'의 혜택을 실제로 느끼게 해야만 하는 일이었다. 이제 고종의 '방해공작'도 없고, 의병과 같은 저항세력도 진압되어 그들이 그렇게 주장했던 '선정'을 베풀 수 있게 되었으니, 자신들의 시정이 조선왕조, 대한제국의 시정보다 한결 좋은 것임을 증명해야 했던 것이다. 그러나 그것은 쉽지 않은 일이었다.

일제는 1910년대 그들이 생각하는 '선정'을 강력하게 추진해 나아갔다. 그것은 식민지 통치를 위한 기초를 닦기 위한 것이자, 자본주의 경제 원리가 작동하는 사회로 만들기 위한 것이었다. 그리고 조선의 경제를 일본에 통합하기 위한 것이었다. 재정이 부족했던 일제는 이 시기 가장 중요한 산업인 농업에서는 개량종자의 보급과 농법의 개량에 초점을 맞추었다. 이와 함께 행정제도, 사법제도도 정비하였다. 그에 따라 대한제국에 비해 효율적인 행정제도가 갖추어져 갔고, 재판도 법에 따라 진행되었다. 그 밖에 재원 마련을 위한 효율적인 조세수취제도도 정비되어 갔고, 문명의 상징으로서 '위생' 수준을 높이기 위한 사업들도 추진되었다. 이로써 한국사회가 보다 통일적·효율적으로 운영될 수 있었으리라 예상할 수 있다.

그러나 이러한 '문명화'는 민족차별을 바탕에 깔고 있는 것이었다. 한국인들은 식민지 종속민으로서 정치적 권리가 주어지지 않았고, 자신들의 의견을 개진할 기회도 없었다. 단지 일제의 정책을 믿고 따라야만 할 의무만이 부과되었다. 일제의 '문명화' 정책에 대한 불만은 '야만'을 그리워하는 것으로 질책당했다. 게다가 일제의 '문명화' 정책은 폭력적으로 추진되었다. 일제는 자신들의 정해진 정책을 헌병경찰을 내세워 강압적으로 추진하였다. 관습과 관행에 어긋나는 법령이 발포되고 강제되었으며, 이를 어기면 폭력적인 제재가 가해졌다. 이제까지는 국가의 손길이 미치지 않았던 일상생활의 구석구석까지 당국의 감시와 제재가 따라다녔다. 1890년대 이후 인민의 권리에 대해 점차 눈떠가고 있었던 한국인들에게 정치적 발언권이 수반되지 않는 '문명화'는 빛 좋은 개살구와 같은 것이었다. 새롭게 정비된 자본주의 경제제도는 일제 자본의 침투를 가속화시킬 뿐이었다.

이렇게 일제가 1910년대 '문명화'를 강압적으로 밀어붙였던 것은 서구 열강에게 자신들이 식민지를 경영할 능력이 있다는 것, 즉 야만을 '문명화'할 수 있는 능력이 있다는 것을 보여 주기 위한 것이기도 했다. 1880년대 중반 후쿠자와 유기치(福澤諭吉)의 '탈아입구' 주장에서 볼 수 있듯이 일본은 서구 국가의 인정을 받아 문명국가의 반열에 들기를 열망하고 있었기 때문이다.

일제의 이러한 '문명화' 정책에 대한 한국인들의 반응은 어떠했을까? 한국인들은 개항 이후 서구 문물 수용의 필요성을 깨닫고 나름대로 문명개화정책을 추구해 왔다. 그 목표는 물론 부국강병 달성을 통한 국권 수호, 나아가서 독립된 자주 국가를 세우는 것이었다. 그러나 그러한 의욕과는 별도로 문명개화를 스스로의 힘으로 달성하기 위한 지식과 경험이 부족하였다. 서구 국가들로부터 직접 문명을 도입할 능력은 제한되어 있었다. 또한 그들은 지리적으로도 멀리 떨어져 있어 시간과 돈이 더욱 필요할 수밖에 없었다. 이에 일본을 통한 서구 문명의 수용을 시도하게 되었다. 이때 우리의 문명개화를 도와주겠다는 구실로 침략해 들어오는 일제에 대해 의구심을 품으면서도 일정한 기대를 걸 수밖에 없었다. 통감부 설치기, 일제가 시정개선을 내세우고 제도개혁을 단행할 때 특히 재판제도 개선과 같은 것은 환영을 받았던 것으로 보인다. 대한제국 시기 미처 정비되지 못한 전근대적 제도 아래 고통받고 있었던 백성들은 '문명화'의 한 측면을 긍정했던 것이다. 그러나 이 단계 일제의 정책이 자신의 국익추구를 바탕에 깔고 조선의 식민지화를 추구하는 것이었으므로 인민들의 전면적이고 광범위한 지지를 받기는 어려웠다. 따라서 일부 문명화 지상론자들을 제외한 대다수 인민은 이에 반대했던 것으로 보인다.

1910년대 일제 정책의 문명화 측면에 대한 긍정은 분명히 있었다. 1910년대 전반의 사례를 보면, 관리의 수탈이 없어졌다든가, 반상의 차별이 없어졌다든가, 교통이 편리해졌다든가 하는 점들은 긍정적으로 받아들여졌다. 또한 한말 애국계몽운동을 추진해 왔던 인사들 중에서도 이를 찬양하는 사람들이 생겨났다. 이광수, 최남선, 장지연 같은 사람들이 대표적이다. 그러나 이런 문명화의 긍정적인 측면, 그에 대한 긍정적 반응은 제한된 것이었다. 그를 무력화시키는 훨씬 더 큰 불만의 요인이 있었고, 그에 대한 저항은 3·1운동이라는 거족적 민중항쟁으로 폭발하였다. 한국인들에게 식민지 피지배민으로서 경험은 처음 겪는 것이었다. 급격한 변화, 민족적 차별, 폭력에 대한 민족적 분노는 실로 일부 친일파를 제외하고는 모두 견디기 어려운 것이었고, 이러한 불만이 공통분모가 되어 거족적인 저항운동이 가능했던 것이다. 그러므로 3·1운동의 가장 큰 원인은 식민화 및 강압적 문명화가 가져온 문화적 충격이라고 보는 것이 좋을 것이다.

개항 이후 서구 문명국가를 이상으로 삼고, 현실적으로 일본의 메이지유신을 모델로 삼아 자발적으로 문명개화를 추구해 온 입장에서, 일제가 한말 이후 '문명의 시정'을 내세우면서 국권을 침범해 올 때, 문명에 대한 선망에서 그에 대한 기대가 없지 않았지만, 기대와 달리 자신들의 생활을 압박하고 정체성을 부인하는 것임을 발견했을 때 대다수 한국인은 거기에 환멸을 느끼고 저항의 길로 나서게 되었던 것이다.

이렇게 보았을 때 일제의 문명화론은 부분적인 성공을 거두었다고 보아야 할 것이다. 일반 민중들 앞에 서서 문명개화를 주장해 왔던 지식인층들은 문명화를 내세운 일제의 침략에 제대로 저항하지 못하였다. 그들의 관념성 때문에 사회진화론과 같은 제국주의적 침략을 합리화하는 논리들의 실체를 간파하지 못했기 때문이다. 그러나 그 문명화를 몸으로 직접 체험해야 했던 인민들은 일면 그 혜택을 긍정하면서도 그 전체를 받아들이지 않았는데, '문명화'가 너무나도 강압적이고 약탈적이고 간섭적이었기 때문이다.

그러나 여기에서 충분히 다루지는 못했지만, 식민지 종속민들이 찬성하든 반대하든, 긍정하든 묵인하든 일제와 함께 '문명화'는 진행되었으며, 그것이 현재 우리의 생활을 여전히 지배하고 있다는 것은 부정할 수 없는 사실이다. 역사에 가정이란 불필요한 것이라고 하지만, 일제의 식민지 지배가 없었다고 해도 한국은 자신의 힘으로 문명화를 이루었을 것이다. 그러나 눈앞에 전개된 현실은 '문명화'를 앞세운 일제의 식민지 지배였으며, 그 '문명화'는 많은 문제점과 한계에도 불구하고 효율성, 합리성 때문에 결국 수용되지 않을 수 없었으며, 점차 익숙한 질서로 자리 잡아 간 것이 사실이다. 그것이 지금까지도 이른바 '식민지 근대화론'이 주장되는 하나의 이유일 것이다.

참고문헌

사료

『이조실록』(여강출판사, 1993) / 『獨立新聞』 / 『皇城新聞』 / 『大韓每日申報』 / 『만세보』 / 『신한민보』 / 『每日申報』 / *The Seoul Press*

『大韓興學報』 / 『大韓協會會報』 / 『大韓自强月報』 / 『學之光』 / 『少年』 / 『青春』 / *The Korea Review*

谷壽夫, 『機密 日露戰史』(明治100年史叢書), 原書房, 1966.

『公州憲兵隊本部 · 忠淸南道警務部, 『酒幕談叢』, 1914.

『(舊韓國)官報』

國民新聞編輯局 編, 『伊藤博文公』, 啓成社, 1930.

弓削幸太郎, 『朝鮮の教育』, 1923.

吉川祐輝, 『韓國農業經營論』, 1904.

山本庫太郎, 『最新 朝鮮移住案內』, 民友社, 1904.

阿部薰, 『朝鮮問題論集』, 民衆時論社, 1932.

原田豐次郎, 『伊藤公と韓國』, 1909.

田保橋潔, 『朝鮮統治史論考』, 成進文化社, 1972. (원저는 1945년)

早稻田大學 編, 『圖錄大隅重信近代日本の設計者』, 1988.

『朝鮮農會報』

『朝鮮總督府官報』

『朝鮮總督府月報』
朝鮮總督府, 『朝鮮總督府施政年報(明治43年)』, 1912.
_____, 『朝鮮統治三年間成績』, 1913.
_____ 鐵道局, 『最近五年間に於ける朝鮮の進步』, 1915.
_____, 『施政五週年記念朝鮮物產供進會報告書』, 1915.
_____, 『朝鮮施政の方針及實績』, 1915.
_____ 內務部, 『朝鮮總督府道郡島書記講習會講演集』, 1918.
_____ 學務局, 『朝鮮教育要覽』, 1919.
_____, 『施政二十五年史』, 1935.
朝鮮統監府, *Annual Report for 1907 on Reforms and Progress in Korea* (Compiled by H. I. J. M.'s Residency General/Seoul, December, 1908)
朝鮮憲兵隊司令部, 『(秘)大正八年朝鮮騷擾事件狀況』, 1919.
青柳綱太郎(1928), 『總督政治史論(上)』 복각판, 『한국병합사연구자료 11』, 龍溪書舍, 1996.
統監官房, 『韓國施政年報』(제1차, 제2 · 3차)
韓國內部 警務局 編, 『韓國警察一斑』, 1910.
和田八千穗 外 編, 『朝鮮の回顧』, 近澤書店, 1940.
黑田甲子郎, 『元帥寺內伯爵傳』, 1920.
『朝鮮彙報』
『朝鮮』
『統監府文書(1~11)』, 국사편찬위원회, 1998~2000.
『韓國中央農會報』

近代アジア教育史研究會 編, 『近代日本のアジア教育認識 · 資料篇 第1卷 — 明治後期 教育雜誌所收 中國 · 韓國 · 臺灣關係記事 — 第1部 韓國の部(1~8)』, 龍溪書舍, 1999.
琴秉洞, 『資料 雜誌にみる近代日本の朝鮮認識』, 綠陰書房, 1999.
金正明 編, 『日韓外交資料集成』, 巖南堂書店刊, 1964.
山本四郎 編, 『京都女子大學研究叢刊9 寺內正毅關係文書(首相以前)』, 1984.
市川正明 編, 『三 · 一獨立運動朝鮮獨立運動 · 別卷』, 原書房, 1983.
『日本近代思想大系12 對外觀』, 岩波書店, 1991.
『日本植民地教育政策資料集成』

김상태 편역, 『윤치호일기 1916~1943』, 역사비평사, 2001.
박은식, 『韓國獨立運動之血史』, 上海, 1920.
이승만, 『독립정신』, 正東出版社(1993 재간), 1904.
한국정신문화연구원 한민족문화연구소 편, 『근현대사자료총서 8, 한말의병전쟁 자료집 暴徒檄文』, 도서출판 선인.
한상일 해석·역, 『서울에 남겨둔 꿈』, 건국대학교출판부, 1993.
후쿠자와 유키치, 엄창준·김경신 옮김, 『학문을 권함』, 지안사, 1993.
_____, 정명환 옮김, 『문명론의 개략』, 광일문화사, 1989.
『大韓季年史』, 국사편찬위원회, 1974.

저서

강동진, 『일제의 한국침략정책사』, 한길사, 1980.
강상중, 이경덕·임성모 옮김, 『오리엔탈리즘을 넘어서』, 이산, 1997.
강창석, 『조선통감부 연구』, 국학자료원, 1995.
고마고메 다케시, 오성철 외 옮김, 『식민지제국 일본의 문화통합 — 조선·대만·만주·중국점령지에서의 식민지 교육』, 역사비평사, 2008.
權泰檍, 『한국근대면업사연구』, 일조각, 1989.
권태억 외, 『한국 근대사회와 문화 (I~III)』, 서울대학교출판문화원, 2003·2005·2007.
그레고리 헨더슨, 박행웅 외 옮김, 『소용돌이의 한국정치』, 1968.
김경숙, 『조선의 묘지 소송』, 문학동네, 2012.
金圭煥, 『日帝의 對韓 言論·宣傳 政策』, 二友출판사, 1978.
金基赫, 『근대 한·중·일 관계사』, 연세대학교출판부, 2007.
김도형, 『大韓帝國期의 政治思想研究』, 지식산업사, 1994.
김민정 외, 『문명 안으로 — 문명 개념의 형성과 한자문화권의 번역과정』, 한길사, 2011.
김용구, 『한국개념사총서 1 — 민국공법』, 소화, 2008.
김용덕·미야지마 히로시 공편, 『근대교류사와 상호인식 I·II — 일제강점기』, 아연출판부, 2001·2007.
김용섭, 『한국근현대농업사연구 — 한말·일제하의 지주제와 농업문제』, 일조각, 1992.

金允植, 『이광수와 그의 시대 1 · 2』, 한길사, 1986.
김정인, 『천도교 근대 민족운동 연구』, 한울, 2009.
김종준, 『일진회의 문명화론과 친일활동』, 신구문화사, 2010.
김진균 정근식 편저, 『근대주체와 식민지 규율권력』, 문화과학사, 1997.
南基正 역, 『일제의 한국 사법부 침략 실화』, 육법사, 1978.
노대환, 『동도서기론 형성 과정 연구』, 일지사, 2005.
______, 『한국개념사총서 6 — 문명』, 소화, 2010.
다카사키 소지, 이규수 옮김, 『식민지 조선의 일본인들 — 군인에서 상인, 그리고 게이샤까지』, 역사비평사, 2006.
대한민국국회도서관 편, 『한국신문 · 잡지연표(1881~1910)』, 1967.
도면회, 『한국 근대 형사재판제도사』, 푸른역사, 2014.
渡部學, 김성환 역, 『한국근대사』, 동녘, 1984.
島田征夫, 최홍배 노석태 이성형 공역, 『국제법』, 도서출판 21C 법경사, 2004.
동북아역사재단 · 한일문화교류기금 편, 『한국과 일본의 서양문화 수용』, 경인문화사, 2011.
동아일보사, 『三 · 一運動50周年紀念論集』, 1969.
듀스 피터 저, 김용덕 역, 『일본근대사』, 지식산업사, 1983.
류대영, 『한국근현대사와 기독교』, 푸른역사, 2009.
柳在坤 외, 『일제의 대한침략정책사 연구』, 현음사, 1996.
李萬烈, 『韓國近代 歷史學의 理解』, 문학과 지성사, 1981.
마루야마 마사오, 박충석 · 김석근 공역, 『충성과 반역 — 전환기 일본의 정신사적 위상』, 나남출판, 1998.
문준영, 『법원과 검찰의 탄생 — 사법의 역사로 읽는 대한민국』, 역사비평사, 2010.
미야케 히데토시, 김세민 등 옮김, 『조선통신사와 일본』, 지성의 샘, 1996.
閔泳珪, 『강화학 최후의 광경』, 1994.
박경식, 『일본제국주의의 조선지배』, 청아출판사, 1986.
박명규, 『한국개념사총서 4 — 국민 · 인민 · 시민』, 소화, 2009.
박성수, 『독립운동사연구』, 창작과비평사, 1980.
박영재 외, 『19세기 일본의 근대화』, 지식산업사, 소수, 1996.
박지향, 「제국은 왜 팽창하는가」, 『제국주의 — 신화와 현실』, 서울대학교출판문화원, 2000.

박찬승, 『한국개념사총서 5 — 민족·민족주의』, 소화, 2005.
______, 『한국근대정치사상사 연구』, 역사비평사, 1992.
山室信一, 정재정 옮김, 『러일전쟁의 세기』, 소화, 2010.
서중석, 『한국 근현대의 민족문제연구』, 지식산업사, 1989.
수요역사연구회 편, 『식민지 조선과 매일신보 1910년대』, 신서원, 2003.
신기욱·마이클 로빈슨 엮음, 도면회 옮김, 『한국의 식민지 근대성』, 삼인, 2006.
신용하, 『獨立協會研究』, 일조각, 1975.
역사학회 편, 『노일전쟁 전후 일본의 한국 침략』, 일조각, 1986.
______, 『日本의 침략정책사 연구』, 일조각, 1984.
위르겐 오스터함멜, 박은영·이유재 옮김, 『식민주의』, 역사비평사, 2006.
유모토 고이치, 연구공간 수유+너머 동아시아 근대 세미나팀 옮김, 『일본 근대의 풍경』, 그린비, 2004.
尹健次, 심성보 역, 『한국근대 교육의 사상과 운동』, 青史, 1987.
이성환·이토 유키오 편, 『한국과 이토 히로부미』, 선인, 2009.
이장우 외 5인, 『중국, 한국과 세계』, 영남대학교출판부, 2003.
이지원, 『한국 근대 문화사상사 연구』, 혜안, 2007.
이태진, 『고종시대의 재조명』, 태학사, 2000.
이태진 외, 『고종황제역사청문회』, 푸른역사, 2005.
이해창, 『개정증보판 한국신문사연구』, 성문각, 1983.
이헌창, 『韓國經濟通史』, 法文社, 1999.
林鍾國, 『일본군의 조선침략사』, 일월서각, 1988.
임지현, 『민족주의는 반역이다』, 소나무, 1999.
정용화, 『문명의 정치사상 — 유길준과 근대 한국』, 문학과 지성사, 2004.
정재정, 『일제침략과 한국철도(1892~1945)』, 서울대학교출판문화원, 1999.
정재철, 『日帝의 對韓國植民地教育政策史』, 일지사, 1985.
정진석, 『언론조선총독부』, 커뮤니케이션북스, 2005.
조동걸 『한국민족주의의 성립과 독립운동사 연구』, 지식산업사, 1989.
조성운, 『식민지 근대관광과 일본시찰』, 경인문화사 2011.
조현범, 『문명과 야만 — 타자의 시선으로 본 19세기 조선』, 책세상, 2002.
최병헌 외, 『한국불교사 연구입문 (하)』, 지식산업사, 2013.
崔埈, 『증보판 한국신문사』, 일조각, 1992.

하라다 게이이치, 최석완 옮김, 『청일 러일전쟁』, 어문학사, 2012.
한국역사연구회, 『1894년 농민전쟁 연구 1~5』, 역사비평사, 1991~1997.
______, 『한국행정 60년(1948~2008): 1. 배경과 맥락』, 법문사, 2008.

久保田優子, 『植民地朝鮮の日本語教育 — 日本語による「同化」教育の成立過程』, 九州大學出版會, 2005.
旗田魏, 『朝鮮史』, 岩波書店, 1951.
金洛年, 『日本帝國主義下の朝鮮經濟』, 東京大學出版會, 2002.
金哲, 『韓國の人口と經濟』, 岩波書店, 1965.
木村健二, 『在朝日本人の社會史』, 未來社, 1989.
北岡伸一, 『日本陸軍と大陸政策 — 1906~1918年』, 東京大學出版會, 1979.
森山茂德, 『近代日韓關係史研究 — 朝鮮植民地化と國際關係』, 東京大學出版會, 1987.
小川原宏幸, 『伊藤博文の韓國併合構想と朝鮮社會 — 王權論の相克』, 岩波書店, 2010.
松田利彦, 『日本の植民地支配と警察 — 1905年~1945年』, 校倉書房, 東京, 2009.
林屋辰三郎 編, 『文明開化の研究』, 岩波書店, 1979.
田中彰, 『明治維新と西洋文明 — 岩倉使節團は何を見たか』, 岩波書店, 2003.
佐藤愼一, 『近代中國の知識人と文明』, 東京大學出版會, 1996.
『岩波講座 近代日本と植民地 7 — 文化のなかの植民地』, 1993.

Conklin, Alice L., *A Mission to Civilize — The Republican Idea of Empire in France and West Africa*, 1895~1930, Stanford University Press, 1997.
Mann, Michael, "'Torchbearers Upon the Path of Progress': An Introductory Essay", in *Colonialism as Civilizing Mission — Cultural Ideology in British India*, 2004, London.
Rosenblum, Mort, *Mission To Civilize — The French Way*, Harcourt Brace Jovanovich, 1986.
Myers, Ramon H. and Mark R. Peattie ed., *The Japanese Colonial Empire*, 1895~1945, Princeton University, 1984.
Roberts, Stephen H., *History of French Colonial Policy(1870~1925)*, London, P. S. King & Son, LTD., 1929.

논문

강상규, 「근대 일본의 「萬國公法」 수용에 관한 연구」, 『진단학보』 87, 1999.

고건호, 「한말 신종교의 문명론: 동학 · 천도교를 중심으로」, 서울대학교 철학 박사학위 논문, 2002.

小林拓矢(고바야시 다쿠야), 「일제하 도로 사업과 노동력 동원」, 『韓國史論』 56, 서울대학교 국사학과, 2010.

구대열, 「일본의 초기 대한식민정책 형성과정」, 『대한제국연구』 4, 1986.

구선희, 「후쿠자와 유키치(福澤諭吉)의 대조선문화정략」, 『국사관논총』 8, 1989.

권보드래, 「1910년대의 새로운 주체와 문화: 『매일신보』가 만든, 『매일신보』에 나타난 대중」, 『민족문학사연구』 36집, 2008.

권윤경, 「18세기 후반 계몽사상과 식민주의 — 레날의 『두 인도의 역사』를 중심으로」, 『서양사연구』 29, 2002.

權泰檍, 「일제의 육지면 재배 확장정책 — 1904~1911년간을 중심으로」, 『진단학보』 55집, 1983.

_____, 「통감부시기 일제의 對韓 농업시책」, 역사학회 편, 『노일전쟁 전후 일제의 한국침략』, 일조각, 1986.

_____, 「1904~1910년 일제의 한국 침략 구상과 '시정개선'」, 『한국사론』 31, 1994.

_____, 「통감부 설치기 일제의 조선 근대화론」, 『국사관논총』 53집, 1994.

_____, 「近代化 · 同化 · 植民地遺産」, 『한국사연구』 108, 2000.

_____, 「자강운동기 문명개화론의 일본인식」, 『韓國文化』 28, 서울대학교 한국문화연구소, 2001.

권혁희, 「일본 박람회의 '조선인 전시'에 관한 연구 — 1903년 제5회 내국권업박람회와 1907년 도쿄권업박람회를 중심으로」, 서울대학교 대학원 인류학 석사학위 논문, 2007.

길진숙, 「『독립신문』 · 『매일신문』에 수용된 '문명/야만' 담론의 의미 층위」, 『근대계몽기 지식 개념의 수용과 그 변용』, 이화여자대학교 한국문화원, 2004.

김경택, 「한말 중인층의 개화활동과 친일개화론」, 『역사비평』, 여름 21호, 1993.

김대호, 「1910~1920년대 조선총독부의 朝鮮神宮 건립과 운영」, 『한국사론』 50, 서울대학교 국사학과, 2004.

김도형, 「大韓帝國 초기 文明開化論의 발전」, 『한국사연구』 121, 2003.

김동식, 「철도의 근대성」, 『돈암어문학』 15, 2002.
김인순, 「조선에 있어서 1896년 내정개혁 연구」, 『갑신갑오기의 근대변혁과 민족운동』, 청아출판사, 1983.
김창록, 「식민지 피지배기 法制의 기초」, 『법제연구』 8, 1995.
김태웅, 「1915년 京城府 物産共進會와 日帝의 政治宣傳」, 『서울학연구』 18, 2002.
김태준, 「유길준의 개화사상과 민족아의 형성」, 서연호 외 지음, 『한국 근대 지식인의 민족적 자아형성 — 일제 식민지 체험을 넘어서』, 소화, 2004.
노인화, 「대한제국시대의 한성전기회사에 관한 연구」, 『이대사원』 17, 1980.
도리우미 유타카, 「일제하 일본인 請負業者의 활동과 이윤창출」, 서울대학교 대학원 박사학위 논문, 2013.
도면회, 「대한국국제」와 대한제국의 정치구조」(사실, 이렇게 본다 2), 『내일을 여는 역사』 Vol. 17, 2004.
류시현, 「1910년대 최남선의 문명·문화론과 조선불교 인식」, 『한국사연구』 155, 2011.
류준필, 「'문명'·'문화' 관념의 형성과 '국문학'의 발생 — '국문학'이라는 이데올로기 서설」, 『민족문학사연구』 18, 2001.
松田利彦(마쓰다 도시히코), 「일본 육군의 중국대륙침략정책과 조선(1910~1915)」, 『한국 근대사회와 문화 II』, 서울대학교출판문화원, 2005.
宮嶋博史(미야지마 히로시), 「민족주의와 문명주의 — 3·1운동에 대한 새로운 이해를 위하여」, 『大東文化研究』 66, 2009.
水野直樹(미즈노 나오키), 「조선 식민지 지배와 이름의 '차이화' — 내지인과 혼동하기 쉬운 이름의 금지를 중심으로」, 『사회와 역사』 59, 2001.
박양신, 「19세기 말 일본인의 조선여행기에 나타난 조선상」, 『역사학보』 177, 2003.
박원호, 「1. 15세기 동아시아 정세조선초기의 대외관계」, 『한국사 22책 조선왕조의 성립과 대외관계』, 국사편찬위원회, 1995.
박지향, 「여행기에 나타난 식민주의 담론의 남성성과 여성성」, 『영국연구』 4, 2000.
박찬승, 「1890년대 후반 渡日(도일) 유학생의 현실인식 — 유학생친목회를 중심으로」, 『역사와 현실』 31, 1999.
박한규, 「아시아주의를 통해 본 전전 일본의 동아시아 정체성」, 『일본연구논총』 20호, 2004.

方光錫, 「명치 관료의 유럽 '지식순례'」, 『일본역사연구』 23집, 2006.
배민재, 「1910년대 조선총독부 臨時恩賜金 사업의 운영방향과 그 실제」, 『韓國史論』 55, 서울대학교 국사학과, 2009.
서영희, 「광무정권의 국정운영과 일제의 국권침탈에 대한 대응」, 서울대학교 박사학위 논문, 1998.
송병기, 「개화기 일본유학생 파견과 실태(1881~1903)」, 『동양학』 18, 1988.
_____, 「『酒幕談叢』을 통해 본 1910년대 조선의 사회상황과 민중」, 김동노 편, 『일제 식민지 시기의 통치체제 형성』, 혜안, 2006.
염복규, 「1910년대 일제의 태형제도 시행과 운용」, 『역사와 현실』 53호, 2004.
吳斗煥, 「한말 차관문제의 전개과정」, 『일제경제침략과 국채보상운동』, 아세아문화사, 1994.
오영섭, 「개항 후 만국공법 인식의 추이」, 『東方學志』 124, 2004.
유영렬, 「한말 애국계몽언론의 일본인식」 『아세아연구』 통권 제101호, 1999.
이동훈, 「'경성'의 일본인 사회와 자녀교육 — 통감부 시기와 1910년대를 중심으로」, 『서울학연구』 45, 2011.
이성시, 「黑板勝美(구로이타 가쯔미)를 통해 본 식민지와 역사학」, 『韓國文化』 23, 1999.
이승렬, 「역대 조선총독과 일본군부」 『역사비평』 계간 24호 1994.
李榮昊, 「통감부시기 조세증가정책의 실현과정과 그 성격」, 『한국문화』 18, 1996.
이원순, 「한말 일본인 고빙문제 연구 — 한말 외국인 고빙문제 연구 서설 (2)」, 『조선시대사논집』, 느티나무, 1992.
이원영, 「문명사관과 문명사회론 — 유길준의 『서유견문』을 중심으로」, 『韓國政治學會報』 30-4, 1996.
李潤相, 「1894~1910년 재정제도와 운영의 변화」, 서울대학교 박사학위 논문, 1996.
이정옥, 「갑오개혁 이후 한성 도로정비사업과 府民의 반응」, 『향토서울』 78, 2011.
이종민, 「식민지하 근대감옥을 통한 통제 메카니즘 연구 — 일본의 형사처벌 체계와의 비교」, 연세대학교 사회학과 박사학위 논문, 1998.
이주열, 「「경부철도노래」에 나타난 긍정의식 연구」, 『우리어문연구』 35집, 2009.
이준식, 「일제 강점기 친일 지식인의 현실 인식」, 『역사와 현실』 37호, 2009.

市川まりえ(이치카와 마리에), 「1905~1910년 在韓日本人 民間言論의 統監府政治觀」, 『한국사론』 55집, 서울대학교 국사학과, 2009.
이태진, 「한국병합인가, 한일합방조약인가?」, 『역사용어 바로쓰기』, 역사비평사 2006.
이헌창, 「개항기 근대화 정책은 소중한 경험」, 『고종황제역사청문회』, 푸른역사, 2005.
張錫興, 「일제의 식민지 언론정책과 총독부 기관지 「每日申報」의 성격」, 『한국독립운동사연구』 6, 1992.
장인성, 「근대 조선 일본관의 구조와 성격」, 김용덕 외 편, 『한일공동연구총서 2 근대교류사와 상호인식』, 고려대학교 아세아문제연구소, 2001.
전은경, 「조일재 신문연재소설에 나타난 근대적 여성관 — 1910년대 신문 · 작가 · 독자의 상호소통성을 중심으로」, 『현대소설연구』 23, 2004.
정근식, 「일본 식민주의의 정보통제와 시각적 선전」, 『사회와 역사』 82집, 2009.
_____, 「서구법 수용의 왜곡」, 『역사비평』 46, 1999.
정연태, 「일제의 한국 농지정책」, 서울대학교 박사학위 논문, 1994.
_____, 「19세기 후반 20세기 초 서양인의 한국관 — 상대적 정체성론 · 정치사회부패론 · 타율적 개혁불가피론」, 『역사와 현실』 34호, 1999.
정창렬, 「한말 문명 개화 사학의 역사인식」, 『마당』 1981. 11.
정해영 · 배영희, 「일제 강점기 보통학교 교육정책 연구 — 1910년대 '每日新報'를 중심으로」, 『교육사학연구』 14, 2004.
조용욱, 「제국주의와 제1차 세계대전」, 배영수 편, 『개정판 서양사강의』, 한울아카데미, 2000.
주진오, 독립협회의 개화론과 민족주의 『현상과 인식』, 20－1, 1996.
최덕수, 「獨立協會의 政體論 및 外交論硏究 — 독립신문을 중심으로」, 『民族文化硏究』 13, 1978.
최주한, 「이광수와 식민지 문명화론」, 『서강인문논총』 27, 2010.
최혜주, 「1900년대 일본인의 조선이주 안내서 간행과 조선인식」, 『한국민족운동사연구』 75, 2013.
_____, 「근대 일본의 한국사관과 역사왜곡」, 『한국독립운동사연구』 35, 2010.
표영수, 「대한제국 말기 재일유학생의 애국계몽사상」, 『숭실사학』 11, 1998.
河世鳳, 「식민지 이미지 형성과 멘탈리티 — 대판 권업박람회(1903년)의 대만관을 중심으로」, 『역사학보』 186, 2005.

한기형, 「근대 초기 한국인의 동아시아 인식 — 『청춘』과 『개벽』의 자료를 중심으로」, 『大東文化研究』 50, 2005.

한명근, 「大韓帝國末期 國是遊說團에 대한 一考察」, 『한국민족운동사연구』 15호, 1997.

한성민, 「구라치 데츠키치(倉知鐵吉)의 '韓國併合' 계획 입안과 활동」, 『한국근현대사연구』 54, 2010.

함동주, 「메이지 일본의 조선론 — 문명적 측면을 중심으로」, 『한일관계사연구』 2, 1994.

許東賢, 「1881년 朝士視察團 研究 — 日本 見聞報告書의 內容을 中心으로」, 고려대학교 대학원 박사논문, 1998.

현광호, 「대한제국은 어떻게 중립화를 실현하려 했나?」, 『내일을 여는 역사』 17호, 2004.

洪性讚, 「한말 일제초 향리층의 변동과 문명개화론 — 寶城 군수 吳在永의 경우를 중심으로」, 『한국사연구』 90, 1995.

ひろた まさき, 「對外政策と脫亞意識」, 『講座 日本歷史』 7, 東京大學出版會, 1985.

堀和生, 「朝鮮における植民地財政の展開 — 1910~30年代初頭にかけて」, 『植民地期朝鮮の社會と抵抗』, 1982.

吉田裕, 「日本の軍隊」, 『岩波講座 日本通史』 第17卷, 近代 2, 1994.

大谷正, 「中國および朝鮮における日本外務省の「新聞操縱」 (1) — 1894年~1913年」, 『專修法學論集』 55·56, 1992.

藤村道生, 「日韓議定書の成立過程 — 大三輪長兵衛 韓國關係文書 諸事抄錄」, 『渡韓始末錄』の史料解說として」, 『朝鮮學報』 61, 1971.

馬淵貞利, 「第一次大戰期朝鮮農業の特質と三·一運動」, 『朝鮮史研究會論文集』 12, 1975.

梶村秀樹·姜德相, 「日帝下朝鮮の法律制度就いて」, 『仁井田陞博士追悼論文集 日本法とアジア』, 勁草書房, 1970.

福島新吾, 「明治期における植民主義の形成」, 『思想』 511, 1967.

山內進, 「明治國家における「文明」と國際法」, 『一橋論叢』 115卷 1号, 1996. 1.

山室信一, 「明治國家の制度と理念」, 『岩波講座 日本通史』 第17卷, 近代 2, 1994.

杉本淑彥, 「フランスにおける帝國意識の形成」, 『帝國意識の解剖學』, 世界思想社, 1999.

石井寛治,「日青前後經營」,『岩波講座 日本歷史』16, 近代 3, 1976.

小峰和夫,「開國期における海外植民論」, 淺田喬二 編,『近代日本の軌跡10「帝國」日本とアジア』, 吉川弘文館, 1994.

小川原宏幸,「伊藤博文の韓國統治と朝鮮社會 ― 皇帝巡幸をめぐって―」,『思想』2029호, 2010. 1.

松本三之介,「國民的使命觀の歷史的變遷」,『近代日本思想史講座 8 世界の中の日本』, 筑摩書房, 1961.

須田努,「江戶時代 民衆の朝鮮·朝鮮人觀」,『思想』1029호, 2010.1.

由井正臣,「日本帝國主義成立期の軍部」,『大系日本國家史』5, 近代 2, 東京大學出版會, 1976.

Konrad, Sebastian, "Die Zivilisierung des "Selbst". Japans koloniale Moderne", in: *Boris Barth/Jürgen Osterhammel* (편집), Zivilisierungsmissionen. Imperiale Weltverbesserung seit dem 18. Jahrhundert, Konstanz 2005.

Akira, Tanaka, 1981, "Japan and Korea ― Relations Between Two Peripheral Cultures", *Japan Quarterly*, Vol. 28, No. 1, January－March 1981.

Japanese 'Civilizing Mission' in Korea(1904~1919)

TaeEok Kwon

In the late nineteenth century, Western imperialist countries occupied and colonized Asian and African territories under the pretext of 'civilization project'. Western countries considered themselves as 'civilized' whereas people and countries of Asian and African regions were viewed as 'barbarian' or 'uncivilized'. Therefore, they justified their militaristic invasion as their mission to 'civilize' those territories. This delusive claim was acceptable because of the great dissonance between the imperialist countries and the colonized countries in terms of the level of productivity, the level of development of society, and the degree of political rights of the people.

When the Western imperialist powers entered East Asia, especially Korea, China, and Japan, the region was part of the Chinese cultural sphere. Among them, Japan, which was less influenced by China's central value system, that is Confucianism, became the first 'civilized' Asian nation through learning and adopting Western culture. In fact, Japan's colonization of Joseon Korea came out of Japan's aspiration to be perceived as a 'civilized' nation by Western countries. It was this Western culture they acquired from the West that became a fundamental basis for occupying Korea, although Japan adopted advanced culture through Korea in the past.

Joseon Korea also had a strong urge to learn Western culture after opening of its sea ports and Japan tried to augment their power in the pretext of helping Joseon. This plan became crystallized at around 1904 when Russo-Japanese war took place. Japan made Joseon a protectorate and proceeded with the process of colonization. Although Japan wanted to beautify their imperialistic invasion through the claims of civilizing Korea, Japan could not explicitly declare their action as 'civilizing' because of their cultural lag in the past. Instead, Japan insisted on 'good governance'. The Korean government's incapacity and corruption was revealed when continuous attempts to protect the national rights of the Great Empire of Korea all failed. Japan, recognizing that the people of Korea were unsatisfied with their own government took advantage of this to justify their invasion as attempts to rectify Korea's 'bad governance'.

Japan annexed Korea in 1910 and tried to make Korea their permanent territory. For this, Japan began to progressively push ahead with 'development' projects. This was not only to lay a foundation for colonial rule but also to transform Korea into a capitalist society. This was accompanied by installation of efficient executive system and taxation system for generating capital. In addition, several projects were carried out to improve the level of sanity as one of the markers of civilization.

However, this 'civilization project' was based on racial and ethnic discrimination and political rights were not even given to the Korean people who were forced to follow Japanese rule and policies without resistance. Japan forcefully imposed their 'civilization' plans and policies on the Korean people especially through the system of military police. Every aspect of Koreans' lives were scrutinized and controlled by the Japanese colonial government. Japan's forceful 'civilization project' in the 1910s also functioned to show Western imperialist countries that Japan had the ability to successfully manage their colony, in other words, to 'civilize' the barbarians.

Koreans became aware of the need for the adoption of the Western culture after opening of its sea ports, which led them to pursue civilization project on their own. However, they lacked the knowledge and experience to proceed with this plan. Therefore they attempted to adopt Western culture through Japan. In this context, it was rather natural for the Koreans to have expectations from Japan that invaded Korea under the pretext of assisting Korea with development. Especially during the Residency-General period, improved judicial system, which was one of the measures carried out by the Japanese colonial government under the name of 'good governance', was welcomed by the Korean people.

It is certain that some aspects of Japan's colonial rule in the 1910s were welcomed by some parts of the Korean society. In general, elimination of state official's corruption, decreased discrimination between the high and the low, and increased transportation convenience in the 1910s were things that were welcomed by the Koreans. However, unsatisfactory factors outweighed the satisfactory ones, and this led to the nationwide March First Independence Movement. It was the anger of the Korean people towards rapid change, social discrimination, and violation that made possible the nationwide resistance movement. Therefore, the primary cause of the March First Independence Movement would be cultural conflict generated by Japan's colonization and coercive civilization policies.

In this regard, Japan's 'civilization project' was partially successful. Korean intellectuals who advocated civilization in front of the mass could not properly resist Japan's invasion. Because of their ideality, they were not able to comprehend the intention behind the justification of the imperialist irruptions such as the theory of social evolution. However, the people who had to experience the 'civilization project' in the most direct way took binary attitudes toward it. On one hand, they welcomed some social and cultural benefits generated by this project, but on the other hand they could not whole-heartedly accept it because of the coercive and predatory features of the 'civilization' project.

찾아보기

발간사

'한국학'에 대한 관심과 요구가 국내외에서 높아지고 있다. 한국학을 전공으로 하는 학과도 생겨나고 한국학 연구자들의 국제학술대회도 종종 접하게 된다. 한국사회가 짧은 시기에 보여 준 역동적인 변화에 대한 학문적 관심이 나라 안팎으로 증대된 결과일 것이다. 한국의 역사와 문화, 사회적 경험이 점점 더 많은 연구자들의 관심대상으로 되고 있다는 사실은 매우 반가운 일이다.

한국학이란 고정된 분과학문 체계 내의 한 부분영역이 아니라 다양한 분과학문들이 함께 참여하는 학제적 연구의 성격을 지닌다. 한국학은 과거의 전통에 깊은 관심을 갖지만 현재의 문제들에도 주목하며 미래의 전망을 모색하는 작업도 포함한다. 인문학적 논의와 사회과학적 관심은 물론이고 자연과학적 문제의식과 예술적 시각이 함께 어우러지는 곳이다. 당연히 한국학은 국내의 연구자들이 자신의 특수성만을 부각시키는 폐쇄적인 장이 아니라 전 세계의 학자들이 자유롭게 참여하는 지적 토론의 공간이다. 한국을 대상으로 한 다양한 연구를 지원하며 진지한 논의와 지적 실험을 뒷받침하는 것이야말로 한국학의 가장 중요한 역할이라 할 것이다.

이런 의미에서 한국학은 한국의 문화와 역사적 경험을 전 인류의 문화유산과 역사적 경험의 한 부분으로 바라보는 전 지구적 시각을 요구받고 있다. 한국학은 한국사회의 경험을 연구하되, 그것을 21세기 세계사적 과제들과 더불어 사고함으로써 새로운 문명적 대안을 모색하는 전 지구적 논의에 적극적으로 동참하는 작업이 되어야 한다. 이런 종합적이고 개방적인 연구의 집적을 통해서만 한국의 특수성만을 절대화하는 오류에서 벗어나면서 동시에 서구의 눈으로 한국을 대상화, 타자화하는 오리엔탈리즘적 지역학의 한계도 극복할 수 있는 길이 열릴 것이다.

한국의 학문 발전에 큰 책임을 지고 있는 서울대학교는 한국학의 바람직한 발전을 위해 적극적인 역할을 하고자 한다. 이를 위해 별도의 연구기금을 마련하여 '한국학 장기기초연구 지원사업'을 추진하고 이 사업의 결과물들을 모아 연구총서, 자료총서, 모노그래프를 출간하기로 했다. 서울대학교 교수진의 연구역량과 진지한 문제의식들이 결집됨으로써 한국학의 연구수준이 더욱 높아지고 내용이 보다 풍부해질 것을 믿고 있다. 이 연구사업이 해를 거듭할수록 한국사회에 대한 이해가 깊어짐은 물론이고 한국의 경험을 통해 세계 학계의 시각과 논의도 더욱 풍성해질 것을 기대해 마지않는다.

2003년 8월

서울대학교 규장각한국학연구원 한국학연구사업위원회

권태억(權泰檍)

1981년~현재 서울대학교 인문대학 국사학과 교수
1950년 경기도 양평 출생
1972년 서울대학교 상과대학 경제학과 졸업
1974년 서울대학교 문리과대학 국사학과 졸업
1988년 서울대학교 대학원 문학박사

『韓國近代綿業史硏究』, 一潮閣, 1989.
『시민을 위한 한국역사』(共著), 창작과비평사, 1997.
『한국 근대사회와 문화 (I~III)』(共著), 서울대학교출판문화원, 2003~2007.
「近代化 · 同化·植民地遺産」, 『韓國史硏究』 108, 2000. 3.

E-mail: taekwon@snu.ac.kr

서울대학교 규장각한국학연구원 한국학모노그래프

1 예빈도에 보인 고구려 : 당 이현묘 예빈도의 조우관을 쓴 사절에 대하여 | 노태돈
2 현대 한국유교와 전통 | 금장태
3 살인의 진화심리학 : 조선 후기의 가족 살해와 배우자 살해 | 최재천·한영우·김호·황희선·홍승효·장대익
4 무협소설의 문화적 의미 | 전형준
5 정조시대의 무예 | 나영일
6 벼락도끼와 돌도끼 : 고고자료에 대한 전통적 인식 연구 | 이선복
7 한국 옛 경관 속의 생태지혜 | 이도원
8 식민권력과 통계 : 조선총독부의 통계체계와 센서스 | 박명규·서호철
9 한국의 천연염료 : 전통염료와 천연염색기술 | 김재필·이정진
10 북한의 의학교육 | 박재형·김옥주·황상익
11 국문 글쓰기의 재탄생 | 권영민
12 사할린 귀환자 | 이순형
13 조선시대의 간척지 개발 : 국토 확장과정과 이용의 문제 | 박영한·오상학
14 3칸×3칸 : 한국 건축의 유형학적 접근 | 전봉희·이강민
15 위성영상을 이용한 북한지역의 해안습지연구 : 평안남도를 사례로 | 유근배
16 한국 구비문학에 수용된 재담 연구 | 서대석
17 한국 자본자유화와 금융자유화의 근년변화 : OECD 가입 및 IMF 사태 이후의 실상, 평가 및 대응 | 이천표
18 구어 한국어의 의향법 실현방법 | 권재일
19 조선시대 복식에 나타난 적색계 색명의 의미 | 남윤자·김순영·박성실
20 우리나라 인체기생충 및 의용절지동물의 동물상과 개요 | 채종일
21 경제개방이 우리나라 노동시장에 미친 효과 | 김대일
22 한국 고소설에 나타난 오이디푸스 콤플렉스 : 〈심청전〉·〈콩쥐팥쥐전〉 | 류인균
23 남북한 경제의 이질성 : 경제통합에 관한 함의 | 이지순
24 한국에서 마르크스주의 경제학의 도입과 전개과정 | 김수행
25 한국 장수인의 개체적 특성과 사회환경적 요인 : 호남지방 장수벨트를 중심으로 | 박상철·이미숙·이정재·한경혜
26 전통마을 경관요소들의 생태적 의미 | 이도원
27 한국의 중산층 | 홍두승
28 한국 여성의 건강증진행위 | 윤순녕·김숙영·이지윤

29 心과 性: 茶山의 『孟子』 해석 | 금장태
30 20세기 초기 국어의 문법 | 권재일
31 한국의 고령노동: 경제활동과 고용구조의 장기적 변화 | 이철희
32 웃음으로 눈물 닦기: 한국 언어문화의 한 특질 | 김대행
33 한국의 좌파 경제학자들 | 김수행·김공회
34 온돌과 한국인의 수면 생활: 침상 기후를 중심으로 | 최정화·김문숙
35 한국 고대의 온돌: 북옥저, 고구려, 발해 | 송기호
36 한국 시민단체의 내부의사결정과정에 관한 연구 | 김준기
37 한국문화를 쓴다: 강용흘의 『초당』과 이미륵의 『압록강은 흐른다』 비교연구 | 최윤영
38 정약용 사상 속의 과학기술: 유가 전통, 실용성, 과학기술 | 김영식
39 仁과 禮: 다산의 『논어』 해석 | 금장태
40 서양인의 한국 종교 연구 | 김종서
41 韓國詩話에 보이는 杜詩 | 이영주
42 한국의 소득불평등과 빈곤: 소득분배 악화와 사회보장정책의 과제 | 구인회
43 한국인 치매환자의 행동 및 심리 증상의 횡문화적 특성 | 조맹제·김진영
44 한국 사회복지 네트워크의 구성과 효과성: 지역종합사회복지관의 네트워크 구성과 조직 효과성을 중심으로 | 김준기
45 근대한국의 국제관념에 나타난 도덕과 권력 | 장인성
46 한국의 의료체제: 제도와 지배구조 | 송호근
47 몽골제국과 고려: 쿠빌라이 정권의 탄생과 고려의 정치적 위상 | 김호동
48 한국무협소설의 작가와 작품 | 전형준
49 한국 근대소설에 나타난 오이디푸스 콤플렉스의 이해: 이광수, 김동인, 염상섭, 이상을 중심으로 | 류인균
50 한국의 하구역: 하구둑 건설 이후의 지형변화 | 유근배·김성환·신영호
51 한국의 신용평가제도 | 이인호
52 전통 마을숲의 생태계 서비스 | 이도원·고인수·박찬열
53 두 개의 예외적인 복제체제 비교 연구: 한국 복지국가 모형의 탐색 | 김태성
54 박정희 체제의 성립과 전개 및 몰락: 국제적·국내적 계급관계의 관점 | 김수행·박승호
55 한국 서해안의 해안사구: 지형학적 관점을 중심으로 | 유근배·류호상
56 『기우제등록』과 기후의례: 기우제, 기청제, 기설제 | 최종성
57 한국어 술어의 사건 구조와 논항 구조 | 남승호

58 舊韓末의 韓獨 外交文書 '德案' 研究 | 권오현
59 현대 한국어의 공시 형태론 : 경주지역어를 실례로 | 최명옥
60 서양문화를 쓴다 : 강용흘의 〈동양 서양에 가다〉와 이미륵의 〈압록강에서 이자르 강까지〉 | 최윤영
61 시장발전과 경제개발 | 이승훈
62 고려국가와 집단의식 | 노명호
63 근현대 한국미술과 '동양' 개념 | 정형민
65 현대 한국복지국가의 제도적 전환 | 안상훈
66 순응과 저항을 넘어서 : 이승만과 박정희의 대미정책 | 신욱희
67 생태서식처로서 한국 서해안 해안사구 | 유근배·신영호·김대현·김성환
69 한국 정신보건서비스의 전개 과정 : 사회서비스의 관점에서 | 강상경
70 일제의 한국 식민지화와 문명화(1904~1919) | 권태억
71 이즈미 세이이치와 군속인류학 : 뉴기니 조사를 중심으로 | 전경수

서울대학교 규장각한국학연구원 한국학연구총서

1 지방문학사 : 연구의 방향과 과제 | 조동일
2 한국 근대과학 형성과정 자료 | 문만용·김영식
3 목석의 울음 : 손창섭 문학의 정신분석 | 조두영
4 통일한국의 농업 | 김완배·김한호·이정재·이태호·정하우
5 현대 한국사회의 철학적 문제 : 사회운영원리 | 백종현
6 한국유교의 과제 | 금장태
7 韓國 古代·中世初期 土地制度史 : 古朝鮮~新羅·渤海 | 이경식
8 『무과총요』 연구 | 나영일
9 북한 주요 산업지역의 토지이용 변화와 개방지역에 관한 연구 | 황만익·이기석
10 재벌체제와 다국적기업 : 경제개발의 두 가지 유형 | 이승훈
11 붉은악마와 월드컵 | 이순형
12 『조선왕조실록』 보존을 위한 기초 조사연구 (1) | 송기중·신병주·박지선·이인성
13 한국 근대의 사회복지 | 안상훈·조성은·길현종

14 한국어 체언의 음변화 연구 | 이상억
15 조선 중기 무예서 연구 | 나영일·노영구·양정호·최복규
16 1950년대 사회주의 건설기의 북한 보건의료 | 황상익
17 후발 산업화와 국가의 동학: 탈관료화와 강성국가의 공동화 | 하용출
18 조선 후기의 기술도: 서양 과학의 도입과 미술의 변화 | 정형민·김영식
19 韓國 中世 土地制度史: 朝鮮前期 | 이경식
20 남북 언어의 문법 표준화 | 권재일
21 50권본 『화엄경』 연구 | 이승재
22 한·중 소화의 비교 | 서대석
23 고려전기의 전시과 | 이경식
24 개항기 전후 경상도의 육상교통 | 허우긍·도도로키 히로시
25 한국어의 주제와 통사 분석: 주제 개념의 새로운 전개 | 임홍빈
26 한국적 패션 디자인의 제다움 찾기: 전통미와 현대적 활용을 중심으로 | 김민자
27 한국 근대문학교육사 연구 | 우한용
28 『조선왕조실록』의 여진족 족명과 인명 | 김주원
29 중앙아시아 고려말의 문법 | 권재일
30 삼국통일전쟁사 | 노태돈
31 한국의 사회운동과 진보정당 | 임현진
32 한국 행락문화의 변천과정 | 황기원
33 노래의 상상계 | 신범순
34 한국의 언어 민속지: 전라남북도 편 | 왕한석
35 주시경의 언어이론과 표기법 | 송철의
36 일제강점기의 철도 수송 | 허우긍
37 인권으로 읽는 동아시아: 한국과 일본의 인권 개선조건 | 정진성·공석기·구정우
38 정조와 정조시대 | 김인걸 외
39 문화의 정치와 지역사회의 권력구조: 안동과 안동김씨 | 김광억
40 한국어 명사구의 의미론: 한정성/특정성, 총칭성, 복수성 | 전영철
41 한국의 건강 불평등 | 김창엽·김명희·이태진·손정인

서울대학교 규장각한국학연구원 한국학자료총서

1 古代國語 語彙標記 漢字의 字別 用例 研究 | 송기중

2 한국철학자료집 : 불교편 1 – 삼국과 통일신라의 불교사상 | 허남진 외 편역

3 한국철학자료집 : 불교편 2 – 고려시대의 불교사상 | 심재룡 외 편역

5 서울대학교 중앙도서관 고문헌자료실 소장 『경제문고』 해제집 | 권태억 외

6 한글본 이언 연구 | 민현식

7상 원문 교주 구운몽 | 원작 김만중, 교주 김병국

7하 현대역 구운몽 | 원작 김만중, 옮김 김병국

8 해방 이후 한국기업의 진화 I : 1976~2005년간의 통계의 구축과 기초 분석 | 이근 외

9 해방 이후 한국기업의 진화 II : 1956~1977년간의 통계의 구축과 기초분석 | 이근 외

10 서울대학교박물관소장 식민지시기 유리건판 | 이문웅·강정원·신일 편

11 풍자 우화 그리고 계몽담론 | 권영민

12 한국근현대문학의 프랑스문학수용 | 이건우 외

13 한국 근대도면의 원점 : 서울대학교 규장각한국학연구원 소장 근대 측량도와 건축도 1861~1910 | 전봉희·이규철·서영희

14–1 유원총보역주 1 | 허성도·김창환·강성위 역주

14–2 유원총보역주 2 | 허성도·김창환·강성위 역주

14–4 유원총보역주 4 | 이영주·허성도·김창환 역주

14–5 유원총보역주 5 | 이영주·허성도·김창환 역주

15 식민권력과 근대지식 : 경성제국대학 연구 | 정근식·정진성·박명규·정준영·조정우·김미정

16–1 근대한국 국제정치관 자료집 : 제1권 개항·대한제국기 | 장인성·김현철·김종학 엮음

16–2 근대한국 국제정치관 자료집 : 제2권 제국–식민지기 | 장인성·김태진·이경미 엮음

17 1880년대 조선–청 국경회담 관련 자료선역 | 김형종 편역

20 韓國 書誌學의 先鞭 : 마에마 교사쿠의 작업을 중심으로 | 한재영·이현희·가와사키 케이고

21 사도세자의 죽음과 그 후의 기억 : 『현고기(玄皐記)』 번역(飜譯)과 주해(註解)

| 김용흠 · 원재린 · 김정신 · 정두영 · 최성환 역주

22 손와만록 : 조선후기 향리 출신 선비 김경천의 인생이야기 | 김경천 지음, 이대형 · 이미라 · 박상석 역주

23 충역의 시비를 정하다: 『정변록(定辨錄)』 역주 | 용흠 · 원재린 · 김정신 · 정두영 역주

24 금오헌록(金吾憲錄) 역주 | 박명양 · 이의현 편, 김영석 역주